Hee-Jeong Ham

Schreiben als Selbstthematisierung

Eine Analyse der gegenwartsbezogenen Themenwandlung in Christa Wolfs "Kindheitsmuster", "Kein Ort. Nirgends" und "Kassandra"

Hee-Jeong Ham

SCHREIBEN ALS SELBSTTHEMATISIERUNG

Eine Analyse der gegenwartsbezogenen Themenwandlung in Christa Wolfs "Kindheitsmuster", "Kein Ort. Nirgends" und "Kassandra"

ibidem-Verlag
Stuttgart

Bibliografische Information Der Deutschen Bibliothek

Die Deutsche Bibliothek verzeichnet diese Publikation in der Deutschen Nationalbibliografie; detaillierte bibliografische Daten sind im Internet über <http://dnb.ddb.de> abrufbar.

∞

Gedruckt auf alterungsbeständigem, säurefreien Papier
Printed on acid-free paper

ISBN: 3-89821-414-1

Printed in Germany

Inhaltsverzeichnis

I. Einführung

1. 1. Zielsetzung der Arbeit

Die im Zuge der Wiedervereinigung zustande gekommenen politischen Umwälzungen blieben auch für Christa Wolf persönlich nicht folgenlos. Nach zahlreichen, hauptsächlich auf den Systemgegensatz von Sozialismus und Kommunismus reduzierten Debatten war sie jetzt einer Gratwanderung der Wertschätzung ausgeliefert. Die einst selbst nach westlicher Ansicht durchaus des Nobelpreises würdige, hochgelobte gesamtdeutsche Schriftstellerin[1] wurde auf einmal als mittelmäßige Autorin der ehemaligen DDR abqualifiziert. Trotzdem ist es unumstritten, daß Wolf die wichtigste Schriftstellerin der DDR war, an der sich das westliche Feuilleton abgearbeitet hat, und daß sie nicht durch ihr politisches Engagement, sondern einzig und allein durch ihre Literatur weltberühmt wurde.

Es ist nicht unbedingt die Funktion des Schriftstellers, politische Opposition zu spielen und in die Verhältnisse der Zeit einzugreifen. Viel wichtiger als die Verpflichtung zur Einmischung ist die Betonung der kritischen Funktion der Literatur. Schreiben statt Handeln, Einarbeiten der politischen Situation in die Literatur, ist die häufigste Erwartungshaltung gegenüber dem Schriftsteller. In dieser Hinsicht kann Christa Wolfs Beitrag zur Entwicklung einer kritischen Literatur, die durch die Auseinandersetzung mit der Realität in der DDR genauere DDR-Bilder gibt als es jede publizistische Bemühung vermocht hätte, viel Bedeutung beigemessen werden; wenn man in späteren Zeiten wissen will, wie es gewesen ist, erfährt man dieses wohl sehr anschaulich aus ihren Texten.

Christa Wolf hat ihre Position als Schriftstellerin in ständiger intensiver Auseinandersetzung mit der sozialistischen Entwicklung ihres Landes entwickelt. Angesichts ihrer besonderen Bemühungen, "mit bisweilen seismographischer Genauigkeit gesellschaftliche Zustände in ihrer Tendenz zu erfassen"[2], dabei die Menschen zum Nachdenken zu bringen und die Wirklichkeit immer wieder in Frage zu stellen, kann ihre schriftstellerische Arbeit nicht bloß objektiv als Summe von Werken oder nur subjektiv als schöpferische Tätigkeit begriffen werden, sondern sie muß als die konsequente Bearbeitung ihres Verhältnisses zur DDR im

---

[1] Vgl. Fritz J. Raddatz: *Ein Rückzug auf sich selbst. Christa Wolfs 'Sommerstück'.* In: *Die Zeit* vom 24. März 1989, Literaturbeilage, S. 2

[2] Thomas Wohlfahrt: *Der ungestalte Abgrund. Sprache und Sprachmißtrauen im Werk von Christa Wolf.* In: Heinz Ludwig Arnold (Hrsg.): *Text+Kritik.* H. 46: *Christa Wolf.* Vierte Aufl.: Neufassung. München 1994, (S. 100-113) S. 105

Zusammenhang mit den gesellschaftlichen und politischen Vorgängen erfaßt werden. Wolf versteht die literarische Aneignung von Wirklichkeit als einen dynamischen Vorgang, der unlösbar mit den realen menschlichen Daseinsbedingungen in deren historischer Konkretheit verbunden ist.

Christa Wolfs engagierte Auseinandersetzung mit ihrer Gesellschaft nimmt in den Themenwandlungen ihrer literarischen Produktion konkrete Gestalt an. Die vorliegende Arbeit enthält den Versuch, diesen sich wandelnden zeitgeschichtlichen Zusammenhang an drei Hauptwerken zu untersuchen und darzustellen: *Kindheitsmuster* (1972), *Kein Ort. Nirgends* (1979), *Kassandra* (1983). Die Auswahl der Texte ist keineswegs zufällig, sondern sie werden zur Untersuchung herangezogen, weil sie einen starken Gegenwartsbezug aufweisen. In unmittelbarem Kontext dazu wird der Frage nachgegangen, inwieweit sich die Themenwandlung auf die politische Situation in der DDR, die Bezugspunkt und Grundlage ihrer Arbeit bleibt, und auf biographische Erfahrungen zurückführen läßt.

Ein Überblick über das Gesamtwerk Christa Wolfs, von den Rezensionen der fünfziger Jahre bis zu *Kassandra* zeigt, daß Selbstverwirklichung, Subjektwerdung und Selbsterkenntnis die zentralen Begriffe ihrer Erzählprosa sind und daß ihr Schreibimpuls aus der Sehnsucht nach Selbstverwirklichung entsteht. Je deutlicher die anfangs mit politischen und sozialen Entwicklungen des Sozialismus verbundenen Hoffnungen im Laufe der Zeit als illusionär erkannt werden, desto größere Brisanz erhält für Wolf die Rückbindung der Subjektwerdung an Literatur in ständiger intensiver Auseinandersetzung mit den Möglichkeiten der Subjektwerdung im Sozialismus.

In den drei Werken, die hier untersucht werden sollen, zeigt sich Wolfs zunehmende Desillusionierung über die Entwicklung in der DDR, über das Auseinandertreten von Subjekt und Gesellschaft. Wolf geht immer weiter in die Geschichte zurück, um die Ursachen zu finden, die für die gescheiterte Selbstverwirklichung verantwortlich sind: der Faschismus in *Kindheitsmuster*, Industrialisierung und Frühkapitalismus in *Kein Ort. Nirgends* und der Beginn des Patriarchats in *Kassandra*. Wolf sucht für die aktuellen Probleme ihrer Gesellschaft Modelle in der Geschichte, weil dies, so stellt sie in einem Interview fest, ihr ermöglicht, an die "Ursprünge der Entfremdungserscheinungen in unserer Zivilisation" zu erinnern:

> Dies war meine Fragestellung der letzten sieben Jahre. Und der letzte, weiteste Schritt zurück in die Frühgeschichte ermöglicht mir, merkwürdig oder nicht, zugleich ein

> Vortasten in die Zukunft, um die es ja, wenn ich über Vergangenes erzähle, eigentlich geht.[3]

Die vorliegende Arbeit konzentriert sich auf den Zeitabschnitt, in dem die entscheidenen Veränderungen sowohl im Werk der Autorin als auch in ihrem Verhältnis zur DDR festzustellen sind. Gleichzeitig wird darauf Gewicht gelegt, daß Wolf Schreiben als produktive Möglichkeit sieht, mit den Veränderungen zurechtzukommen. In einem Interview von 1983 anläßlich des Erscheinens der Erzählung *Kassandra* äußert sich Wolf dementsprechend zu der Motivation ihres Schreibens.

> Immer mehr wurde ich mir darüber klar, daß mein Hauptantrieb für Schreiben Selbsterforschung ist: Immer dann, wenn ich über mein Verhältnis zu meiner Zeit, zu ihren Strömungen, Institutionen, zu Zeitgenossen, zu mir selbst schreibend etwas herausfand, was ich vorher nicht gewußt hatte oder jedenfalls nicht hatte aussprechen können - immer dann stellte sich jener besondere Zustand der Erregung, jenes Gefühl von Authentizität ein, um dessentwillen ich eigentlich schreibe.[4]

Im Sinne der Selbstthematisierung die Einschnitte in ihrem Leben in der Literatur zu behandeln, die aus ihren Konflikten mit den zunehmend totalitär werdenden Strukturen der DDR entstehen, ist als Ausdruck der unbewältigen Probleme der DDR zu verstehen.
Die von Wolf intendierten Gegenwartsbezüge in jeweils einem Kapitel nachzuzeichnen, soll die Aufgabe der vorliegenden Arbeit sein. Bei der Analyse von *Kindheitsmuster* wird nicht die Vermittlung eines inhaltlichen Überblicks über diesen umfangreichen Text, sondern die Betonung der neuen Akzente in der Auseinandersetzung mit einem von der deutschsprachigen Literatur immer wieder behandelten Stoff angestrebt.
Wolf weist selbst darauf hin, daß ihre faschistisch beeinflußte Kindheit und ihr Erwachsenwerden im Sozialismus nicht ohne Einfluß sowohl auf ihr Verhältnis zum Staat als auch auf ihre schriftstellerische Entwicklung bleiben. Während es der sogenannten antifaschistischen Literatur um den Widerstand der zu Gegnern der Nationalsozialisten avancierten Hauptfiguren und deren Wandlung zu überzeugten Sozialisten geht, wird in

---

[3] Christa Wolf: *Ursprünge des Erzählens. Gespräch mit Jacqueline Grenz.* In: Dies.: *Die Dimension des Autors. Essays, Aufsätze, Reden und Gespräche.* Darmstadt 1987, (S. 912-928) S. 928
[4] Christa Wolf: *Zum Erscheinen des Buches 'Kassandra'. Gespräch mit Brigitte Zimmermann und Ursula Fröhlich.* In: Dies.: *Die Dimension des Autors*, a.a.O., (S. 929-940) S. 933

Kindheitsmuster die Skepsis gegenüber dem abrupten Übergang vom nationalsozialistischen zum sozialistischen Staat problematisiert.[5]

Der 1972 erschienene Roman *Kindheitsmuster* ist folglich als ein Versuch zu verstehen, das für ihre Generation spezifische Erlebnis zu thematisieren, das darin besteht, "im nationalsozialistischen Deutschland aufzuwachsen, erzogen, geprägt zu werden"[6] und in der Nachkriegszeit sich ideologisch neu zu orientieren. In den Mittelpunkt des mit autobiographischen Elementen versehenen Romans stellt Wolf die eigenen Kindheitserinnerungen. Die Parallelen zu den Schwierigkeiten mit ihren Erinnerungen an die eigene nationalsozialistisch beeinflußte Kindheit werden erkennbar. Deshalb konzentriert sich die vorliegende Arbeit darauf, zu verdeutlichen, daß Wolf die Beschäftigung mit eigenen Kindheitsmustern und die literarische Erforschung der psychischen Strukturen ihres kindlichen Ichs, die zum Aufspüren verdrängter Erinnerungen führt, im Sinne eines Selbstfindungsprozesses gestaltet. Den Gründen für die Hindernisse, die diesen Prozeß erschweren, wird die eingehende Interpretation nachgehen: fortdauernde Kindheitsprägungen, psychische Defekte aus der Kindheit, die sich als belastendes Erbe erweisen, oder internalisierte Grundmuster, die der Hauptfigur Nelly während ihrer nationalsozialistisch beeinflußten Erziehung vermittelt werden und die für das spätere Verhalten mitbestimmd sind.

Wolf macht den 'ganz normalen Alltag' im Nationalsozialismus zum Gegenstand der kritischen Reflexion und widerlegt damit das gängige Selbstverständnis der DDR als antifaschistischer Musterstaat, wodurch sie sich angeblich von der Bundesrepublik unterscheidet. Ein breiter antifaschistischer Widerstand wird nicht erkennbar, auf dem Prüfstand steht eher das gewöhnliche, unveränderte Alltagsleben der kleinbürgerlichen Familie, die nie skeptisch den Nationalsozialisten gegenüberstand und bis zuletzt an den Nationalsozialismus glaubte. Die eingehende Untersuchung zielt darauf hervorzuheben, daß Wolf die Auseinandersetzung mit den Kindheitserfahrungen während des Faschismus als

[5] Wolf weist auf fehlende Behandlung der Problematik hin, die sich beim Austausch einer Ideologie gegen eine andere ergibt. "Ein wenig stört mich, daß viele unserer Bücher über diese Zeit enden mit Helden, die sich schnell wandeln, mit Helden, die eigentlich schon während des Faschismus zu ziemlich bedeutenden und richtigen Einsichten kommen, politisch, menschlich. Ich will keinem Autor sein Erlebnis bestreiten. Aber mein Erlebnis war anders. Ich habe erlebt, daß es sehr lange gedauert hat, bis winzige Einsichten zuerst, später tiefgehende Veränderungen möglich wurden. (...) solange Menschen leben, die diese Kindheit hatten, die diese Jahre als Kinder oder junge Menschen erlebt haben, ist das alles in ihnen. Unsere Zeitgenossen leben damit. Und ich glaube - ich bin sogar ganz fest davon überzeugt -, daß was diese Zeit betrifft, von uns allen vieles uns selber und anderen bisher nicht gesagt ist; (...)" Christa Wolf: *Erfahrungsmuster. Diskussion zu ,,Kindheitsmuster''*. In: Dies.: *Die Dimension des Autors*, a.a.O., (S. 806-843) S. 807

[6] Christa Wolf: *Subjektive Authentizität. Gespräch mit Hans Kaufmann*. In: Dies.: *Die Dimension des Autors*, a.a.O., (S. 773-805) S. 792

Problem der Gegenwart betrachtet und die bis in die Gegenwart wirksamen autoritären Strukturen der Kindheit schreibend zu überwinden versucht. Ähnlich formuliert Wolf in einem Interview mit Therese Hörnigk 1987 zu ihrem inneren Schreibzwang:

> Schreiben, wenn man es als Selbstbefragung betreibt, kann da eine Hilfe sein, ähnlich einer gründlichen Therapie, sich dieser Einschränkung durch Autoritätsgläubigkeit zunächst bewußt zu werden und dann, in einem jahrelangen, schmerzhaften Prozeß, die Angst loszuwerden, die einer echten inneren Freiheit entgegensteht.[7]

Wie in *Kindheitsmuster* lassen sich auch in *Kein Ort. Nirgends*, einem Text, in dem Wolf auf authentisches Material der historischen Personen zurückgreift, deutlich die Zeitbezüge zu ihrer eigenen Gegenwart erkennen. Die Ausbürgerung von Wolf Biermann 1976, die allgemein als kulturpolitischer Wendepunkt in der DDR gilt, markiert sowohl in ihrem Leben als auch in ihrer Arbeit einen entscheidenden Einschnitt. Nach Wolfs eigenen Aussagen schreibt sie *Kein Ort. Nirgends* durchaus mit dem selbstaufklärerischen Impetus, sich intensiver als vorher mit ihrem Selbstverständnis als Autorin in der DDR auseinanderzusetzen.

Nach der Biemann-Ausbürgerung und den auf sie folgendenden scharfen Repressionen gegen zahlreiche Schriftsteller, die einen Solidaritätsbrief unterzeichnet hatten, beschäftigte sich Wolf mit den Lebensläufen von Künstlern, in denen sie Parallelen zu ihrer eigenen Situation sah. Kleist und Günderrode stellen für Wolf Beispiele für die Künstler dar, die ohne gesellschaftliche Wirkungsmöglichkeit an den Rand gedrängt und schließlich zum Schweigen gebracht werden. In *Kein Ort. Nirgends* thematisiert Wolf die Lebens- und Kunstproblematik der Autoren der Vergangenheit, in denen sie die Möglichkeit zur Identifikation erkennt, um durch Historisierung das eigene Gefühl des Nicht-Gebrauchtwerdens auszudrücken.

Nach der Klärung des autobiographischen Hintergrunds, der zur Entstehung von *Kein Ort. Nirgends* führt, geht die vorliegende Arbeit auf die Untersuchung der Ursachen des Identitätskonflikts beider Schriftstellerfiguren ein. Kleist und Günderrode, die die Unvereinbarkeit ihrer poetischen Ideale mit den Anforderungen der bürgerlichen Gesellschaft als existentielle Krise empfinden, leiden an ihrer Zeit, da sie erfahren, daß ihr Schreiben keine Resonanz findet. Problematisiert wird der Konflikt zwischen dem Anpruch auf Selbstentfaltung durch literarisches Schaffen und der Beschränkung durch die politischen,

---

[7] Christa Wolf: *Unerledigte Widersprüche. Gespräch mit Therese Hörnigk.* In: Dies.: *Im Dialog.* Frankfurt a. M. 1990, (S. 24-68) S. 26

gesellschaftlichen Strukturen, die den Autoren das Einwirken auf die Gesellschaft erschweren.
Hinter der literaturgeschichtlichen Maske von Kleist und Günderrode, die die Realität nach der französischen Revoluton im Widerspruch zu ihren Idealen erleben und an der Divergenz zwischen Ideal und Wirklichkeit gescheitert sind, läßt sich die Autorin Wolf erkennen, die aufgrund ihrer durch die Biermann-Ausbürgerung ausgelösten tiefen Enttäuschung über die gesellschaftliche Entwicklung in der DDR ihre schriftstellerische Existenz bedroht sieht.
Nachdem Wolf in ihrem eigenen Land von der gesellschaftlichen Mitarbeit ausgeschlossen und ins politische Abseits gedrängt wurde, setzte sich ihr Bemühen um die Wirkungsmöglichkeit der Literatur im Anschluß an die großen internationalen Themen, 'Frieden' und 'Frauen', fort. Angesichts der zunehmenden Verhärtung der gesellschaftlichen Strukturen wurde ihr zu diesem Zeitpunkt bewußter, daß es die DDR, für die sie sich einsetzte, nicht gab.
Aufschluß über die Entstehung der Erzählung *Kassandra* findet sich in einem aktuellen politischen Ereignis. Durch den Nato-Doppelbeschluß spitzte sich der Zustand des kalten Kriegs zu, die Gefahr der drohenden Vernichtung der gesamten Menschheit schien größer zu werden. Im Bewußtsein der drohenden atomaren Apokalyse sieht Wolf sich veranlaßt, über die Ursprünge der Tendenz zur Selbstzerstörung der westlichen Zivilisation und über Ursachen von Krieg und männlicher Zerstörungslust nachzudenken. Der Rückgriff auf den mythologischen Stoff dient dazu, diesen Themenkreis darzustellen, wie Wolf ihren historischen Rückgriff begründet.

> Der eigentliche Grund, warum ich solch einen Stoff wie Kassandra nahm, war die Gefahr der möglichen Vernichtung und Selbstvernichtung unserer Kultur (...). (...), daß sie in einem Atomkriegsbunker nicht überleben würden.[8]

Die mythische Kassandra-Figur findet Wolf wegen ihrer Aktualität geeignet, den historischen Bezugspunkt zu der Epoche des Atomzeitalters und deren Gefahren für die Menschheit herzustellen. Kassandra fällt nämlich bei ihren Zeitgenossen in Ungnade, weil sie den Untergang Troias prophezeite. Wolf tritt "das historische Erbe der antiken Untergangsprophetin"[9] an, weil sie von der Notwendigkeit überzeugt ist, die Gefahren eines

---

[8] Christa Wolf: *Dokumentation: Christa Wolf. Ein Gespräch über Kassandra.* In: *German Quarterly.* 1/1984, (S. 95-115) S. 107
[9] Jörg Magenau: *Eine Biographie. Christa Wolf.* Berlin 2002, S. 331

Atomkriegs deutlich auszusprechen. Wolf beschreibt die Arbeit an der Kassandra-Figur als Möglichkeit, eine Ästhetik des Widerstandes gegen das "Wahndenken" (VeE 87) zu entwickeln, das dem Wettbewerb der Aufrüstung zugrunde liegt. In einem Interview äußert sich Wolf zu ihrer mit der *Kassandra* verbundenen gesellschaftlichen Wirkungsabsicht folgendermaßen:

> Ich glaube nicht, daß Literatur auf zentrale politische Entscheidungen einen wesentlichen Einfluß hat. Aber es gibt ja den merkwürdigen psychologischen Mechanismus der Verdrängung und Milderung von Einsichten, die sehr bedrohlich sind, es gibt die Zähigkeit von Hoffnung. Auf diese Hoffnung hin schreibe ich, versuche ich, den Wurzeln der Widersprüche nachzugehen, in denen unsere Zivilisation jetzt steckt. Dies tat ich mit dem Kassandra-Buch (...).[10]

An die Stelle der auf Eroberung und Gewalttaten basierenden patriarchalischen Tradition der abendländischen Literatur setzt Wolf eine Gegenlektüre, die nichts Heroisches oder Mythologisches vorzuweisen hat.
Um das Spannungsverhältnis von Wolfs Selbstverständnis als Schriftstellerin und der politisch-gesellschaftlichen Realität in der DDR besser zu verstehen, wird die vorliegende Arbeit an Hand der drei im Titel aufgeführten Werke die Wandlung der Wolf interessierenden geschichtlichen Epochen und historischen Gestalten, deren Beweggründe, Verhaltensweisen und Handlungen in bestimmten Situationen zu untersuchen versuchen.

1. 2. Zu Christa Wolfs ästhetischem Entwurf der subjektiven Authentizität

In Christa Wolfs erstem größerem Entwurf einer Prosatheorie, *Lesen und schreiben* (1972), findet sich bereits ein wesentlicher Punkt ihrer Einstellung zum Schreiben, der für das Verständnis ihres Werkes von zentraler Bedeutung ist:

> Das Bedürfnis, auf eine neue Art zu schreiben, folgt, wenn auch mit Abstand, einer neuen Art, in der Welt zu sein.[11]

---

[10] Christa Wolf: *Zum Erscheinen des Buches 'Kassandra'*, a.a.O., S. 929f
[11] Christa Wolf: *Lesen und Schreiben*. In: Dies.: *Die Dimension des Autors*, a.a.O., (S. 463-503) S. 463

In diesem Zusammenhang versteht sich Wolfs Bemühen um eine neue Schreibweise als Fortsetzung der Suche nach einem neuen Begriff von Wirklichkeit und Wahrheit, die "jenseits der wichtigen Welt der Fakten"[12] zu finden ist. Wolf entwickelt ein neues Schreibkonzept zum besseren Verständnis des Verhältnisses von Wirklichkeit und Literatur bzw. Autor. Dieser Prosaentwurf, den sie als Maßstab für die Ablehnung der an der normativen Ästhetik Georg Lukács' orientierten herrschenden Schreibpraktiken setzt, bildet sich zum großen Teil in kritischer Auseinandersetzung mit dem traditionellen Realismusbegriff des sozialistischen Realismus heraus.

Ihrer Auffassung nach kann Realismus in der Literatur nicht länger die einfache Widerspiegelung der Wirklichkeit in ihrer eindimensionalen und linearen äußeren Entwicklung bedeuten. Statt daß sich Literatur und Wirklichkeit als Abbild und Original gegenüberstehen, soll die Trennung von Literatur und Wirklichkeit aufgehoben werden durch die Anwesenheit des Autors im Text, die die Authentizität des Erzählten ermöglicht.

> Lassen wir Spiegel das Ihre tun: Spiegeln. Sie können nichts anderes. Literatur und Wirklichkeit stehen sich nicht gegenüber wie Spiegel und das, was gespiegelt wird. Sie sind ineinander verschmolzen im Bewußtsein des Autors.
> Der Autor nämlich ist ein wichtiger Mensch.[13]

Damit grenzt sich Wolf deutlich gegen die von Lukács definierte Abbildungs- und Widerspiegelungstheorie ab. Für Wolf ist die sozialistische Wirklichkeit nicht eine in sich geschlossene und verständliche Welt, wie Lukács sie vertritt. Wahr ist für sie aber ebensowenig das, was von dem allwissenden Autor zur Abspiegelung der objektiven Gesetzmäßigkeit der Wirklichkeit erfunden wird. Allein die persönliche Erfahrung des Autors verteidigt Wolf als wahr. Um die Erfahrung der subjektiv erlebten Wirklichkeit authentisch wiederzugeben, kann der Prosaautor gezwungen werden, "das strenge Nacheinander von Leben, Überwinden und Schreiben aufzugeben und um der inneren Authentizität willen, die er anstrebt, den Denk- und Lebensprozeß, in dem er steht, fast ungemildert (...) im Arbeitsprozeß mit zur Sprache zu bringen".[14]

Dieser Ansicht zufolge sind Leben und Schreiben miteinander identisch und nicht von einander zu trennen. Wolf sieht das Schreiben nicht "von seinen Endprodukten her",[15]

---

[12] Ebda., S. 492
[13] Ebda., S. 496
[14] Christa Wolf: *Subjektive Authentizität,* a.a.O., S. 778
[15] Ebda., S. 780

sondern betrachtet es als einen "Vorgang, der das Leben unaufhörlich begleitet, es mitbestimmt, zu deuten sucht; als Möglichkeit, intensiver in der Welt zu sein".[16] Gegenüber einer Theorie, "die den Schriftsteller in die Rolle eines passiven Spiegels der objektiven Realität zu drängen"[17] versucht, hebt Wolf die bewußte Miteinbeziehung des Autors hervor. Dies beinhaltet, daß sich der Autor in seinen Stoff miteinbringt, sich im Umgang mit dem Stoff verändert. Am Ende des Schreibprozesses stellt er dann fest, daß er durch die Erfahrung, die er erst beim Schreiben macht, ein anderer geworden ist.

> Der Autor muß sich stellen. Er darf sich nicht hinter seiner Fiktion vor dem Leser verbergen; der Leser soll ihn mitsehen.[18]

Diese Gedanken faßt Wolf in den Begriff 'subjektive Authentizität', den sie 1973 in einem Interview mit Hans Kaufmann zum ersten Mal nennt.[19] Demnach setzt Literatur die Wahrhaftigkeit voraus, die jedoch keinen moralischen Anspruch darstellt. Schreiben ist für sie ein Prozeß der Wahrheitsfindung, in den sie sich selbst mit hineinnimmt. Die angestrebte subjektive Authentizität ist eine "Methode (des) Schreibens, dieser Realität schreibend gerecht zu werden"[20], d. h. die sich ständig wandelnde Realität in ihrer Vielseitigkeit zu erfassen. Unter diesem Begriff 'subjektive Authentizität' versteht Wolf auch eine bestimmte Art der Einbeziehung des Lesers. Aus diesem Grund kommt der indirekten Rede immer größere Bedeutung zu, um auf diese Weise die Wirkung des Erzählten auf den Leser zu intensivieren und dem Leser Zugang zur Gedankenwelt des Autors zu ermöglichen.

> Ja, ich habe mich mehr auf indirekte Rede gelegt - wobei ich nicht jeden Dialog vermeide -, eine indirekte Rede und einen Stil, der im ganzen getragen ist von einer bestimmten Redeweise, von der Redeweise des Autors, der auch anredet, alle möglichen Beziehungen mit den Personen eingeht, und der dadurch viel mehr Möglichkeiten hat, als wenn er angewiesen wäre auf diese: er sagte, sie sagte.[21]

---

[16] Ebda.

[17] Christa Wolf: *Glauben an Irdisches.* In: Dies.: *Die Dimension des Autors*, a.a.O., (S. 293-322) S. 303

[18] Christa Wolf: *Unruhe und Betroffenheit. Gespräch mit Joachim Walter.* In: Dies.: *Die Dimension des Autors*, a.a.O., (S, 751- 772) S. 758

[19] Zum Thema der subjektiven Authentizität vgl. Alexander Stephan: *Die 'subjektive Authentizität' des Autors. Zur ästhetischen Position von Christa Wolf.* In: Heinz-Ludwig Arnold (Hrsg.): *Text+Kritik.* Heft 46: *Christa Wolf*, dritte, erweiterte Aufl., München 1985, S. 16- 25 und Franz Baumer: *Christa Wolf.* Berlin 1988, S. 44-52

[20] Christa Wolf. *Subjektive Authentizität*, a.a.O., S. 780f

[21] Christa Wolf: *Unruhe und Betroffenheit*, a.a.O., S. 768

Was die 'subjektive Authentizität' beinhaltet, läßt sich durch den Rückgriff auf Wolfs Bekenntnis zu Georg Büchner besonders gut erklären, in dessen Prosaarbeiten dieser Begriff bereits vorgeprägt ist. Als ein Beispiel für neue Schreibweisen nennt Wolf die Novelle *Lenz* von Büchner, in der sie sowohl den "Anfang" als auch "einen Höhepunkt der modernen deutschen Prosa" [22] sieht. Für Büchner, der "Dichter, Naturwissenschaftler und Revolutionär"[23] war, sei Schreiben das Mittel, "sich mit der Zeit zu verschmelzen in dem Augenblick, da beide ihre dichteste, konfliktreichste und schmerzhafteste Annäherung erfahren."[24] In *Lenz* gelingt ihm, Wirklichkeitsmaterial in Kunst zu verwandeln, indem er "mit wenigen Mitteln"[25] sich selbst, den eigenen "unlösbaren Lebenskonflikt, die eigene Gefährdung, die ihm wohl bewußt ist"[26] in sein Werk mit einbringt und zum Teil seines Werks macht. Durch diese Art des Schreibens kommt Büchner zu der Entdeckung:

> daß der erzählerische Raum vier Dimensionen hat; die drei fiktiven Koordinaten der erfundenen Figuren und die vierte, "wirkliche" des Erzählers. Das ist die Koordinate der Tiefe, der Zeitgenossenschaft, des unvermeidlichen Engagements, die nicht nur die Wahl des Stoffes, sondern auch seine Färbung bestimmt.[27]

Neben den drei Koordinaten - Zeit, Raum und Handlung - muß sich der Autor, so Wolf, bewußt der vierten bedienen, mit der sich seine persönliche Betroffenheit ausweisen sollte. Diese Ansätze, die Wolf in Büchner findet, lassen sich als Schlüsselbegriff bei Wolfs Konzept der subjektiven Authentizität wiedererkennen. Die Subjektivität des Erzählens stellt sich primär über die Verbindung von persönlichem Erleben und gesellschaftlichen Vorgängen her und wird dann in eine Erzählstruktur umgesetzt, in der "die erzählende Figur nicht als allwissende, sondern als ordnende oder kommentierende, auf jeden Fall als beteiligte Instanz auftritt."[28] Die in der traditionellen Prosa vorherrschende auktoriale Haltung des Autors, der dem Leser die Wirklichkeit erklärt und nur eine bestimmte Sichtweise der Realität mitteilt, wird aufgegeben. Stattdessen wird die Betroffenheit des Autors im Text zum Ausdruck gebracht, so daß das Erzählte für den Leser als vom Autor erlebtes und gewertetes Geschehen nachfühlbar gemacht wird.

[22] Christa Wolf: *Lesen und Schreiben*, a.a.O., S. 486
[23] Ebda., S. 487
[24] Ebda., S. 488
[25] Ebda., S. 486
[26] Ebda., S. 487
[27] Ebda.
[28] Therese Hörnigk: *Christa Wolf*. Göttingen 1989, S. 138

Gegenüber dem Vorwurf des "schrankenlosen Subjektivismus"[29], der nicht zu einer Erhellung der Realität, sondern zu ihrer Verschleierung führt, verteidigt Wolf das Bestehen auf der eigenen Erfahrung als Grundlage des Schreibens. Denn es sei für den Autor realistisch, von seiner Erfahrung anstatt von Konstruktionen und Wunschbildern der Wirklichkeit auszugehen.[30] Gerade der Kampf um den Realismus verpflichtet den Autor dazu, auf der eigenen Erfahrung zu bestehen und "eine Verantwortung für den Inhalt seiner Erfahrung"[31] zu tragen.

> Das Reservoir, aus dem er schreibt, ist seine Erfahrung, sie vermittelt zwischen der objektiven Realität und dem Subjekt Autor, und es ist hoch wünschenswert, daß es sich um gesellschaftlich bedeutsame Erfahrung handle, deren Determinanten nicht "im Unsichtbaren" liegen.[32]

Was Wolf im Zusammenhang mit ihrer Bezugnahme auf die Poetik von Ingeborg Bachmann feststellt, mit der Wolf eine poetische Wahlverwandtschaft empfindet, liest sich wie komplementäre Anmerkungen zu ihrer eigenen Schreibweise; "Eine Stimme, wahrheitsgemäß, das heißt: nach eigener Erfahrung sich äußernd, über Gewisses und Ungewisses. Und wahrheitsgemäß schweigend, wenn die Stimme versagt."[33] Wolfs Affinität zu Bachmann[34] liegt eben in der vergleichbaren Erfüllung des Anspruchs auf Authentizität.[35]
Nach der bisher eher theoretischen Erörterung von Christa Wolfs Begriff des authentischen Schreibens wird im weiteren darauf eingegangen, wie sich die praktische Umsetzung dieses ästhetischen Programms in einzelnen Texten manifestiert. Der Gegenstand von *Kindheitsmuster* ist das Verhältnis der Generation der Erzählerin zum Faschismus. Aus der Sicht der Gegenwart der 70er Jahre vollzieht sich ein Erinnerungsprozeß an die

---

[29] Christa Wolf: *Subjektive Authentizität*, a.a.O., S. 782
[30] Vgl. ebda., S. 783
[31] Ebda., S. 782
[32] Ebda., S. 783
[33] Christa Wolf: *Die zumutbare Wahrheit. Prosa der Ingeborg Bachmann.* In: Dies.: *Die Dimension des Autors*, a.a.O., (S. 86-100) S. 86
[34] Zur Wolfs Bachmann-Rezeption vgl. Irene Heidelberger-Leonard: *Literatur über Frauen = Frauenliteratur? Zu Christa Wolfs literarischer Praxis und ästhetischer Theorie.* In: Heinz Ludwig Arnold (Hrsg.): *Text+Kritik*. H. 46: *Christa Wolf.* 4. Aufl., München 1994, S. 129-139 und Sigrid Weigel: *Vom Sehen zur Seherin. Christa Wolfs Umdeutung des Mythos und die Spur der Bachmann-Rezeption in ihrer Literatur.* In: Heinz Ludwig Arnold (Hrsg.): *Text+Kritik*. H. 46: *Christa Wolf.* 3. Aufl., München 1985, S. 67- 92
[35] Vgl. Ingeborg Bachmann: *Die Wahrheit ist dem Menschen zumutbar. Rede zur Verleihung des Hörspielpreises der Kriegsblinden.* In: Dies.: *Ausgewählte Werke in 3 Bdn.* Berlin/Weimar 1987, Bd. 1, S. 565 "So kann es auch nicht die Aufgabe des Schriftstellers sein, den Schmerz zu verleugnen, seine Spuren zu verwischen, über ihn hinwegzutäuschen. Er muß ihn im Gegenteil wahrhaben und noch einmal, damit wir sehen können, wahr machen. Denn wir wollen alle sehend werden. Und jener geheime Schmerz macht uns erst für die Erfahrung empfindlich und insbesondere für die Wahrheit."

nationalsozialistische Vergangenheit, der nicht auf die Rechenschaft über die politischen objektiven Vorgänge, sondern auf die Aufarbeitung der persönlichen Erlebnisse in der Zeit des Nationalsozialismus zielt. Daß Wolf das "Zeitgenössische (...) immer mit dem Persönlichen zusammen"[36] nennt und damit sich selbst in die Literatur miteinbringt, bedingt insofern die Schreibweise, als *Kindheitsmuster* aus einer autobiographischen Haltung heraus geschrieben ist. Wolf bezeichnet das Buch aber trotzdem nicht als Autobiographie. In einem Interview äußert sich Wolf zu dem autobiographischen Material und erklärt, warum sie sich nicht für die Ich-Form entschieden hat.

> (...) ich kaschiere an keiner Stelle, daß es sich sozusagen um Autobiographisches handelt; das wird nicht verschwiegen. Wobei dieses »sozusagen« wichtig ist, es ist nämlich keine Identität da. Aber es gibt doch - das ist eine der Eigentümlichkeiten meiner Biographie, aber vielleicht geht es anderen in meinem Alter auch so - ein Fremdheitsgefühl gegenüber dieser Zeit. Seit einem nicht auf den Tag genau, aber doch auf eine Zeitspanne genau anzugebenden Moment ist man nicht mehr diese Person, habe ich nicht mehr das Gefühl, daß ich das war, die das gedacht, gesagt oder getan hat. Und das wollte ich mit der dritten Person ausdrücken, das heißt, ich mußte es, weil sich anders das Material mir nicht öffnete, wie ich durch Versuche erfuhr.[37]

Um der starken persönlichen Betroffenheit , die die "große(n) innere(n) Hemmnisse"[38] für den Ablauf des Schreibens verursacht, gerecht zu werden, probiert Wolf verschiedene Anfänge aus.[39] Insgesamt entstehen 33 verschiedene Entwürfe.[40] Als Grund für die Unmöglichkeit, in der ersten Person zu erzählen, nennt Wolf das Fremdheitsgefühl gegenüber der eigenen Geschichte, das durch die Wandlung in den Nachkriegsjahren entsteht. "Eine Menge mit gutem Grund Verdrängtes"[41], das in ihre heutige Ich-Vorstellung nicht zu integrieren ist, führt zur Selbstentfremdung. Wolf versucht, das Gefühl der Entfremdung von

---

[36] Christa Wolf: *Preisverleihung. Günter de Bruyn*. In: Dies.: *Die Dimension des Autors*, a.a.O., (S. 221- 229) S. 225

[37] Christa Wolf: *Erfahrungsmuster. Diskussion zu 'Kindheitsmuster'* In: Dies.: *Die Dimension des Autors*, a.a.O., (S. 806-843) S. 814

[38] Brigitte Reimann / Christa Wolf: *Sei gegrüßt und lebe. Eine Freundschaft in Briefen.* Berlin u. Weimar 1993, S. 94

[39] Vgl. Christa Wolf: *Erfahrungsmuster*, a.a.O., S. 809 "Ich mache sehr viele Anfänge. Ich habe zu diesem Manuskript länger als ein Jahr gebraucht, um überhaupt einen Anfang zu haben. Ich habe sehr viele Seiten liegen, die andere Erzählweisen ausprobieren und die mich alle nicht befriedigten."

[40] Vgl. Catherine Violett: *Nachdenken über Pronomina. Zur Entstehung von Christa Wolfs 'Kindheitsmuster'.* In: Angela Drescher (Hrsg.): *Christa Wolf. Ein Arbeitsbuch. Studien-Dokumente-Bibliographie.* Berlin u. Weimar 1989, (S. 101-113) S. 102

[41] Brigitte Reimann/Christa Wolf: *Sei gegrüßt und lebe*, a.a.O., S. 94

sich und der eigenen Geschichte in eine authentische Sprache umzusetzen, indem sie ihr autobiographisches Material in der dritten Person erzählt.

Der Text ist in drei Zeitebenen unterteilt, die sich chronologisch von einander abheben: die Kindheit in den Jahren 1932-1947, die Reise an den Ort der Kindheit am 10/11.07.1971 und die Zeit des Schreibens vom 03.11. 1972 bis zum 02.05.1975. Vergangenheit und Gegenwart greifen ineinander, indem die Geschehen der Schreibgegenwart die Ereignisse der Kindheit durchdringen. Nachrichten über die Kriege in Vietnam und Nah-Ost, Fotos von der Situation in Chile werden in das Erzählen des Vergangenen miteinbezogen und durch das Vergangene interpretiert. Das Gegenwartsgeschehen bildet somit Ausgangspunkt oder Ende von Erinnerungen, die so entstandene Verflechtung von Erinnerung und gegenwärtigem Geschehen dient zur Verdeutlichung der bis in die Gegenwart reichenden Wirksamkeit der früheren Prägungen.

Dem Leser soll das Vergangene nicht als eine für sich abgeschlossene Einheit vorgeführt werden, in die er sich beim Lesen mühelos hineinversetzt. Vielmehr wird von ihm aktives Mitdenken verlangt. Damit wird er herausgefordert, sich am Erinnerungsprozeß der Erzählerin zu beteiligen und Vergangenheit wieder mit Gegenwart zu verknüpfen. Durch die Anwesenheit der kommentierenden Erzählerin, die auf die Gegenwärtigkeit des Vergangenen dringt, wird ihm das Gefühl vermittelt, daß das Vergangene auf die Gegenwart einwirkt und seine Gegenwärtigkeit als höchst aktuelle Angelegenheit zur Debatte steht. Das ständige Kommentieren des Erinnerten durch die Erzählerin, häufiger Wechsel der Erzählebene, ein stark essayistisch geprägtes Erzählen und das Vergewissern der Erinnerungen durch die Dokumente aus der nationalsozialistischen Zeit sind die Mittel, die die Zeitbezüge von heute und damals zu konkretisieren vermögen. Die Erzählstrukturen dienen dem Ziel, beim Leser eine neue Auseinandersetzung mit dem damaligen wie heutigen Geschehen zu fördern und sein Geschichtsbewußtsein zu vertiefen. Darüber hinaus ermöglichen sie der Autorin, subjektive Befindlichkeit beim Schreiben mitzuteilen und den Leser an der großen Zahl unbewältigter Erinnerungen Teil haben zu lassen

In *Kindheitsmuster* macht angesichts des Themas Faschismus die eigene große Betroffenheit kaum eine ästhetische oder inhaltliche relevante Distanz zwischen Autorin und Erzählerin möglich. Dagegen erweist sich in *Kein Ort. Nirgends* eine andere Möglichkeit der Verwirklichung der von Wolf geforderten subjektiven Authentizität. Hier wird deutlich, "daß Authentizität nicht von der direkten Präsenz des Autors im Geschriebenen abhängt."[42]

[42] Ursula Püschel: *Zutrauen kein Unding, Liebe kein Phantom.* In: Neue Deutsche Literatur 7/1979, (S. 134-139) S. 134

Entscheidend für die Betroffenheit der Autorin ist nicht die reale Nähe zu ihren Figuren. Vielmehr wird hier die Betroffenheit durch den Stoff selbst vermittelt, durch das "besondere innerste Innere"[43] der beiden Protagonisten.

Außenseitererfahrung ist ein Aspekt, der die beiden Protagonisten aus *Kein Ort. Nirgends,* Kleist und Günderrode, verbindet. Sie stehen mit ihrem ganzheitlichen Lebensanspruch den auf Anpassung und Pragmatismus basierenden normativen Vorgaben der bürgerlichen Gesellschaft gegenüber, sie sehen sich in der Teegesellschaft als ausgeschlossen an. Sie sind tief verzweifelt über den Widerspruch zwischen eigenen Ansprüchen und der Realität, aber sie sind auch selbsbewußt und stark in ihrem Anspruch an die Einheit von Leben und Schreiben. Trennung von Leben und Schreiben ist für sie eine Selbstbeschneidung, wie bereits in der Anfangspassage durch das Motiv von Aschenputtel angedeutet wird: "Die arge Spur, in der die Zeit von uns wegläuft. Vorgänger ihr, Blut im Schuh." (KON 5) Kleist betont, daß für ihn Leben und Schreiben unauflöslich miteinander verbunden sind: "Ich kann beides verfehlen, Leben und Schreiben, doch habe ich keine Wahl." (KON 37) Günderrode ergänzt: "Aber alles, was wir aussprechen, muß wahr sein, weil wir es empfinden: Da haben Sie mein poetisches Bekenntnis." (KON 36f) Hier werden den beiden Figuren die Aussagen in den Mund gelegt, die Wolf für sich selbst über die Bedeutung des Schreibens trifft: "Ich kann nur über etwas schreiben, was mich beunruhigt."[44]

Um dem Verhältnis von Autorin und Figuren nachzugehen, ist es aufschlußreich zu berücksichtigen, daß Wolf *Kein Ort. Nirgends* in der zweiten Hälfte der siebziger Jahre in der DDR schrieb. Die schwierige Situation des Schreibens, die dadurch entstanden war, daß ihr nach der Biermann-Ausbürgerung nicht ausreichend die Möglichkeit zur offenen Kritik eingeräumt wurde, projiziert Wolf auf die Problematik von Künstlern in der frühen Romantik um 1800. In den Figuren Kleist und Günderrode werden Wolfs eigene Ansprüche an eine kompromißlose Literatur durchgespielt. Hier geht es nicht um die Begegnung von Günderrode und Kleist, so Rolf Michaelis, sondern "(h)ier begegnen einander Christa Wolf und die DDR, eine Dichterin und ein Staat."[45] In ihrem Essay über Günderrode begründet Wolf ihre Affinität zu diesen literarischen Vorgängern als Möglichkeit, sich Klarheit über die sie bewegenden Fragen und sich selbst zu verschaffen.

---

43 Ebda., S. 135

44 Christa Wolf: *Subjektive Authentizität,* a.a.O., S. 774

45 Rolf Michaelis: *Eine andere Art von Tod. Christa Wolfs Erzählung 'Kein Ort. Nirgends'. Wunschtraumgeschichte aus der DDR - die Begegnung zweier Dichter und Außenseiter: Kleist und Günderrode.* In: *Die Zeit* vom 16. März 1979, S. 16

(...) wir blicken uns um, getrieben von dem nicht mehr abweisbaren Bedürfnis, uns selbst zu verstehn: unsre Rolle in der Zeitgeschichte, unsre Hoffnungen und deren Grenzen, unsre Leistung und unser Versagen, (...)[46]

Die Fragen bleiben zwar weiter offen, wie im Text selbst thematisiert; "Auf ein Werk verwiesen, das offen bleibt, offen wie eine Wunde." (KON 119) Wolf versucht jedoch, sich über das Schreiben mit diesen Fragen auseinanderzusetzen, indem sie die erfahrene Zerissenheit in die Literatur einbringt. Wolf versteht das Schreiben als eine Möglichkeit, die engen realen Grenzen zu überschreiten. Die als mißlungen kritisierten[47] Anwendungen der avangardistischen Stilmittel - Zitatmontage, Perspektivenmischung, innerer Monolog, direkte Leseransprache - und der Verzicht auf eine Genrebezeichnung stellen nicht nur eine Möglichkeit der freien Annäherung an den Stoff dar, sondern sind auch als die formale Entsprechung der Grenzüberschreitungen zu deuten, die Wolf in der Kunst erzielen will. Daß Wolf *Kein Ort. Nirgends* keine bestimmte Genrebezeichnung beifügt, geschieht vor dem Hintergrund des authentischen Schreibens. Um den komplizierten Wirklichkeitsverhältnissen in der Erzählweise Rechnung zu tragen, lehnt Wolf eine in sich geschlossene Kunstform ab, die sowohl beim Leser bestimmte traditionelle Erwartung erwecken könnte als auch für die Autorin an bestimmte Konventionen gebunden ist.

Es gehört auch zur Loslösung von herkömmlichen Konventionen, die Verbindung Prosa und Essay zu nutzen.[48] Neben dem fiktiven Prosatext *Kein Ort. Nirgends* ist somit im gleichen Zeitraum der Essay über Karoline von Günderrode *Der Schatten eines Traums* entstanden, der als dessen Ergänzung gelesen werden kann. Im Essay beschäftigt sich Wolf mit dem Lebenslauf der Günderrode und erprobt die Möglichkeit, eine konventionelle Biographie über Günderrode zu schreiben. Durch chronologisch geordnete Lebensdaten wird das Leben der Günderrode nachgezeichnet. Einzelne Erlebnisse, die in ihrem Leben prägende Bedeutung haben, werden ausführlich dargestellt. Es ist allerdings keine für die traditionelle Biographie übliche 'objektive' Darstellung, sondern Wolfs Interpretation von Günderrodes Leben, die sich

[46] Christa Wolf: *Der Schatten eines Traumes*, a.a.O., S. 513

[47] Manfred Jäger: *Verzweifelte Utopie, lockere Ironie*. In: *Deutsches Allgemeines Sonntagsblatt* vom 15. April 1979, S. 21. Rolf Michaelis: *Eine andere Art von Tod*, a.a.O. Wolfgang Werth: *Für Unlösbares gibt es keine Form*. In: *Süddeutsche Zeitung* vom 04. April 1979, S. 23

[48] Wolf führt über die Verbindung von Essay und Prosa folgendes aus: Es unterscheiden sich bei ihr "die einander ablösenden (oder einander durchdringenden) prosaischen und essayistischen Äußerungen nicht grundsätzlich voneinander. Ihre gemeinsame Wurzel ist Erfahrung, die zu bewältigen ist: Erfahrung mit dem 'Leben' - also der unvermittelten Realität einer bestimmten Zeit und einer bestimmten Gesellschaft -, mit mir selbst, mit dem Schreiben (...). Prosa und Essay sind unterschiedliche Instrumente, um unterschiedlichem Material beizukommen, zu verschiedenen, doch nicht einander entgegengesetzten oder einander ausschließenden Zwecken." Christa Wolf: *Subjektive Authentizität*, a.a.O., S. 774f

auf die durch Briefe, Zitate aus Werken, Berichte von Zeitgenossen gewonnenen Informationen beruft. Für Wolf ist es offensichtlich mit den konventionellen Formen der biographischen Darstellung nicht möglich, dem Gehalt dieses Materials gerecht zu werden.[49]
Die Verbindung von fiktiver Prosa und essayistischer Reflexion setzt sich mit dem Kassandra-Projekt fort. *Voraussetzungen einer Erzählung: Kassandra*, die als essayistische Annäherung an den Kassandra-Stoff gilt, hat eine kommentierende Funktion. Christa Wolf hat im Frühjahr 1982 im Rahmen der Poetik-Dozentur in Frankfurt am Main die vier Vorlesungen gehalten. Die fünfte und letzte Vorlesung, die nicht zum Vortrag kam, ist die Erzählung *Kassandra*. *Voraussetzungen einer Erzählung* dokumentieren als theoretische Überlegungen zum Kassandra-Projekt die Vorarbeit zur Erzählung.
Nach der ersten durch Einfühlung und Identifikation geprägten Begegnung mit der Kassandra aus der *Orestie* des Aischylos bleibt die Autorin von der Figur Kassandra gefangen.[50] Sie geht zwei Jahre dem Stichwort 'Kassandra' nach; sie stellt Nachforschungen zum mythologischen Hintergrund an und unternimmt eine Reise nach Griechenland. Aus der mythologisch-literarischen Figur Kassandra versucht sie eine automone Kassandra-Figur zu schaffen.
Die Erzählung *Kassandra* ist eine Enthüllungsgeschichte in geschlossener Form, die monologisch von Kassandra erzählt wird. Sie ist die Hauptfigur, deren Entwicklung nachgezeichnet wird. Und gleichzeitig ist sie die Erzählerin, die die letzten Stunden des Wartens auf den nahen Tod mit der Reminiszenz an die Umstände ausfüllt, die zu ihrer Situation als Kriegsbeute führten. Ihr Gedankenbericht besteht dann aus der Wahrnehmung und Deutung des in der Vergangenheit Geschehenen. Außerdem spricht in den ersten einführenden Zeilen eine Figur, die sich am Ort der letzten Lebensstation Kassandras befindet und Kassandra mit 'sie' bezeichnet. Indem diese Erzählfigur auf eine Zeitspanne zurückblickt, die bis zur neuzeitlichen Gegenwart rund 3000 Jahre beträgt, versucht sie, eine Verbindung von Vergangenheit und Gegenwart herzustellen, die dann durch die Verbformen im Präteritum, deiktischen Ortsadverbien und Demonstrativa hervorgehoben wird; "Hier war es. Da stand sie. Diese steinernen Löwen, jetzt kopflos, haben sie angeblickt. Diese Festung, einst

[49] Zur Christa Wolfs Vorgehensweise mit Günderrodes Biographie vgl. Sandra Frieden: *'Falls es strafbar ist, die Grenzen zu verwischen': Autobiographie, Biographie und Christa Wolf.* In: Angela Drescher: *Christa Wolf,* a.a.O., S. 121-139 u. Helga G. Braunbeck: *Das weibliche Schreibmuster der Doppelbiographie: Bettine von Arnims und Christa Wolfs Günderrode- Biographie.* In: Helga Grubitzsch u. Maria Kublitz u.a. (Hrsg.): *Frauen-Literatur-Revolution.* Pfaffenweiler 1992, S. 231-244

[50] Vgl. VeE 10 "Ich konnte mir noch zusehen, wie ein panisches Entzücken sich in mir ausbreitete, wie es anstieg und seinen Höhepunkt erreichte, als eine Stimme einsetzte: Oh! Oh! Ach! Apollon! Apollon! Kassandra. Ich sah sie gleich. Sie, die Gefangene, nahm mich gefangen, sie, selbst Objekt fremder Zwecke, besetzte mich. (...) Ihr glaubte ich jedes Wort, das gab es noch, bedingsloses Vertrauen. Dreitausend Jahre - weggeschmolzen."

uneinnehmbar, ein Steinhaufen jetzt, war das letzte, was sie sah." (K 5) Es liegt nahe, diese Erzählfigur als diejenige aus den *Voraussetzungen* zu betrachten, die ihre Erfahrung mit der Antike und Griechland als poetologische Überlegungen ausdrückt und nun die Einheit von *Voraussetzungen* und der Erzählung *Kassandra* herstellt, zumal, wenn *Voraussetzungen* als Kommentar zur Erzählung gelesen werden kann.

II. "Was überwunden werden muß, soll erzählt werden": Die Vergangenheitsbeziehung in *Kindheitsmuster*

2. 1. Fehlentwicklung zur Selbstentfremdung

Den Anfang des Textes bildet eine Szene, in der "das Kind in aller Unschuld auf einer Steinstufe sitzt und zum erstenmal in seinem Leben in Gedanken zu sich selbst ICH sagt." (KM 11)[51] Daß sich die erste Episode der Kindheitsgeschichte auf den Akt des Ich-Sagens konzentriert, ist deshalb von so grundlegender Bedeutung, weil hier die Zusammenhänge zu erkennen sind, die das Gesamtkonzept von *Kindheitsmuster* deutlich hervortreten lassen: In *Kindheitsmuster* untersucht Christa Wolf im Hinblick auf die Bedingungen und Folgen von Identitätsentwicklung bzw. auf die Entwicklung einer Pseudo-Identität die latente Bereitschaft, sich der späteren Herrschaftsmechanismen des Nationalsozialismus anzupassen, respektive "dem Aufrechterhalten bestehender Herrschaft zu dienen."[52]
Das Erlebnis auf der Steinstufe, das zeitlich so weit zurückliegt und auf den ersten Blick von vollkommenen privaten Erfahrungen zu berichten scheint, gibt aber bei genauer Betrachtung Aufschluß über die spätere Entwicklung des Kindes Nelly. Denn Nellys Kindheit läßt sich nicht allein aus den Bedingungen der Zeit, aus den durch den Nationalsozialismus geprägten Strukturen beschreiben, entscheidend ist vielmehr die Verknüpfung von privater und öffentlicher gesellschaftlicher Geschichte.
Beide Themenkreise, Nationalsozialismus und die in ihm verbrachte Kindheit, sind eng miteinander verbunden und durchdringen sich intensiv. Das Verhalten während der nationalsozialistischen Herrschaft ist "als Ausdruck und Abbild der im Ich (bereits) herrschenden Struktur"[53] zu lesen, nämlich, die Strukturen, die im Individuum bereits präformiert sind, kommen durch äußere Beeinflussung verstärkt zum Vorschein.

2. 1. 1. Der Hang zur Übereinstimmung

Auf den ersten Seiten von *Kindheitsmuster* findet sich der Hinweis, daß die Szene, in der das Kind zum erstenmal "ich" sagt, ursprünglich als Anfang des Textes geplant war.

---

[51] Christa Wolf: *Kindheitsmuster Roman*. Darmstadt und Neuwied: Luchterhand, 1979. Im Folgenden abgekürzt mit "K".

[52] Bernhard Greiner: *Die Schwierigkeit, 'ich' zu sagen: Christa Wolfs psychologische Orientierung des Erzählens*. In: Ders.: *Literatur der DDR in neuer Sicht*. Frankfurt a. M. 1986, (S. 80-102) S. 88

[53] Christel Zahlmann: *Schreiben an der Grenze des Bewußtseins*. In: Wolfram Mauser (Hrsg.): *Erinnerte Zukunft. 11 Studien zum Werk Christa Wolfs*. Würzburg 1985, (S. 141-160) S. 150

> Frühere Entwürfe fingen anders an: mit der Flucht - als das Kind fast sechzehn war - oder mit dem Versuch, die Arbeit des Gedächtnisses zu beschreiben, als Krebsgang, als mühsame rückwärts gerichtete Bewegung, als Fallen in einen Zeitschacht, auf dessen Grund das Kind in aller Unschuld auf der Steinstufe sitzt und zum erstenmal in seinem Leben in Gedanken zu sich selbst Ich sagt. (...) wie es da vor seines Vaters Ladentür saß und in Gedanken das neue Wort ausprobierte, ICH ICH ICH ICH ICH ICH, jedesmal mit einem lustvollen Schrecken, von dem es niemandem sprechen durfte. Das war ihm gleich gewiß. (KM 10f)

Diese Szene auf der Steinstufe ist nicht willkürlich als der Anfang der erinnerten Lebensgeschichte gewählt und die exponierte Stellung verleiht ihr besonderes Gewicht. In ihrer Analyse zu *Kindheitsmuster* hebt Christel Zahlmann die große Bedeutung, die diese Szene enthält, hervor.

> Die Wahl eines solchen Modaladverbs wie "in aller Unschuld" ist kein Zufall, denn normalerweise spielt beim Sitzen der Kinder die Schuld oder Unschuld nicht eine so wichtige Rolle. Hier ist der Zustand der Unschuld verbunden mit dem der Wortlosigkeit.[54]

Vor den Moment des Ich-Sagens wird ein Zustand der Unschuld gesetzt und es wird damit auf die Zeit der frühkindlichen symbiotischen Beziehung zur Mutter hingewiesen. Erzählt wird nun, was im Moment des Ich-Sagens geschieht. Durch den Akt des Ich-Sagens konstituiert sich das Ich sprachlich. Das Kind wird sich seiner eigenen Identität bewußt. Damit wird die ehemals ungestörte untrennbare Einheit zwischen Mutter und Kind mit einem Mal gestört.[55] Das Kind probiert aber das neue Wort nur in Gedanken aus und verspürt dieses Ich-Sagen mit einem lustvollen Schrecken. Die Gewißheit, darüber mit niemandem sprechen zu dürfen, liefert den Hinweis auf die Nichtbewältigung der mit der Trennung von der Mutter verbundenen Angst und der Schuldgefühle diese Trennung herbeigeführt zu haben. Und wenige Zeilen später steht die reflektorische Fragestellung der Erzählerin.

---

[54] Christel Zahlmann: *Christa Wolfs Reise "ins Tertier". Eine literaturpsychologische Studie zu "Kindheitsmuster"*. Würzburg 1986, S. 30-31

[55] Die Beziehung zur Mutter bedeutet von nun an bis in die Erzählgegenwart unverarbeitetes Problem.

> Warum sind Schreck und Triumph, Lust und Angst für dieses Kind so innig miteinander verbunden, daß (...) keine Seelenanalyse sie je wieder voneinander trennen werden? (KM 13)

Die Szene auf der Steinstufe veranschaulicht die nicht gelingende Ich-Autonomie des Kindes als eine Art Grundkonflikt zwischen der Sehnsucht nach Autonomie und dem Wunsch nach Übereinstimmung mit der Mutter, um den *Kindheitsmuster* immer wieder kreist. Der erste Schritt zur Eigenständigkeit, in dem sich das Kind aus der frühkindlichen Abhängigkeit und Verbundenheit mit der Mutter löst und sich selbst als etwas von ihr Getrenntes erlebt, ist für das Kind ambivalent besetzt; er bereitet Angst und Lust. Dieser Prozeß der Subjektwerdung, der im positiven Sinne den Gewinn von Autonomie bedeutet, zieht als notwendige Folge zwangsläufig die Trennung von der schützenden Einheit mit der Mutter nach sich.
Es ist ein natürlicher Vorgang der kindlichen Entwicklung, daß das Kind aufhört, in der dritten Person von sich zu reden[56]: "Ein dreijähriges normal entwickeltes Kind trennt sich von der dritten Person, für die es sich bis jetzt gehalten hat." (KM 13) Und genau diese Trennung tritt in *Kindheitsmuster* nicht ein. Das Kind auf der Steinstufe, das an der Schwelle zwischen Ichlosigkeit als frühkindlicher Symbiose mit der Mutter und dem eigenen Anspruch des Ich-Sagens als erstem Schritt zur Autonomie steht, empfindet Lust und Angst und stößt auf einen unüberwindlichen Widerstand, weil die Realisierung eines unabhängigen Ich-Anspruchs einen unvermeidlichen Konflikt mit der Mutter bedeutet. Darauf verschließt das Kind dieses erschütternde Erlebnis tief in seinem Innern und erzählt niemandem davon.

> Aus dem Wohnzimmerfenster hätte die Mutter nun das Kind zum Abendbrot zu rufen, wobei sein Name, der hier gelten soll, zum erstenmal genannt wird: Nelly! (...) Nelly hat nun hineinzugehen, langsamer als gewöhnlich, denn ein Kind, das zum erstenmal in seinem Leben einen Schauder gespürt hat, als es Ich dachte, wird von der Stimme der Mutter nicht mehr gezogen wie von einer festen Schnur. (KM 12)

Nach dieser ambivalenten Erfahrung, die Nelly macht, als sie bewußt zum ersten Mal 'ich' denkt, kann die Stimme der Mutter das Kind nicht länger wie mit einer festen Schnur ziehen. In diesem Zusammenhang entstehen die Grundmuster von Eigenständigkeit und Anpassung, zwischen denen Nelly hin und hergerissen wird, und die zu Schuldgefühlen und Spaltung führen. Indem das angepaßte Kind der Anweisung der Mutter - Nelly hat nun hineinzugehen -

---

[56] Vgl. Bernhard Greiner: *Die Schwierigkeit, 'ich' zu sagen*, a.a.O., S. 80

gehorcht, die ihm absolute Sicherheit bietet und strikten Gehorsam fordert, gerät Nelly schon sehr früh in einen Konflikt; ihr Übereinstimmungswunsch mit der Mutter, der nur durch das Befolgen des Gehorsamsgebots der Mutter zu erreichen ist, widerspricht jeglicher Erfahrung persönlicher Identität.

Jedes Selbstdenken, Abweichen vom erwünschten Verhalten löst Schuldgefühle bei Nelly aus, zumal die Mutter wiederholt ihren überzogenen Anspruch erhebt: "Du weißt doch, daß du mir jeden Abend alles sagen sollst?" (KM 19) Statt auf eine Entwicklungsstufe zu gelangen, in der dem Kind seine Autonomie mit der Lösung von der mütterlichen Autorität gelungen wäre, verharrt das Kind vielmehr regressiv in einem symbiotischen Zustand.

Mißlungene Trennung, die keine Ausbildung einer eigenen inneren Instanz jenseits der Mutter-Kind-Dyade zuläßt, führt das Kind dazu, von sich aus sein eigenes Ich zu unterdrücken, sich den Anforderungen und Erwartungen der Mutter-Instanz im Ich zu unterwerfen, wodurch es sich die Liebe der Mutter sichert.

Als Folge der nichtbewältigten Trennung vom Primärobjekt bleibt eine starke Übereinstimmungssehnsucht übrig, aus der jede spätere Unterwerfungshandlung resultiert. Die Sehnsucht nach diesem frühen Urzustand wird im Übereinstimmungsglück in der Masse und schließlich mit der fremden Ideologie aktualisiert.

2. 1. 2. Die Unfähigkeit von sich zu reden

Mit der ambivalenten Erfahrung im Moment des Ich-Sagens tritt für das Kind eine Änderung ein, die nicht nur sein Verhältnis zur Mutter, sondern seine gesamte weitere Entwicklung nachhaltig bestimmen wird. Den Problemzusammenhängen zwischen dem Übereinstimmungswunsch mit der Mutter und der angstgeprägten Vorstellung von der Mutter bzw. dem ständigen Schuldgefühl gilt es im folgenden unter der Fragestellung nachzugehen, auf welche Weise Nellys Entwicklung nicht zu einer Ich-Autonomie führt.

Wie im vorigen Abschnitt skizziert wurde, ist dem Kind ein Ich, das seine Autonomie mit der Loslösung von der mütterlichen Autorität begründet, nicht gelungen. Die Mutter bleibt weiter die allmächtige Instanz, die für das Kind Norm und Identität bestimmt. Die Bindung des Kindes an die Mutter ist aus Angst wie aus Geborgenheit so stark, daß sich im Kind bereits der Eindruck verfestigt, für seinen Wunsch nach der Erfahrung persönlicher Identität mit Liebesentzug bestraft zu werden. Aus Angst, die Liebe seiner Mutter zu verlieren, wagt das Kind nicht, zu seiner eigenen Tat und damit zu sich selbst zu stehen. Um nicht in die Gefahr zu kommen, der Mutter lästig zu werden, verdrängt es sein eigenes Ich als etwas Widerrechtliches und richtet sich dafür um so strenger nach den Erwartungen der Mutter, wodurch die Grundhaltung des guten, lieben Kindes entsteht.

Jedes Kind muß sich irgendwann von seiner Mutter lösen und das notwendige Herausfallen aus der mütterlichen Obhut fällt ihm innerlich nicht so schwer, wenn es auf den einzelnen Stufen seiner Entwicklung den Herausforderungen der jeweils neuen Schwierigkeiten durch innere Reife der gesunden Persönlichkeit sich gewachsen fühlt. Nelly hingegen sucht sich in ihrer Unsicherheit und Angst an den mütterlichen Rückhalt zu klammern, weil die wiederholte Äußerung der Mutter, Nelly sei für sie so durchsichtig wie eine Fensterscheibe,[57] das Kind zu einer Verdrängung jeder eigenen Gefühle und Gedanken veranlaßt, die keine Zustimmung gegenüber der mütterlichen Autorität finden.

Ein solches Scheitern im Anspruch auf Erkanntwerden bzw. Anerkennung der eigenen Empfindungen arbeitet Alice Miller in ihrem Buch *Das Drama des begabten Kindes* als die Ursache dafür heraus, daß es dem Kind unmöglich wird, eine gesunde Persönlichkeit aufzubauen. Sie verweist darauf, daß ein Kind nur "in einer Atmosphäre der Achtung und Toleranz für die Gefühle des Kindes die Schritte zur Individuation und Autonomie vollziehen"[58] kann. Die Abhängigkeit von der Mutter führt in die Unmöglichkeit, eigene Gefühle bewußt zu erleben, "denn ein Kind kann diese nur erleben, wenn eine Person da ist, die es mit diesen Gefühlen annimmt, versteht und begleitet. Wenn das fehlt, wenn das Kind riskieren muß, die Liebe der Mutter (...) zu verlieren, kann es die natürlichsten Gefühlsreaktionen nicht für sich allein, insgeheim erleben; es erlebt sie nicht."[59]

Indem Nellys Selbstachtung an die Übereinstimmung mit der Mutter gebunden bleibt und sie immer mehr von dem eigenen Interesse weg die Aufmerksamkeit auf die Frage richtet, was die Mutter meint und will, kann das Kind keine eigene Persönlichkeit entwickeln. Statt eigene Wünsche und Vorstellung zu verteidigen und durchzusetzen, beugt sich Nelly vielmehr den Ansichten und Erwartungen der Mutter. Als Folge der unermüdlichen Anpassungsbereitschaft an die geliebte Mutter gerät Nelly in eine hilflose Lage; sie verliert ihr wahres Selbst, das auf lebendiges Erleben ihrer eigenen Gefühle und Bedürfnisse

---

[57] "(...) du bist für mich durchsichtig wie eine Fensterscheibe, pflegte Charlotte zu ihrer Tochter zu sagen (...)" (KM 58)

[58] Alice Miller: *Das Drama des begabten Kindes und die Suche nach dem wahren Selbst*. Frankfurt a. M. 1979, S. 22

[59] Ebenda S. 26

angewiesen ist, und entwickelt ein falsches Selbst,[60] das die Mutter in ihr sieht, indem sie zu tun hat, was ihr die Mutter abverlangt.
Die Mutter unterläßt es wiederholt, den Empfindungen des Kindes zu begegnen; statt dessen setzt sie ihr strenges Urteil ein, das durch das Sich-Fügen des Kindes sinnvoll befolgt werden soll, wodurch die Mutter im Innern des Kindes zum Inbegriff einer rigiden Über-Ich Moral erstarrt. Im Grunde bleibt dem Kind der Weg zu sich selbst untersagt, denn "(i)rgendwann hat es erfahren, daß Gehorchen und das Geliebtwerden ein und dasselbe ist." (KM 20)
So lernt Nelly früh, die Dinge, die gegen die ihr von der Mutter zugeteilte Rolle des braven Kindes verstoßen, sorgsam zu verschweigen und jede eigene Gedanken- und Gefühlsäußerung zu verstellen. Eingeklemmt zwischen dem Gebot der Mutter und dem Wunsch nach der Artikulation einer eigenen Gefühlswelt löst Nelly den Konflikt durch die Spaltung in "ein Vormittags- und ein Nachmittagskind"[61], die sie zu verbergen hat.

> Nelly hatte das trostlose Gefühl, daß auch der liebe Gott selbst an dem tapferen, aufrichtigen, klugen, gehorsamen und vor allem glücklichen Kind hing, das sie tagsüber abgab. Wörter wie 'traurig' oder 'einsam' lernt das Kind einer glücklichen Familie nicht, das dafür früh die schwere Aufgabe übernimmt, seine Eltern zu schonen. Sie zu verschonen mit Unglück und Scham. (KM 27f)

Jede Abweichung von dem erwünschten Verhalten wirkt wie eine Infragestellung, die nicht geduldet werden darf, und angesichts der Fähigkeit der Mutter, Nelly ganz und gar zu durchschauen, traut sie sich nicht, das wahre Selbst mit verwerflichen Gedanken und Gefühlen zu verbalisieren. Letztlich sehnt sie sich aber danach, daß die Mutter ihr wirkliches Wesen erkennt und sie dennoch liebt. Daß der unumgänglichen Anpassung an die mächtige Mutter eine Gegenkraft entgegensteht, die bestimmt nicht weniger mächtig ist und darauf zielt, trotz der verborgenen Vorstellungen von der Mutter angenommen zu werden, beschreibt die größte Schwierigkeit von Nellys Doppelleben: ihre Unfähigkeit, von sich zu reden.
Aus Angst gegenüber der mahnend-warnenden Stimme der Mutter, die vorschreibt, wie es einzig richtig und gut zu machen ist, wird alles, was der Mutter nicht gefallen könnte, verschwiegen, um akzeptiert und gemocht zu werden. So wandelt sich die Tabuisierung

---

[60] Vgl. D.W.Winnicott: *Ichverzerrung in Form des wahren und des falschen Selbst.* In: Ders.: *Reifungsprozesse und fördernde Umwelt.* München 1974, S. 182-199
[61] "Nelly ist sich darüber klar, daß sie in mehrere Kinder zerfällt, zum Beispiel in ein Vormittags- und ein Nachmittagskind." (KM 100)

eigener Gedanken und Gefühle zur Sprachlosigkeit, an deren Ende stets und unausweichlich der Rückzug in die Doppelbödigkeit des Schweigens und Verleugnens steht.

Als Folge ihrer Bemühung, der von der Mutter festgelegten Rolle der gehorsamen und glücklichen Tochter gerecht zu werden, fällt es Nelly immer schwieriger, die Wahrheit zu äußern. Daß die Mutter an einer allzu genauen Kenntnis der Innenwelt von ihrer Tochter kein Interesse hat, stellt bei Nelly den Hintergrund der Unfähigkeit, sich mitzuteilen, dar.

Zu Anfang wehrt sich Nelly gegen die Rollenvorstellung der Mutter, die Nelly ihre Sicht der Situation aufzwingt und dabei keine Rücksicht auf die wahren Handlungsmotive oder Bedürfnisse der Tochter nimmt. Doch macht Nelly später die bittere Erfahrung, daß der Mutter nichts daran liegt, die Tochter wirklich kennen zu wollen, sondern daß die Mutter tatsächlich das Bild der braven Tochter erhalten will.

Selten deutet die Mutter das Verhalten der Tochter angemessen. Statt dessen wird jede Regung der Tochter in der Interpretation der Mutter idealisiert, so daß sie dem Bild der braven Tochter entspricht: Als Nelly ihren jüngeren Bruder in ihrer kindlichen Phantasie durch einen Mörder bedroht sieht und in Tränen ausbricht, lobt die Mutter Nelly nur für ihr Verantwortungsbewußtsein gegenüber dem Bruder. Unbeachtet bleibt dabei, daß Nelly gegen das Gebot der Bruderliebe den unterschwelligen Haß auf den Bruder spürt und die Konkurrenzgefühle in der Phantasie des Brudermordes auslebt.

> Nicht erzählt wird, daß die Mutter Nellys Wange tätschelt, sie halb mitleidig 'brav' nennt, weil sie so an dem Brüderchen hängt, sich so ängstigt; daß Nelly in Tränen ausbricht, obgleich jetzt 'alles gut' ist. Wie konnte alles gut sein, wenn sie selbst nicht gut war. (KM 17)

Das Verhalten der Tochter gegenüber der Mutter wird auf ganz ähnliche Weise von der Mutter fehlinterpretiert. Als Nelly Unrecht geschieht, indem die Mutter das ahnungslose Kind überfällt, ohne es anzuhören,[62] nimmt Nelly ein Recht auf Selbstschädigung für sich in Anspruch. Nelly glaubt, daß man "den sträflichen Wunsch, die eigene Mutter zu Tode zu erschrecken" erfüllen kann, "indem man schädigt, was ihr das Liebste war; sich selbst." (KM 27) Obwohl sie oft und dringlich gewarnt wurde, steckt Nelly eine Perle in die Nase, die vom Arzt entfernt werden muß. Dieser Akt der Selbstbestrafung hat die Ersatzfunktion, die

---

[62] "(...) Charlotte Jordan rief ihre Tochter herein und erwartete sie mit dem Ausklopfer hinter der Tür und schlug sie, ohne sie anzuhören, zum verhängnisvollen ersten und einzigen Mal in ihrem Leben (hin und wieder eine Ohrfeige, die rechnet nicht), schrie dabei ganz außer sich - während Nelly stumm blieb, wie immer, wenn ihr Unrecht geschah -, (...)" (KM 26)

verdrängte Feindseligkeit gegen die Mutter lediglich mit anderen Mitteln weiterzuführen, da die Mutter auch nur in Gedanken zu beschuldigen schon die heftigsten Schuldgefühle wachrufen muß.
Die Mutter macht sich aber keinen Gedanken über die Beweggründe. Ohne den Selbstschädigungsakt ihrer Tochter im Zusammenhang mit ihren als unrecht empfundenen Erziehungsmaßnahmen zu sehen, erklärt sie ihn als Unfall.

> Eine Ohrfeige, ein scharfes Wort, sogar ein stummer Nachhauseweg wären nach Nellys Empfindungen jetzt am Platz gewesen. Statt dessen erfuhr Nelly, sie habe sich tapfer gehalten. Nichts geklagt, nicht geweint, nichts. Der Mutter schien es wohlzutun, ihre Tochter 'tapfer' zu nennen. Es lag ihr nicht daran, zu erfahren, wie sie in ihrem innersten Innern war. (KM 27)

Um von der Mutter nicht verstoßen zu werden, bleibt Nelly keine andere Wahl; sie hält das Geheimnis, daß sie weder brav noch gut ist, vor sich selbst und der Mutter verborgen. Statt sich für ihre eigenen Gedanken stark zu machen, verformt sich die Hilflosigkeit in ein Schuldgefühl. Und aus Angst, daß ihre geheime Existenz eines Tages entdeckt werden könnte, werden die wahre Gefühle, die sich aus der gesamten inneren Entwicklung wie folgerichtig ergeben, als etwas Verbotenes beiseite geschoben.
Angesichts der Rollenvorstellung der Mutter, die in einem extremen Schwarz-Weiß-Denkschema wurzelt, lernt Nelly nie, eigene Ansichten und Ansprüche geltend zu machen. Sie darf nie eigene Wünsche nach außen hin mitteilen und durchsetzen. Statt dessen gewöhnt sie sich daran, überhaupt alles Eigene als etwas Schuldhaftes zu betrachten.
Als Nelly ihrem Bruder aus Aggression den Arm ausrenkt, erlebt sie deutlich, wie die Mutter dem Verstoß gegen die Rollenvorstellung der braven Tochter mit überzogener Reaktion begegnet, die bei ihr Schuldgefühle auslöst.

> Die Mutter tritt ein, klopft ihr hart mit zwei Fingern auf die rechte Schulter und sagt einen jener übertriebenen Sätze, zu denen sie damals schon neigt: Du bist schuld, wenn sein Arm steif bleibt. (KM 23)

Der Grund für die Hartnäckigkeit der Angst und Schuldgefühle liegt bei Nelly in der Unfähigkeit, über die mit einem Verbot belegten Gedanken und Gefühle auch nur zu sprechen, die einfach normal aus den Tiefen ihrer Innenwelt aufsteigen und nur in der Wertung der Mutter ihr als vermeintliche Sünde übel angerechnet und übertrieben bestraft werden. Diese Sprachlosigkeit wird ein wesentliches Merkmal in Nellys Leben und jedes Selbstdenken und Handeln, das sich mit der Rollenvorstellung der Mutter nicht vereinbaren läßt, wird fortan Nelly Schuldgefühle verursachen.

Aufgrund der radikal antagonistischen Moralvorstellung der Mutter, die nur das angepaßte Verhalten als gut bezeichnet und das Zuwiderhandeln mit überzogener Härte als böse beschuldigt, kann Nelly keine eigene gefestigte Wertschätzung entwickeln. Sie wird somit immer abhängiger von den Maßstäben der anderen und fügt sich dem erwünschten Verhalten: "Gelernt soll werden: sich freuen am falschen Lob. Die Lehre wird angenommen" (KM 24)

2. 1. 3. Vom Ursprung der Erziehungsmaximen der Mutter

Die sozialen Umfelder des jeweiligen Entwicklungsstandes, denen Nelly ausgeliefert ist, in Betracht ziehend, verfolgt Christa Wolf in *Kindheitsmuster*, wie das Kind in der Familie, dann in Schule und BDM zum Faschismus hin erzogen wird. Dabei liegt das Hauptanliegen darin, die Beschaffenheit der Verhältnisse, in denen Nelly aufwächst, zu analysieren und ihre Beziehung zu faschistischen Ideologien zu untersuchen.

Um die Auswirkungen von Nellys Erziehung durch die Mutter zu verstehen, muß man das Augenmerk vor allem auf die Biographie der Mutter Charlotte als Herkunft der Erziehungskräfte richten, denn die Methoden und Werte der Charlotte widerfahrenen Erziehung sind als wesentliche Maxime maßgebend bei Nellys Erziehung und belasten sie. Es gilt nicht bloß zu untersuchen, wie sich Charlottes Erziehungsmuster und Charakterstruktur in ihrer Erziehung zu Nelly durchsetzen, sondern grundlegender noch ist es, im Hinblick auf die Bedingungen und Folgen der Persönlichkeitszerstörung die Selbst-Entfremdung durch bürgerliche Erziehung zu analysieren. Je mehr in der Auseinandersetzung mit den Kindheitserinnerungen Nellys Anfälligkeit für die nationalsozialistischen Ideen als Folge einer Ich-Schwäche erkannt wird, umso deutlicher erscheint ein Verständnis der Unterwerfung unter die durch das soziale Umfeld und die Erziehung verinnerlichte bestimmte soziale Forderung ohne ausführliche Berücksichtigung der Familie mit ihrer Erziehung zur Autorität als ausgeschlossen.

Durch den Rückgriff auf die Überlegungen Horkheimers zur bürgerlichen Familie und ihrer Beziehung zur Autorität läßt sich die Frage klären, wie die gesellschaftliche Instanzen,

besonders die Familie "als eine der wichtigsten erzieherischen Mächte"[63] die Entwicklung eines unabhängigen Individuums behindern. In den Studien über "Autorität und Familie", die er 1936 veröffentlichte, hebt Horkheimer die Funktion der Familie hervor und betont, daß "die Familie (...) die Reproduktion der menschlichen Charaktere, wie sie das gesellschaftliche Leben erfordert,"[64] besorgt und daß vor allem "die Familie als Produzentin von bestimmten autoritären Charaktertypen ihre unentbehrliche Wirkung"[65] ausübt.
Die Entwicklung Nellys wird auf Jahre hin von der Einheit zur Mutter bestimmt. Die Mutter erhält als Erziehende eine absolute und ausschließliche Dominanz über Nelly, der Vater bleibt gewissermaßen nur noch im Hintergrund und greift kaum in die Erziehung ein. Einblick in Charlottes Kindheit, die reich an unglücklichen und leidvollen Erfahrungen gewesen ist, zu gewähren, dient dem Zweck, den Zusammenhang zwischen Nellys Erziehung durch die Mutter und deren eigener Erziehung zu verdeutlichen.
Ihr Vater arbeitet als einfacher Fahrkartenknipser bei der Reichsbahn in extrem untergeordneter Stellung, die durch seine Alkoholabhängigkeit zudem stets gefährdet ist. Der Zusammenhalt der Familie beruht allein auf seiner Frau. Um die Entlassung ihres alkoholkranken Mannes zu verhindern, macht sie Bittgänge zum Arbeitgeber und veranlaßt ihre Tochter zu demütigenden Unterwerfungsgesten: Charlotte hatte "auf ein Zeichen ihrer Mutter vor Herrn Inspektor Witthuhn stumm in die Knie zu sinken." (KM 83) Diese entwürdigende "Instrumentalisierung ihrer Person" [66] bleibt Charlotte als besonders traumatisches Erleben im Gedächtnis.
Daß Charlotte die Mittelschule besuchen kann, verdankt sie nicht allein dem eigenen Fleiß, durch den sie gute Leistung erbringt. Sie wird ebenso von dem Ehrgeiz ihrer Mutter, deren Beweggründe eher wirtschaftlich bedingt sind, angehalten, sich durch besonders gute Noten und konformes soziales Wohlverhalten den Schulgelderlaß zu verdienen.

> Führ dich man gut, Lotteken, weißt ja, worum's geht. Hast es ja gelernt, dich zusammenzunehmen. Das allerdings, sagte Charlotte Jordan, nicht ohne Bitterkeit. Wenn ich was gelernt hab - dann das. (KM 36)

Das Gebot des Sich-Zusammennehmens hat als eine der obersten Verhaltensregeln zu gelten.

---

[63] Max Horkheimer: *Autorität und Familie*. Paris 1936, S. 49
[64] Ebda., S. 49f
[65] Ebda., S. 61
[66] Mechthild Quernheim: *Das moralische Ich. Kritische Studien zur Subjektwerdung in der Erzählprosa Christa Wolfs*. Würzburg 1990, S. 113

Die Lehre wird angenommen, daß die Anpassung an erhobene Anforderung der Preis für den wirtschaftlichen und sozialen Aufstieg bedeutet.
Was aber die Großmutter ihre Tochter Charlotte gelehrt hat, gibt diese ihrerseits an ihre Tochter Nelly weiter. Dies läßt Rückschlüsse zu, worin das Hauptproblem von Nellys Erziehung besteht. Charlotte behandelt ihr eigenes Kind genauso, wie ihre Mutter es getan hat, obwohl ihr die Problematik der Erziehungsmaxime der Selbstbeherrschung und das dadurch verursachte Leid bewußt sind. Daß Charlotte ihre eigene Mutter auch mit sich nimmt, auch wenn sie rein negativ an sie gebunden bleibt, stellt einen Wiederholungszwang dar, der erst später im Umgang mit der eigenen Tochter wiederentdeckt werden muß.
In ihrer Rolle der wohlmeinenden und verantwortlich denkenden Mutter, die das Beste für ihr Kind will, legt sie ihrer Erziehung unbewußt dieselben Idealvorstellungen, Lebenserwartungen und Leistungsansprüche zugrunde, nach denen ihr Charakter sich geprägt hat. Angesichts der mütterlichen Erziehung, in der die Kinder "die Einwirkung eines der herrschenden Ordnung ergebenen Geistes" erleben, betont Horkheimer, daß die Frau selbst "zu einem die Autorität in dieser Gesellschaft reproduzierenden Faktor"[67] wird, indem sie sich dem Gesetz der patriarchalischen Familie beugt.
Dies wird vor allem deutlich, wenn man jenen wiederkehrenden Traum Charlottes, in dem sie sich in ihre Kindheit zurückversetzt sieht, im Zusammenhang mit der Entstehung des übermächtigen Schuldgefühls in Betracht zieht. Charlotte als Kind, das seine Ferien beim Großvater verbringt, soll beim Sonntagsgottesdienst vor der Familie und ein paar Nachbarn singen. Aber ihr fällt der Liedtext nicht ein. Der Großvater muß selber singen und blamiert sich dabei. Er wird wütend, weil er Charlottes Vergessen als Verweigerung versteht. Charlotte fühlt sich schuldig, daß der Großvater Halme aus dem Rohrdach zieht und mit Spielgeld schon vormittags Biertrinken geht.

> Da geht er, der Gerechte,[68] am hellerlichten Sonntagvormittag ins Wirtshaus, um Bier zu trinken. Und sie Charlotte, in ihrer Vergeßlichkeit ist an allem Schuld. (KM 52)

In der Figur des Großvaters verkörpert sich die unfehlbare absolute Instanz der Autorität, der allein die Macht zukommt, über Recht und Unrecht zu bestimmen. Für das Kind liegt die Ursache seiner tief empfundenen Schuld darin, daß es ihm zuzuschreiben ist, durch das Vergessen, die Familie mit Scham zu überziehen und die Gehorsamkeitsstruktur zu verletzen.

---

67 Max Horkheimer: *Autorität und Familie,* a.a.O., S. 69
68 Hervorhebung: Hj.H.

Auffällig ist jedoch an den Gedanken, mit denen Charlotte aus dem Traum erwacht ist - "Alles ist verkehrt." (KM 52) - , daß gerade im Verschweigen des Liedes die durch Angst und Schuldgefühl hervorgehobene Verdrängung des heimlichen Wunsches des Kindes dargestellt wird, sich der verordneten Anpassung zu verweigern.

Charlottes Traum, der von den erlittenen Demütigungen ihrer Kindheit erzählt, stellt die Verbindung zu einer anderen Textstelle her, in der noch deutlicher zum Ausdruck kommt, wie sie an ihrer eigenen Tochter in vergleichbarer Situation das zu wiederholen pflegt, was ihr als Kind zugefügt wurde. Als Nelly ihrem Bruder beim Spielen den Arm verrenkt und im Wutausbruch das Gebot der Bruderliebe verletzt, macht ihr die Mutter Vorwürfe. Ohne die genauen Umstände des Hergangs wissen zu wollen oder Verständnis für die Konkurrenzgefühle unter Geschwistern zu zeigen, schiebt die Mutter in einer so massiven Weise Nelly die Schuld für den Vorfall zu, daß sie von dem Kind nicht verarbeitet werden kann.

> Schuld ist seitdem: eine schwere Hand auf der rechten Schulter und das Verlangen, sich bäuchlings hinzuwerfen. Und eine mattweiße Tür, hinter der die Gerechtigkeit - die Mutter - verschwindet, ohne daß du ihr folgen, Reue äußern oder Verzeihung erlangen kannst. (KM 23)

Im Innern des Kindes wird die Mutter als eine allmächtige Instanz gesehen und das Ohnmachtsgefühl des Kindes der Unantastbarkeit und Unfehlbarkeit der Mutter gegenüber läßt das Kind sich schuldig fühlen. In der Art des Sprechens und in den Details des Verhaltens unterläuft Charlotte immer wieder der gleiche Habitus und Gestus, den sie als Kind mit starken Ängsten, Zwängen und Schuldgefühlen hat erleben müssen. Statt ihrem eigenen Kind das zu ersparen, was sie selber durchgemacht hat, beschwört sie gerade dieselben Konflikte herauf, an denen sie bereits in ihrer Kindheit zu leiden hatte.

Daß der Zwang zur Wiederholung der unaufgearbeiteten eigenen Konflikte kaum abzuwenden ist, macht die Problematik der autoritären Erziehungsnormen deutlich, die verhindert, spontan und authentisch zu denken und zu handeln: Die Verinnerlichung der Forderung, gesellschaftlich erwünschte Wertevorstellung zu übernehmen und angepaßtes Verhalten zu praktizieren, stellt ganz sicher eine folgenreiche Konsequenz für das Gefühlsleben des Individuums dar, d. h. das Verleugnen authentischer Empfindung kollidiert mit dem Wunsch nach Selbständigkeit und Autonomie. Die ungenormten Wünsche und Bedürfnisse, die allerdings aus dem Rahmen der verordneten Verhaltensmuster herausfallen, werden rasch abgewehrt. Statt kritisch ein eigenes Wertesystem aufzubauen, setzt das unfreie Individuum die völlige Identifikation mit den autoritativen Normen, die ihm von außen vorgesetzt werden, wodurch sich eine anpassungsbereite lenkbare Charakterstruktur entwickelt.[69]

An den Aufstiegswillen gekoppelt nimmt der Wiederholungszwang weiter hier seinen Lauf. Als Frau des Lebensmittelkaufmanns, der selber den unpolitischen "Kleinbürger par excellence"[70] verkörpert, fügt sich Charlotte weiter aus Interesse am sozialen Aufstieg in den Kreislauf von Unterdrückung des wahren Gefühls und opportunistischer Anpassung an gegebene Umstände und Rolle des Gehorchenden. Ihr Mann Bruno Jordan, der kleinbürgerliche Lebensstrategien - Fleiß, Pflicht, "Flexibilität, Anpassungsbereitschaft gegenüber wechselnden gesellschaftlichen Bedingungen"[71]- vertritt und über ausgeprägten Erwerbssinn verfügt, setzt die Hoffnung darauf, aus der aktuellen politischen Entwicklung mit "ein bißchen Unternehmergeist" (KM 107) den wirtschaftlichen Erfolg zu erreichen, der ihm auch Ansehen einbringt.[72]

> Aber am besten ist: Den andern immer um eine Nasenlänge voraus. Und überhaupt: Pünktlichkeit ist das halbe Leben. Stillstand ist Rückschritt. Man muß aus seinem Leben etwas machen. (KM 106)

Das Leben von Charlotte ist gezeichnet durch große Anpassungsbestrebungen, um den gesellschaftlichen Aufstieg zu erreichen. Hier liegt ein wesentlicher Grund dafür, daß sie, statt die zwanghaft übernommenen Erziehungsnormen in Frage zu stellen, diese Normen als wichtige Lebenserfahrung an ihre Tochter weiter gibt, die für diese konkrete Verhaltenserwartungen werden.

Dieses rein pragmatisch kalkulierende Denken spielt auch im Umgang mit Institutionen eine entscheidende Rolle. Einverständnis mit dem neuen Regime herrscht nur insofern, als ihre Hoffnung darauf hinausläuft, daß die Anlehnung an eine größere höhere Macht ihrer Familie zum gewünschten Aufstieg verhilft. Aber sobald ihr persönliches Interesse beeinträchtigt wird, nämlich als ihr Ehemann einberufen wird, kommt ihre ablehnende Haltung zu den neuen

---

[69] Vgl. Max Horkheimer: *Lehren aus dem Faschismus.* In: Ders.: *Gesellschaft im Übergang.* Frankfurt a. M. 1972, (S. 36-59) S. 50

[70] Wolfgang Emmerich: *Kleine Literaturgeschichte der DDR. Erweiterte Neuausgabe.* Leipzig 1996, S. 321

[71] Stefanie Christmann: *Auf der Suche nach dem verhinderten Subjekt. DDR-Prosa über Faschismus im Licht der Frankfurter Schule.* Würzburg 1990, S. 104

[72] Es gibt wieder Soldaten und mit diesen will Bruno Jordan ins Geschäft kommen. Es gelingt ihm, in günstiger Lage und Zeit ein neues Haus und einen neuen Laden zu bauen.

Herrschern sprachlich drastisch formuliert zum Vorschein: "Dabei war die beanstandete Äußerung sehr maßvoll im Vergleich mit jener anderen, mit der sie den Krieg begann. Die nämlich lautete: Ich scheiß auf euern Führer!" (KM 156)

Während ihr Mann, der sich stets loyal dem Staat und der herrschenden Ideologie gegenüber verhält, 'gefaßt' den 'Gestellungsbefehl' entgegennimmt, widersetzt sich Charlotte dagegen und riskiert, sich 'um Kopf und Kragen' zu reden. Bruno und Charlotte werden als typische Mitläufer dargestellt, die von ihrem kaufmännisch-praktischen Standpunkt her stillschweigend der Entwicklung im Nationalsozialismus die Akzeptanz entgegenbringen und in Entscheidungssituationen immer ein opportunistisches Verhalten zeigen. Und doch bleibt für Charlotte das Irrationale, Unmenschliche der faschistische Ideologie unverständlich. Solche spontanen Äußerungen Charlottes lassen deutlich als "die Anklage des sich betrogen Fühlenden, Unschuldigen"[73] erkennen, dessen Leben 'Mühe und Arbeit' gewesen ist und der zu unrecht bestraft worden ist. Ihr Fazit läßt sich zusammenfassen: "Wir sind doch bloß die kleinen Schachfiguren in dem Spiel der Großen." (KM 310)

Immerhin tritt sie in ihrem Verhalten immer wieder als Helfer auf, der auch gegenüber der Obrigkeit ihren gesunden Menschenverstand nicht verleugnet. Charlotte handelt spontan menschlich und leistet heimlich humane Hilfe, als sie während des Kriegs einer ukrainischen Arbeiterin im Gefangenenlager Wäsche zukommen läßt.[74] Sie schickt ihre Kinder zum Nachhilfeunterricht bei einem aus dem Schuldienst suspendierten Lehrer und beweist damit den Mut, sich über den Verdacht, er sei Jude, hinwegzusetzen.[75]

Charlotte neigt zum Schwarzsehen und wird deshalb mehrfach als Kassandra bezeichnet, diese Neigung läßt Charlotte manchmal zu realistischen Einsichten kommen, sie sieht Unheil aufkommen, während die anderen die Augen vor den Gefahren verschließen. Es liegt ihr jedoch nichts daran, sich mit einer Ahnung intensiv zu beschäftigen und eine offene Aussprache zu pflegen. Obwohl sie im Grunde skeptisch gegen Nellys aktive Beteiligung an der faschistischen Jugendorganisation BDM ist, unternimmt sie keinen Versuch, durch Gespräche ihre Tochter daran zu verhindern. Sie spricht ebenso wenig darüber wie z.B. über den angeblich natürlichen Tod Tante Jettes, die in der Realität dem Euthanasieprogramm zum Opfer fällt.

Das Unverständnis für Nellys Neugier und das Desinteresse an Nellys Innenwelt zeugen von der Angst, sich mit der eigener Kindheit auseinanderzusetzen, denn dies würde sie erneut mit

---

[73] Christine Scharper: *Christa Wolf: 'Kindheitsmuster'. Epische Struktur und Gehalt.* Halle, Diss. 1980, S. 69
[74] Vgl. KM 68
[75] Vgl. Ebda., S. 221f

der verdrängten Vergangenheit konfrontieren, in der die Erfahrung von Demütigung, Leid und Unglück verborgen bleibt. Die Wiederbeschäftigung mit der Vergangenheit muß aus Angst und Schamgefühl wie fluchtartig gemieden und wie etwas Beschämendes verschwiegen werden. Lieber verfolgt Charlotte selbst als Mutter die Grundsätze und Wertmaßstäbe, in denen sie erzogen war, und nimmt den Wiederholungszwang unbewußt in Kauf.

2. 1. 4. Sexualtabu und Antisemitismus

Das mit "Erinnerungslücken, Friedenszeiten, Einübung in Haß" überschriebene sechste Kapitel, in dem die Problematik der Juden im dritten Reich dargestellt wird, endet mit der Erinnerung an Nellys bemerkenswerte Äußerung "Ich will keine Jüdin sein!" (KM 133)
Um diesen Satz zu deuten und den Zusammenhang der einzelnen Aspekte, die in diesem Satz zusammenkommen, zu erklären, soll im folgenden untersucht werden, in welcher Beziehung die bürgerliche Erziehung bei Nelly und die nationalsozialistische Ideologie stehen und welchen Anteil die unter nationalsozialistischer Herrschaft praktizierte Erziehung an der Entstehung des Antisemitismus bei Nelly hat.
Nellys von panischer Angst geprägte Reaktion auf die Möglichkeit der jüdischer Abstammung spiegelt die von der Mutter verursachte Unsicherheit und Angst, womöglich 'nicht normal' zu sein. Nellys unangemessener Ausspruch, sie wolle keine Jüdin sein, gibt zugleich weiteren Aufschluß darüber, auf welche Weise sich Judentum und Sexualität in Nellys Vorstellung verbinden.
Im kleinbürgerlichen Milieu, in das Nelly hineinwächst, wird sexuelles Begehren tabuisiert und auch nur ein andeutungsweiser Versuch einer körperlichen Annäherung scheinheilig verpönt: die preußisch erzogene "Charlotte Jordan läßt sich nicht in aller Öffentlichkeit von ihrem Mann den Arm um die Schulter legen." (KM 107) Charlottes Erziehung, die auf das Gebot der Normalität der Selbstbeherrschung ausgerichtet ist, schließt Sexuelles so weit wie möglich aus der Wahrnehmung aus. Nicht zufällig taucht Sexualität nur dann auf, wo Selbstbeherrschung mit sexueller Lust kollidiert und Charlotte andere nach dem Grad der Selbstbeherrschung als 'unnormal' und 'normal' verurteilt.
Die Selbstbeherrschung wird vor allem da verlangt, wo es um die Zurückdrängung von Triebansprüchen geht. Im Fall des Nachbarmädchens Anneliese, das zur Beherrschung und Unterdrückung der Triebansprüche nicht in der Lage ist und deshalb nach Charlottes

Auffassung als unnormal anzusehen ist, wird der Zusammenhang von 'unnormal' und 'triebhaft' hergestellt.

> Man muß sich doch beherrschen können! sagt sie, als Waldins Anneliese, nicht älter als siebzehn, mit einem Bäckergesellen des Abends öfter in den Wepritzer Bergen spazierengeht. (...) Dieses Mädel ist triebhaft, das sieht ein Blinder mit dem Krückstock. Oben hui, unten pfui. (KM 58f)

Der rigorose Anspruch der Mutter, 'normal' zu sein, mit dem die Mutter Nelly zur Unterdrückung ihrer eigentlichen Gefühle und Gedanken anhält, bringt Nelly in extreme Konflikte, so daß sie schon früh die Notwendigkeit erlernt, gespalten zu leben.

> Denn Nelly selbst sehnte sich inständig nach einer Tarnkappe, die ihr helfen könnte, Ungeheuern, bösen Menschen, Zauberern und Hexen zu entkommen, vor allem aber der eigenen aufdringlichen Seele. (...) Nelly aber würde ihre Seele zu den verwunschenen Blindschleichen schicken und sie dort ihrem überaus öden Schicksal überlassen, während sie selbst, wie eben jetzt, in ihrem Bett liegen und unangefochten grelle, wilde, verbotene Gedanken denken konnte. (KM 19)

Das lustvolle Erleben verwerflicher Gedanken und Wünschen ruft bei Nelly ambivalente Gefühle hervor, die der von der Mutter geforderten Normalität widerstreiten. Durch Persönlichkeitsspaltung und Scheinheiligkeit eröffnet sich ihr die Möglichkeit, der Angst vor Anormalität entgehen zu können. Sie spaltet sich in eine Seele, die gut und angepaßt ist, wie es die Mutter fordert, und einen Körper, der sich den nächtlichen Geheimnissen der verbotenen Gedanken überläßt. Zu den unaussprechlichen Geheimnissen der verbotenen Gedanken gehören sexuelle Phantasien und die Neugier auf den eigenen Körper, zu denen Nelly aufgrund der Sexualität scheinheilig tabuisierenden Erziehung des Elternhauses das ambivalente Verhältnis aufbaut. Nicht zufällig entdeckt sie da, wo Selbstbeherrschung sexuellen Phantasien widersteht, einen Projektionsmechanismus: die Angst vor der Versuchung der geheimen Wünsche und Gedanken wird auf eine gesellschaftlich verachtete Fremdengruppe projiziert, damit Nelly die geheimen Phantasien um so intensiver abwehren kann.
Diese gestörte Entwicklung natürlicher Gefühlserlebnisse führt dazu, daß Nelly ein falsches Verständnis vom gesellschaftlich - politisch verordneten Antisemitismus übernimmt. Zu den

tabuisierten, unreinen jedoch lustvollen Vorstellungen zählen nun sowohl die Begriffe sexuellen Inhalts als auch die Schlagworte der nationalsozialistischen Ideologie. Hier wird ersichtlich, wie sich die Sexualität ängstlich tabuisierende Prägung bei Nelly mit faschistischen Ressentiments verbindet und auf welche Weise subjektive und allgemeine Geschichte ineinander greifen.

Es gibt eine Reihe von Beispielen, die diesen Zusammenhang und eine solche Deutung belegen.

Die anerzogene Unfähigkeit, mit ambivalenten Gefühlen umzugehen und "sowohl sein Selbst als auch das Objekt als (gleichzeitig) gut und böse zu erleben,"[76] führt dazu, daß Nelly das gesellschaftlich verbreitete Ideal der Reinheit übernimmt, um mit ihrer Umwelt im Einklang zu bleiben. Ihr Verhalten richtet sich ganz nach dem Gebot der Normalität und Nelly begreift dabei das Erlebnis des Unreinen, das eine sexuelle Komponente zu verkörpern vermag, als Gegensatz zur geforderten Reinheit. In welchem Maß der Einbruch des Sexuellen Nelly in eine tiefgehende Verunsicherung stürzt, wird besonders anschaulich bei ihrer Begegnung mit einem Exhibitionisten, bei der sie eine Mischung von "Ekel und Grauen" und zugleich Anziehung empfindet.

> Dieser dringliche, klebrige Blick zog sie weiter, wie am Schnürchen vorbei an diesem fürchterlichen Menschen, der etwas Weißliches, Langes aus seiner Hose herausgeholt hat und daran zieht und zieht, daß es immer länger wird, eine weißliche Schlange, auf die Nelly starr den Blick heften muß, bis sie die zehn, zwanzig Schritte geschafft hat und der Bann gebrochen ist und sie losrennen kann, hetzen, jachtern. (KM 128)

Dieses Erlebnis ist für Nelly in die konkret gewordene Vorstellung von 'unrein' einzureihen. Sie kann sich von der Schlange, die sich jetzt mit ihrer Angst vor der Unreinheit verbindet und das Symbol der verbotenen Sexualität darstellt, nicht befreien. Das Schauen der weißen Schlange verursacht bei Nelly gleichermaßen Angst wie Faszination. So flüchtet sie nicht gleich, als ihr der Exhibitionist begegnet, sondern sie ist von seinem 'klebrigen' Blick angezogen. Da Nelly nicht gelernt hat, mit ambivalenten Gefühlen umzugehen, verschweigt und verdrängt sie das zugleich bedrohlich und lustvoll besetzt erfahrene Zusammentreffen mit dem Exhibitionisten. Als sie nun abends heimlich hört, wie ihr Onkel Leo Siegmann erzählt, daß er in seiner Schulzeit aus 'Instinkt' seinem jüdischen Mitschüler 'eine reinhauen' mußte,

---

[76] Alice Miller: *Das Drama des begabten Kindes,* a.a.O., S. 62

erfolgt in Nellys Vorstellung die Verknüpfung von ihrem eigenen Erlebnis mit diesem übelriechenden Judenjungen

> Doch es geschah, daß sie ‚Nelly, (...) das Wort 'unrein' nicht mehr hören konnte, ohne gleichzeitig Ungeziefer, die weiße Schlange und das Gesicht jenes Judenjungen zu sehen. (...) in Nelly mit jenen Bildern nicht Haß oder Abscheu aufkam, sondern Scheu - ein Gefühl, sehr nahe den Vorstufen der Angst. Jedenfalls mied sie das Unreine, auch in Gedanken, und stimmte laut, vielleicht überlaut, in ein Lied ein, das sie kannte wie jedermann; ... Judenköpfe rollen, ... Blut muß fließen knüppelhageldick, (...). (KM 129f)

Durch die Verbindung zwischen der weißen Schlange und Ungeziefer ist wieder die Verbindung von Juden und Sexualität hergestellt, denn Juden werden mit Ungeziefer gleichgesetzt, die laut antisemitischer Propaganda wegen ihrer Unreinheit schädlich sind und zu vernichten sind.[77] Die Gegenüberstellung von rein und unrein wirkt so strikt, daß alles Böse, Bedrohliche und Angsterregende, damit auch der als ekelig anziehende Gefahr erlebte sexuelle Bereich ganz auf das vom Nationalsozialismus freigegebene Feindbild projiziert wird.

Nelly kennt Juden mehr oder weniger nur aus der Ferne, übernimmt aber wegen der mit der faschistischen Ideologie verbundenen rigiden (Sexual-)Erziehung nationalsozialistischen Sprachgebrauch mit den Bestandteilen 'Ungeziefer', 'Juden', 'unrein' als abstrakte Verwirrung von inhaltlosen Begriffen. Haß braucht einen konkreten Anlaß und den findet Nelly im vorgestellten blassen, pickeligen Judenjungen nicht. Dies bringt Nelly in beträchtliche Schwierigkeiten, die geforderten Haßgefühle hervorzubringen. Sie verspürt zwar, wie die nationalsozialistische Pflicht es von ihr verlangt, Abneigung gegen ihn zu haben. Aber Nelly vermag in ihrer Phantasie den Judenjungen nicht zu hassen, da sie das übernommene rassistische Zerrbild vom Judenjungen inhaltlich nicht füllen kann.

> Auch sie wird ihm also 'eine reinhaun'. Oder vielleicht nicht? (...) Sie nimmt Anlauf, weiß: sie muß vorbei, sie muß es tun, es ist ihre Pflicht. Sie strengt sich sehr an. Sie läßt den Film schneller laufen. Aber niemals, (...) nicht ein einziges Mal gelingt es ihr, an ihm vorbeizukommen. Immer reißt im entscheidenden Augenblick der Film. Immer wird es dunkel, wenn sie ganz dicht vor ihm steht, er schon den Kopf hebt, die Augen leider auch. Sie erfährt nicht, ob sie imstande wäre, ihre Pflicht zu tun. (KM 127f)

[77] Wilhelm Reich: *Die Massenpsychologie des Faschismus*. Köln 1986, S. 96

"Die unreflektierte Übernahme der auf ängstlicher Triebabwehr beruhenden stereotypen Vorurteile"[78] funktioniert bei Nelly nicht soweit, daß sie jede Spur von eigenem Denken und von Menschlichkeit unterbindet. Sie ist aber doch insofern erfolgreich, als Nelly gegen ihr eigenes Gefühl entscheidet und es als Defizit empfindet, sich den Judenjungen vorzustellen und ihn nicht schlagen zu können. Deshalb legt sie es sich immer als Versagen aus, wenn sie nicht erwartungs -und propagandagemäß empfindet.

Weder gelingt es ihr, den Judenjungen ideologiegemäß zu hassen, noch vermag sie den dringlichen Blick des Exhibitionisten ernsthaft abzuwehren, der eindeutig als bedrängende Erfahrung der verbotenen Sexualität zu erkennen ist. Das Entscheidende dieser beiden Ereignisse ist, daß das Gebot der Reinheit durch sie ins Wanken gerät. Daß Nelly der Aufforderung der Eliminierung des Unreinen nicht entsprechen kann, führt dazu, daß sie sich auch als Unreine begreift und dies wiederum bei ihr Angst erzeugt.

Mit Berücksichtigung des Kontextes, in dem Nelly den Satz "Ich will keine Jüdin sein!" äußert, wird verständlich, worauf sich Nellys Angst bezieht. Die Begegnung mit dem Exhibitionisten verschweigt Nelly ihrer Mutter. Doch da Charlottes Worte; "Ich rieche das, wenn was faul ist." (KM 128) stets über Nelly als bedrohliche Gefahr stehen, spricht Nelly die Befürchtung gegenüber der Mutter aus, "die natürlich etwas gerochen hat, und wissen will, was los ist. Da äußert Nelly den bemerkenswerten Satz: Ich will keine Jüdin sein!" (KM 133) Diese Äußerung zeugt von ihrer Angst vor dem, wofür 'Unreinheit' steht. Die Angst vor der Sexualität ist also auch in diesen Satz eingebettet. Deshalb muß Nelly sich davor hüten, als Unreine entlarvt zu werden. Da eröffnet ihr gerade die projektive Verschiebung unterdrückter Gedanken auf eine gesellschaftlich geschmähte Fremdgruppe die Möglichkeit, der Angst vor Entdeckung ihrer geheimen unreinen Existenz zu entgehen und sich selbst als rein zu erleben.

2. 2. Auf der Suche nach dem wahren Selbst

2. 2. 1. Die Täume: Gebot der Schonung der Mutter

Im Kontext der Auseinandersetzung mit den Hindernissen und Widerständen im Erinnerungsprozeß ist in *Kindheitsmuster* Träumen besondere Bedeutung beizumessen. Die Sprache des Traums, in der "die Wächter vor den Toren des Bewußtseins" (KM 211)

[78] Stefanie Chrismann: *Auf der Suche nach dem verhinderten Subjekt*, a.a.O., S. 120

abgezogen sind, ermöglicht jenseits der Zensur des Bewußtseins die Einsicht in die dem Unbewußten und der Verdrängung anheimgefallenen Vorgänge.
In den auf der Schreibebene der Gegenwart erzählten Träumen der ersten 6 Kapitel wird deutlich, auf welche Weise der Erinnerungsprozeß dieser Vorgänge das ständige Ausweichen und Sichsträuben gegen unangenehme Sichtweisen darstellt, die über viele Jahre hin das Verhältnis zwischen der Mutter und der Tochter auf das nachhaltigste geprägt haben.
Anhand von Träumen der Erzählerin wird hier dem bisher tabuisierten Thema der Elternliebe nachgegangen. Die Idealisierung der Mutterliebe, die nach Alice Miller zu einem Tabu gehört, das gegen alle Entmystifizierungstendenz resistent ist,[79] kann durchaus als erster Hinweis auf eine hintergründige Ambivalenz der symbiotischen Mutter-Kindbeziehung verstanden werden; die Schonung und Idealisierung der Mutter ist einerseits die Folge der vollständigen Abhängigkeit und die Hauptursache dafür ist andererseits in dem Nachholbedarf der Eltern an Achtung, Bejahung und Verfügbarkeit zu suchen.
Die Wurzeln dieser Ambivalenz lassen sich durch den Rückgriff auf Alice Millers Beobachtung verdeutlichen. Alice Miller geht davon aus, daß das Kind nur dann einen gesunden Narzißmus entwickeln kann, wenn die Eltern des Kindes ebenfalls in einem solchem Klima aufgewachsen sind. Eine emotional unsichere Mutter, die nicht gelernt hat, sich in der Haltung eines großen Vertrauens und in dem Klima einer tieferen Geborgenheit mit weniger Angst und Zwang zu betrachten, bleibt selbst in ihrem narzißtischen Gleichgewicht gestört. Die narzißtische Bedürftigkeit der Mutter führt dazu, daß sie aufgrund einer inneren Haltlosigkeit sich mit einer Reihe von Erwartungen an das eigene Kind wendet und "auf ein bestimmtes Verhalten oder eine bestimmte Seinsweise des Kindes angewiesen"[80] bleibt. Das Drama des sensiblen Kindes besteht nun darin, daß es schon sehr früh intuitiv, also auch unbewußt Bedürfnisse der Mutter spürt und sich ihnen anpaßt, um sich die Liebe der Mutter erhalten zu können.[81] Hinter dieser Anpassung und Bravheit verbirgt sich in der Tat eine schwere Erschütterung des Selbstbewußtseins und Selbstvertrauens des Kindes, indem es lernt, seine intensivsten, aber unerwünschten Gefühle nicht zu fühlen.
Solange die Mutter die Lücken des eigenen Lebens durch die narzißtische Besetzung zu schließen versucht, gestattet es die mangelnde Identität der Mutter dem Kind nicht, seine Identität zu entwickeln. Vielmehr führt jede Abweichung von der ihm zugeteilten Rolle unter solchen Umständen zu einer schweren Verunsicherung, behindert die Entwicklung des

[79] Alice Miller: *Das Drama des begabten Kindes*, a.a.O., S. 17
[80] Ebda., S. 23
[81] Ebda., S. 24

wahren Selbst und beeinträchtigt die Bildung eines autonomen Charakters. Zum Wesen des Kindes gehört eine Aufmerksamkeitslenkung, die auf einem "System vertauschter Verantwortungen"[82] basiert und immer mehr von den eigenen Interessen weg auf die Frage gerichtet ist, was die Mutter meint und will, wodurch das Kind jedes Mal nicht dazu kommt, seine eigenen Angelegenheiten zu betreiben.

Im Folgenden soll an einigen Traumbeispielen verdeutlicht werden, wie in diesen konflikthaften Erlebnissen der Kindheit auch die Schlüssel zum Verständnis des ganzen späteren Lebens liegen. Wegen des sehr früh verinnerlichten und bis ins Erwachsenenalter im Unterbewußten latent und wirksam gebliebenen Gebotes der Schonung der Mutter, das es untersagt, "die Aktivitäten der Mutter dem Kind gegenüber anders als Liebes -und Wohltaten zu bezeichnen und dem Kind das Recht auf Auflehnung zu gewähren",[83] ist der Versuch, die Fesseln der Abhängigkeit von der Mutter zu lösen und das Tabu der Mutterliebe zu verletzen, mit großer Angst verbunden.

Der Traum vom Erscheinen der verstorbenen Mutter im ersten Kapitel, der mit seiner exponierten Stellung eine tiefere Bedeutsamkeit bekommt, spiegelt den inneren Konflikt wider zwischen der Notwendigkeit, die Mutter zu schonen und dem Bedürfnis, sich frei zu artikulieren. Dieses Traumbild verweist auf einen wesentlichen Grund für die Widerstände gegen die Reflexion auf die Entstehung der zu früh erzwungenen und fortdauernden Handlungszwänge; so wie das Kind Nelly sich aus eigener Unsicherheit und Ich-Schwäche von der Mutterinstanz nicht zu lösen vermag, unterliegt auch die erwachsene Erzählerin dem infantilen Abhängigkeitsgefühl gegenüber der allmächtig erlebten mütterlichen Autorität. Die Auseinandersetzung mit der verstorbenen Mutter und ihrer entscheidenden Rolle für das Leben der Erzählerin stößt deshalb auf die Verdrängungswiderstände, deren Überwindung die Voraussetzung für die Möglichkeit des Durcharbeitens der eigenen Geschichte bedeutet.[84] Der Traum läßt deutlich werden, daß das Vorhaben, die Gebote der internalisierten Mutter zu überwinden, nicht konfliktfrei gelingt und die alte Angst des Kindes, von der Mutter durchschaut zu werden, in der Erwachsenen wieder aufbricht.

---

[82] Eugen Drewermann: *Rapunzel, Rapunzel, laß dein Haar herunter. Grimms Märchen tiefenpsychologisch gedeutet.* München 1994, S. 190

[83] Alice Miller: *Du sollst nicht merken. Variationen über das Paradies - Thema.* Frankfurt a. M. 1983, S. 203

[84] Sigmund Freud: *Erinnern, Wiederholen, Durcharbeiten.* In: Ders.: Studienausgabe. Ergänzungsband. Frankfurt a. M. 1982, (S. 205-215) S. 207

> Plötzlich ein Schreck bis in die Haarspitzen: Auf dem Tisch im großen Zimmer das Manuskript, auf dessen erster Seite in großen Buchstaben nur das Wort »Mutter« steht. Sie wird es lesen, wird deinen Plan vollständig erraten und sich verletzt fühlen ...(KM 16)

Die angstgeprägte Vorstellung, die Mutter könne den Plan "vollständig erraten und sich verletzt fühlen"(KM 16), ist auf das Ohnmachtsgefühl zurückzuführen, das das Kind Nelly durch die wiederholte Äußerung der Mutter, "du bist für mich durchsichtig wie eine Fensterscheibe" (KM 58), erlitten hat. Daß die beginnende Auseinandersetzung mit der Mutter die Angst, durchschaut und als unnormal entlarvt zu werden und sowie die Anfälligkeit für Schuldgefühle bei Abweichung von der Norm der Mutter reaktiviert, zeugt von dem Weiterwirken der Vergangenheit in der Gegenwart.
Das Gebot der Schonung der Eltern, das Aussagen gegen die Mutter nicht zuläßt, gilt auch noch nach vielen Jahren im Leben der jetzt erwachsenen Erzählerin. Für die unvermindert anhaltende Wirksamkeit der einmal verinnerlichten ungeschriebenen Kindheitsgesetze bis ins Heute findet sich ein aussagekräftiges Beispiel im ersten Kapitel.
Eine scheinbar nebensächliche Szene, an die sich die Mitteilung des obengenannten Traums anschließt, macht zusätzlich evident, wie mächtig die frühen Prägungen in der Gegenwart noch sind. Als sich die Erzählerin mit ihren Mitreisenden an den Ort der Kindheit begibt, hindern sie und ihr Bruder Lutz ihre Tochter Lenka daran, die verbotenen Pflesserschen Höfe zu betreten. Das Wiedersehen mit dem Ort der Kindheit löst heute bei der Erzählerin gegenüber dem alten Verbot die gleiche Reaktion aus wie damals

> Wie einst (...) galt das Verbot, einen dieser Torbögen zu durchschreiten, einen dieser Höfe zu betreten. Daß kein GEWOBA-Kind seinen Fuß ungestraft auf Pflesserschen Grund setzte, war ein für allemal ausgemacht durch ein ungeschriebenes Gesetz, das keiner verstand und jeder hielt. (KM 14f)

In welchem Maß die Konfrontation mit der Mutter von Angst vor Strafe gefährdet ist, die eine Infragestellung des Gebots nach sich zieht, wie groß die Widerstände sind, davon legt der Traum von der Amputation der Schreibhand ein eindrucksvolles Zeugnis ab. Im Traum wird die schreibende Hand wegoperiert, die "als Metapher für das ausführende Organ einer aggressiven Handlung"[85] gilt und damit als schuldhaft erwiesen ist, denn Schreiben gleicht

[85] Christel Zahlmann: *Christa Wolfs Reise "ins Tertiär"*, a.a.O., S. 54

einer aggressiven Tat, die Hand gegen Vater und Mutter zu erheben und auf diese Weise das Gebot der Aggressionslosigkeit gegenüber Eltern zu übertreten.

> Die Hand, die verdorren möge oder aus dem Grabe wachsen, wenn sie sich gegen Vater oder Mutter erhoben hat. Prompt träumst du genau und ausführlich alle Stadien einer Operation, in deren Verlauf dir die rechte Hand - die Schreibhand - kunstvoll wegoperiert wird, wovon du, örtlich betäubt, Zeuge bist. Es geschieht, was geschehen muß, du lehnst dich ja nicht auf, aber angenehm ist es nicht, was denkst du beim Erwachen. Im Halbdämmer hältst du deine Hand hoch, drehst und wendest sie, studierst sie, als sähest du sie zum erstenmal. Sie sieht aus wie ein taugliches Instrument, aber da kann man sich täuschen. (KM 33)

Während die latenten Traumgedanken[86] den Abschied von der Idealisierung der Mutter sowie von der Idealisierung der Kindheit und die Überwindung der Verdrängungswiderstände verlangen, werden in den reflektierenden Passagen immer wieder Selbstbezichtigungen und Schuldgefühle formuliert, weil die Abweichung von der moralischen Introjektion, nach der die Eltern mit Unglück und Scham zu verschonen sind, eine gefährliche Überschreitung der Grenzen darstellt, "hinter denen alle Harmlosigkeit aufhört." (KM 56)

> Wer Hand an seine Kindheit legt, sollte nicht hoffen, zügig voranzukommen. Vergebens wird er nach einer Dienststelle suchen, die ihm die ersehnte Genehmigung gäbe zu einem Unterfangen, gegen das der grenzüberschreitende Reiseverkehr - nur als Beispiel - harmlos ist. Das Schulgefühl, das Handlungen wider die Natur begleitet, ist ihm sicher: Natürlich ist es, daß Kinder ihren Eltern zeitlebens dankbar sind für die glückliche Kindheit, die sie ihnen bereitet haben, und daß sie nicht daran tippen. (KM 28f)

Das unnatürliche Unterfangen, die Eltern durch den enthüllenden Schreibakt zu verletzen und die alten Ängste vor Nichtübereinstimmung mit den verinnerlichten Normen und Geboten wiederzubeleben, löst neue Ängste und Schuldgefühle aus. Eingeklemmt zwischen der introjizierten Autorität und dem Bedürfnis nach dem subjektiven Aussagen, das auf die

---

[86] Sigmund Freud: *Abriß der Psychoanalyse. Das Unbehagen in der Kultur.* Frankfurt a. M. 1984, S. 24f "Den Weg zum Verständnis ('Deutung') des Traumes beschreiten wir, indem wir annehmen, daß das, was wir als Traum nach dem Erwachen erinnern, nicht der wirkliche Traumvorgang ist, sondern nur eine Fassade, hinter welcher sich dieser verbirgt. Dies ist unsere Unterscheidung eines manifesten Trauminhaltes und der latenten Traumgedanken." Vgl. dazu auch Carl Pietzcker: *Zum Verhältnis von Traum und literarischem Kunstwerk.* In: Johannes Cremerius (Hrsg.): *Psychoanalytische Textinterpretation.* Hamburg 1974, (S. 57-68) S. 58f

Befreiung der durch Angst blockierten Teile zielt, wirken dem Erinnerungsversuch enorme Widerstände entgegen.

Es steht nichts anders zu erwarten, als daß die Mahn -und Warnworte der Mutter sich auf der Stelle wieder melden und den Weg zur Grenzüberschreitung versperren. Die strafende Instanz des Über-Ichs, die die verstorbene Mutter im Inneren der Erzählerin unvermindert besitzt, tritt jetzt wieder in Erscheinung, wo sich eine Trauerarbeit[87] zum Durcharbeiten der eigenen Vergangenheit entwickeln müßte. Die inneren Zwänge und Verbote treten in der alten Härte und Strenge auf den Plan.

Indem die Konflikte der frühen Kindheit im späteren Rückblick dem Bewußtsein eine bestimmte symbolische Bearbeitung förmlich aufdrängen, erscheint es jetzt um so wichtiger, im Umgang mit eigenen wahren Gefühlen der Zwickmühle der Kindheit zu entkommen und die verdrängten Aggressionen nachzuarbeiten und zu dem Zorn vor allem gegenüber der Mutter als zu etwas Berechtigtem zu stehen.

Erzählt wird nun eher von den erheblichen Schwierigkeiten, sich von der bisher im Sinne eines Über-Ichs idealisierten Mutter zu distanzieren und Abschied von früheren Gefühlen und Sehnsüchten und Abhängigkeiten zu nehmen, da die Artikulation eigener Gefühlswelt das Tabu der Mutterliebe mißachten würde. Ein Terrain von heftigen Ängsten, Schulgefühlen und Gehemmtheit breitet sich aus, das nach wie vor nicht wirklich aufgearbeitet ist. Eine feindselige Haltung der Mutter gegenüber, sie nur in Gedanken zu beschuldigen und Vorwürfe, Aggression und Zorn zuzulassen, muß als erstes die heftigsten Schuldgefühle und eine entsprechende masochistische Selbstbestrafungstendenz wachrufen.

Im durch die nächtlichen Magenschmerzen der Erzählerin ausgelösten Hausbrandtraum nimmt die Frage nach der Möglichkeit der "Such- und Rettungsaktion" (KM 13) bildhaft das Ausmaß eines brennenden Hauses an.

> Aber woran erkennt man, was man nicht lassen kann, mit tödlicher Sicherheit? Vielleicht an der Unruhe, die wächst. An den Magenschmerzen, die wiederum die merkwürdigsten Träume auslösen. Das Haus des Architekten Bühlow, der jahrelang in L. Jordans Nachbar war, brennt. Du läufst hinüber, mit Eimern voll Wasser. Durch das Fenster siehst du, die Nachbarin liegt da, hat Schmerzen, du weißt: Magenkrebs. Sie ist schon von Rauch

[87]Alexander und Margarete Mitscherlich stellen die Trauerarbeit als psychische Verarbeitung der unbewältigten Vergangenheit in den Mittelpunkt ihres Essays *Die Unfähigkeit zu trauern*. Vgl. Alexander u. Margarete Mitscherlich: *Die Unfähigkeit zu trauern. Grundlagen kollektiven Verhaltens*. München 1968, S. 9
Unter Bezugnahme auf psychoanalytische Freudsche Überlegungen beschreiben die beiden, wie sich der Vorgang der Trauerarbeit entwickeln sollte, um durch die wiederholten intensiven Auseinandersetzungen mit den Erinnerungen das Gewesene zu bewältigen. Vgl. ebda., S. 24

eingehüllt, kann sich nicht rühren. Eine Krankenschwester mit einem harten, bösen Gesicht unter einer Flügelhaube kommt an das Fenster und erklärt: Hier wird nicht gelöscht. Es brennt nicht. (KM 36f)

Im Traum wird der Urkonflikt der Erzählerin zwischen Wunsch und Angst, eigene Befindlichkeit zu artikulieren und infolgedessen Liebesentzug oder Abweisung auszulösen,[88] auf die magenkranke[89] Nachbarin projiziert. In der unbarmherzigen Krankenschwester, die trotz ihrer beruflichen Verpflichtung die notwendige Hilfeleistung verweigert, ist eine Verkörperung der Mutterinstanz im Ich der Erzählerin zu erkennen[90]. So wie die hilflose Nachbarin, die sich nicht rühren kann und im brennenden Haus umzukommen droht, des Hilferufs an eine Person, von der sie erwartet, dieses Feuer zu löschen, bedarf, so ist das Gelingen des Durcharbeitens der eigenen Geschichte an die Überwindung der Widerstände, d.h. der Mutterinstanz im Ich der Erzählerin gebunden, die das Verstehen und Akzeptieren der Probleme der Erzählerin ablehnt. Die Trauerarbeit um die Verlorengegangenen des Ichs kann nicht gelingen, solange die Wiederkehr des Verdrängten den Widerstand der Grundangst nicht überwindet und die Angst weiter die Anfälligkeit für Fremdbestimmung bedingt.

2. 2. 2. Geschichtlicher Bruch als Schreibhindernis

"Das Vergangene ist nicht tot; es ist nicht einmal vergangen. Wir trennen es von uns ab und stellen uns fremd." (KM 9)

---

[88] Der Traum verweist auf die Kontinuität jenes primären Reaktionsmusters des Kindes Nelly. Vgl. in diesem Zusammenhang: Sigmund Freud: *Abriß der Psychoanalyse,* a.a.O., S. 25f
"Das Traumgedächtnis reproduziert sehr häufig Eindrücke aus der frühen Kindheit der Träumers, von denen wir mit Bestimmtheit behaupten können, nicht nur, daß sie vergessen, sondern daß sie durch Verdrängung unbewußt geworden waren."

[89] Die magenkranke Nachbarin ist die Verbildlichung für die sich in der Magengegend konzentrierende Angst. Es gibt eine Reihe von Textstelle in *Kindheitsmuster*, durch die dann der Gedanke der "in Magennähe placiert(en)" (KM 19) Seele noch um einiges deutlich wird. Häufiger wird die Magengegend als Sitz "aller Angst" geschildert. "Übereinstimmungsglück (es ist nicht jedermanns Sache, draußen zu stehen, und Bruno Jordan, wenn er zu wählen hatte zwischen einem diffusen Unbehagen in der Magengegend und dem vieltausendstimmigen Geschrei aus dem Radio, dann wählte er, als geselliger Mensch, für die Tausende und gegen sich). (KM 45) "In allergrößter Angst erzählt man heitere Geschichten, die den Druck über dem Magen - eine genau umschriebene Stelle - nicht auflösen können. Vergiftet von Angst, deren Ursprung du nicht nennen kannst" (KM 339)

[90] Vgl. Christel Zahlmann: *Christa Wolfs Reise "ins Tertiär",* a.a.O., S. 162 Christel Zahlmann beruft sich darauf, daß die Mutter Charlotte Ärztin werden wollte (KM 24) und oft im weißen Ladenmantel, der mit dem weißen Arztkittel in enger Verbindung steht, erscheint.

Gleich die ersten beiden Sätze, mit denen *Kindheitsmuster* anhebt, liefern bereits einen aufschlußreichen Hinweis darüber, weshalb ein Vorhaben der Erzählerin, Einsicht in die Geschichte des eigenen Werdens zu gewinnen und die Entfremdung aufzuheben, wichtig ist. Mit dieser Überlegung ist zugleich ein wichtiges Thema von *Kindheitsmuster* angeschlagen; thematisiert ist die Schwierigkeit des Sich-Erinnerns angesichts der Verdrängungsvorgänge, die weit in die Gegenwart hineinreichen und dem Gedächtnis Widerstand entgegensetzten.

> "Wer sich seiner Vergangenheit nicht erinnert, ist dazu verdammt, sie zu wiederholen." (KM 251)

Die für die Erzählerin der Gegenwart so bedeutsame Erinnerungsarbeit zielt mit Hilfe des Schreibens darauf, sich dem wieder zu nähern, was als das der Norm Widersprechende im Ichbildungsprozeß der Verdrängung anheimgegeben wurde. Die "Such- und Rettungsaktion" (KM 13), die dazu dienen soll, dem Vergessenen entgegenzuwirken und sich die eigene Geschichte zu erarbeiten, vollzieht sich in der Hinwendung zu "den Opfern der Ausschlußmechanismen"[91], den Verleugneten, den Vergessenen und Verdrängten.
Damit gilt die Erinnerung nicht der Geschichte des siegreichen Ichs, die ein Bild des Ichs aus der Perspektive dessen, was sich durchgesetzt hat, d.h. aus der Perspektive des Siegers, repräsentiert: Vielmehr geht es darum, die verdrängten Erinnerungen an eine "andere Geschichte" zu reaktivieren, die im Triumphzug des Siegers keinen Platz hat und verloren gegangen ist.[92]
Angesichts der Skepsis gegenüber der Erinnerung, daß Erinnerung dem Betrugssystem (KM 144) gleichkommt,[93] das im Dienst des Ich als Bewußtsein steht, kommt im Prozeß des Erinnerns dem Schreiben eine zentrale Bedeutung zu: Hier geht es darum, "die Wand zu einem der gut versiegelten Hohlräume des Gedächtnisses" (KM 69) einzubrechen und den

[91] Marianne Schuller: *Schreiben und Erinnerung. Zu Christa Wolfs 'Kindheitsmuster' und 'Kein Orts. Nirgends'* In: *Wege der Literaturwissenschaft.* Hrsg.v. Jutta Kolkenbrock-Netz, u.a., Bonn 1985, (S. 405-413) S. 407

[92] Zur Erinnerung an die "andere Geschichte", nicht die der Siegers, wie W. Benjamin in den Thesen zur Geschichte formuliert. Vgl. Walter Benjamin: *Über den Begriff der Geschichte.* In: Ders.: *Gesammelte Schriften.* Bd. 1/2, Frankfurt a. M. 1974, S. 693-704
Bernhard Greiner spricht sehr zutreffend Christa Wolfs Einfühlung in die Geschichte des Unterdrückten an. "Christa Wolfs Schreiben ist Schreiben gegen das Ich als Bewußtsein, um eines Ich willen, das seine Energie nicht in Abwehr von Verdrängtem verbraucht, sondern lebendig und lebensfähig wird, indem es lernt, sich auf das Unterdrückte und Verdrängte einzulassen." Bernhard Greiner: *"Mit der Erzählung geh ich in den Tod" Kontinuität und Wandel des Erzählens im Schaffen von Christa Wolf.* In: Wolfram Mauser: *Erinnerte Zukunft,* a.a.O., (S. 107-140) S. 120

[93] In *Selbstinterview* formuliert Christa Wolf schon die Erfahrung, daß der eigenen Erinnerung nicht zu trauen ist und spricht von "trügerische(r) Erinnerung". Vgl. Christa Wolf: *Selbstinterview.* In: Dies.: *Die Dimension des Autors,* a.a.O., (S. 31-35) S. 31

"verkapselte(n) Höhlen" (KM 69), die sich dem Erinnern versperren, nachzuforschen.[94] Dort lassen sich nämlich die Erinnerungsspuren wiederfinden, die "dem Bewußtsein als dem Vermittler der Verhaltens -und Urteilsnormen der Gesellschaft"[95] so widersprechen, daß sie vom Ich als Bewußtsein nicht integriert werden konnten und darum verdrängt werden mußten.[96]
Wie sich einer Bemerkung aus ihrem Essay "Lesen und Schreiben" entnehmen läßt, setzt sich Christa Wolf damit auseinander, daß Erinnerungsgegenstände manchmal den Manipulationen des Ich als Bewußtsein ausgeliefert sind. Sie bleiben keineswegs unverändert und werden zur Umdeutung der beunruhigenden Widersprüchlichkeit veranlaßt. Solche durch diesen Umdeutungsprozeß "kunstvoll zurecht geschliffen(en)" Erinnerungsbilder nennt Christa Wolf "Medaillons", die jeder mit sich herumträgt.

> Anscheinend brauchen wir für unser Leben die Zustimmung und Unterstützung der Phantasie. Das heißt: das Spiel mit offenen Möglichkeiten. Zugleich aber geht etwas anderes in uns vor, täglich, stündlich - ein schleichender, kaum vermeidbarer Prozeß: Verhärtung, Versteinerung, Gewöhnung. Besonders macht er sich über die Erinnerung her.
> Jedermann führt mit sich eine Kollektion kolorierter Medaillons mit Unterschriften, teils putzig, teils grauslig. Bei Gelegenheiten werden sie hervorgeholt und herumgezeigt, weil wir Bestätigung brauchen für unser eigenes beruhigend eindeutiges Empfinden: schön oder häßlich, gut oder böse. Diese Medaillons sind für die Erinnerung, was die verkalkten Kavernen für den Tuberkulosekranken, was die Vorurteile für die Moral: ehemals aktive, jetzt aber durch Einkapselung stillgelegte Lebensflecken. Einst scheute man die Berührung, man verbrannte sich die Finger daran; nun sind sie kühl und glatt, manche kunstvoll zurechtgeschliffen, manches besonders wertvolle Stück hat die Arbeit von

[94] "Du aber, neunundzwanzig Jahre später, wirst dich fragen müssen, wieviel verkapselte Höhlen ein Gedächtnis aufnehmen kann, ehe es aufhören muß zu funktionieren. Wieviel Energie und welche Art Energie es dauernd aufwendet, die Kapseln, deren Wände mit der Zeit morsch und brüchig werden mögen, immer neu abzudichten. Wirst dich fragen müssen, was aus uns allen würde, wenn wir den verschlossenen Räumen in unseren Gedächtnissen erlauben würden, sich zu öffnen und ihre Inhalte vor uns auszuschütten. Doch das ist das Abrufen der Gedächtnisinhalte - die sich übrigens bei verschiedenen Leuten, die akkurat das gleiche erlebt zu haben scheinen, bemerkenswert unterscheiden - wohl keine Sache der Biochemie und scheint uns nicht immer und überall freizustehen." (KM 69)
[95] Bernhard Greiner: *Die Schwierigkeit, 'ich' zu sagen,* a.a.O., S. 86
[96] Bernhard Greiner beruft sich in zwei Aufsätzen auf freudsche Vorstellung von Gedächtnis und weist darauf hin, daß Christa Wolf Freuds Trennung zwischen Bewußtsein und Gedächtnis übernimmt. Vgl. Bernhard Greiner: *Die Schwierigkeit zu 'ich' sagen,* a.a.O., und Ders: *Sentimentalischer Stoff und fantastische Form. Zur Erneuerung frühromantischer Tradition im Roman der DDR (Christa Wolf, Fritz Rudolf Fries, Johannes Bobrowski).* In: Jos Hoegeveen u. Gerd Labroisse (Hrsg.): *DDR-Roman und Literaturgesellschaft.* Amsterdam 1981, S. 249-328

> Jahren gekostet, denn man muß viel vergessen und viel umdenken und umdeuten, ehe man sich immer und überall ins rechte Licht gerückt hat: das ist es, wozu wir sie brauchen, die Medaillons.[97]

Aus dieser Bemerkung lassen sich wichtige Rückschlüsse auf die Natur des Schreibens gewinnen, die nach Christa Wolfs Einsicht als anstrengende Bewegung gegen den Strom zu bezeichnen sind.

> Sich-Erinnern ist gegen den Strom schwimmen, wie schreiben - gegen den scheinbar natürlichen Strom des Vergessens, anstrengende Bewegung.[98]

Gegen die Medaillons, die das Bewußtsein nach seinem Interesse produziert, ist das Schreiben gerichtet und das Ziel aller Schreibanstrengung besteht darin, neben den "Fertigprodukte(n) der Erinnerung",[99] den ohne weiteres erzählbaren und verfilmbaren Erinnerungsbildern wieder einen Zugang zu finden in die Zone, die bei der Anfertigung der Medaillons gemieden wird.

> "Ich habe viel aufgeschrieben, um das Gedächtnis zu begründen." (KM 267)

So wird das Goethe-Zitat von der Erzählerin wiedergegeben, um damit ihren eigenen Versuch zu unterstreichen, durch den Akt des Schreibens Aufschlüsse über das dem Bewußtsein Entzogene zu erlangen.
Ein noch genaueres Bild über den hohen Stellenwert, den Christa Wolf ihrem eigenen Schreibimpuls einräumt, ist aus ihrer Äußerung in oben zitiertem Essay "Lesen und schreiben" zu gewinnen.

> (A)nscheinend erwartet der Schreibende, daß seiner Hand, schreibend, eine Kurve gelingt, die intensiver, leuchtender, dem wahren, wirklichen Leben näher ist als die mancherlei Abweichungen ausgesetzte Lebenskurve.[100]

---

[97] Christa Wolf: *Lesen und Schreiben*. In: Dies.: *Die Dimension des Autors*, a.a.O., (S. 463-503) S. 478f
[98] Ebda., S. 480
[99] Sigrid Weigel: *Die Stimme der Medusa. Schreibweisen in der Gegenwartsliteratur von Frauen.* Dülmen-Hiddingsel 1987, S. 145
[100] Christa Wolf: *Lesen und Schreiben*, a.a.O., S. 467f

Hier soll nun vor allem zu zeigen versucht werden, inwieweit der Schreibprozeß hilft, ein Selbst zu entwickeln und Trauerarbeit zu leisten in der Weise, wie dieser Prozeß von Alexander und Margarete Mitscherlich in bezug auf das Verweigern aller Bewältigungsarbeit bei den Betroffenen der BRD-Gesellschaft geschildert wird: "Trauer ist ein seelischer Prozeß, in welchem das Individuum einen Verlust verarbeitet."[101] Die Möglichkeit der Schreibarbeit, die die Erinnerung an das zurückgelassene Selbst und die Art der Verluste zur Sprache bringt, entfaltet sich darin, sich auf die Stimme des Gedächtnisses einzulassen und sie zu öffnen für die Geschichte, die dabei laut wird.

> In die Erinnerung drängt sich die Gegenwart ein und der heutige Tag ist schon der letzte Tag der Vergangenheit. So würden wir uns unaufhaltsam fremd werden ohne unser Gedächtnis an das, was wir getan haben, an das, was uns zugestoßen ist. Ohne unser Gedächtnis an uns selbst.
> Und die Stimme, die es unternimmt, davon zu sprechen. (KM 9)

Die Gedächtnisarbeit der Erzählerin im Schreiben, die gerade dem Ziel dient, sich dem wieder zu nähern, was sich dem Bewußtsein nicht fügte und vom Bewußtsein verdrängt und vergessen im Gedächtnis aufgehoben ist, erscheint zugleich erneut mit Angst verbunden. Es ist die Angst vor der Befreiung der Teile, die lange und mit gutem Grund verdrängt worden sind, weil sie sich mit dem jetzigen Selbstverständnis nicht vereinbaren lassen. Der Erfolg, mit dem Schreibprozeß diese Teile wieder zu reaktivieren, stellt eine Gefährdung der herrschenden Ich-Struktur dar. Davon zeugt auch der Umstand, daß die Schreibhemmungen eintreten und sich Krankheiten zwischen den Erinnerungsprozeß schieben.[102]
Zu dem Beginn des 4. Kapitels, das mit der aufschlußreichen Frage "Brauchen wir Schutz vor den Abgründen der Erinnerung?" eingeleitet wird, findet die Schilderung des durch die Erinnerungsarbeit ausgelösten Traums statt.

> Dann warst du auch schon wohlverwahrt - so dachtest du - in einem alten Haus mit abgebrauchten Möbeln. Kein Stück bekannt, aber alles vertraut. Durch die Tür siehst du über Feld und Wiese eine Frau auf dich zugerannt kommen, die von einem blindwütigen Mann verfolgt wird. Unendlich langsam, dieses Näherkommen in Zeitlupe. Keine Hilfe

[101] Alexander u. Margarete Mitscherlich: *Die Unfähigkeit zu trauern*, a.a.O., S. 9
[102] In der Bemerkung der Erzählerin zur 'Zwangspause', die dadurch entsteht, daß sie mit dem Hinterkopf an eine Eisenstange schlägt, deutet sich auch die Schreibhemmung an." (...) daß wieder Tage durch Kopfschmerz, Arztbesuch und Röntgen verloren - oder, wie du heimlich fühltest; gewonnen - waren." (KM 71)

möglich, kaum daß du ihr winken kannst. Endlich steht sie auf der Schwelle, dicht hinter ihr der Mann, sein keuchender Atem streift ihren Nacken und dein Gesicht. Gerade noch, in letzter Anstrengung, kannst du die Tür zuschlagen, den Schlüssel umdrehen. Er, draußen, wummert gegen das morsche Holz, tritt es mit Füßen und wirft sich mit seinem ganzen gewichtigen Körper dagegen. Ihr angstvollen Frauen wißt nicht, ob der schwache Riegel standhalten wird. (KM 71f)

Der Traum ist die Verbildlichung für den Konflikt zwischen dem Schreibakt, der gegen die "noch unbefreiten, noch von Angst besetzten Gebiete" (KM 329) eintreten und den "Rückzug der Angst betreiben" (KM 329) will, und den diesem Befreiungsprozeß sich widersetzenden "Verbarrikadierungswünschen". (KM 72)
Die sich an den Traum anschließende Textstelle macht dann deutlich, worauf sich die Verbarrikadierungswünsche beziehen. Im Zusammenhang mit der Tauffeier von Vetter Manfred wird das frühe Zeugnis für die Judenverfolgung[103] thematisiert. Der Wunsch, sich zu verbarrikadieren, weist darauf hin, wie unerträglich es noch für die Erzählerin ist, über das opportunistische Verhalten der Eltern und die Schuld der Tabuisierungen, stille Duldungen nationalsozialistischer Indoktrination zu reflektieren und die bisher herrschende Idealisierung der Eltern zu zerstören.
Entscheidend ist jetzt, anhand einiger erinnerten Episoden der Frage nachzugehen, worauf die Schwierigkeit, über die Schuld der Eltern zu sprechen, zurückzuführen ist. Beim Versuch zur Schreibarbeit, sich ihrer Erinnerung durch die Lektüre der damaligen Lokalzeitung "General-Anzeiger" zu vergewissern, gelangt es der Erzählerin zu ihrem Entsetzen, den Mythos der Unwissenheit als Lüge vom Nicht-wissen-wollen zu entlarven; die Eröffnung des KZ-Dachau wurde nicht verheimlicht, sondern stand ganz offen auch in der Zeitung.

Die sich später darauf beriefen, von KZs hätten sie nichts gewußt, hatten total vergessen, daß ihre Gründung als Nachricht in der Zeitung stand. (Verwirrender Verdacht: Sie hatten es tatsächlich total vergessen. Totaler Krieg. Totale Amnesie.) (KM 42)

Bleibt nun zu fragen, wie das Verhalten der Eltern mit der Zeitungsmeldung in Verbindung zu bringen ist. Stattdessen spart die Erzählerin die Spekulation als unvorstellbar aus, ob der

[103] Auf der Tauffeier prophezeiht die als Zigeunerin verkleidete Tante Emmy dem jüdischen Arzt Dr. Leitner, daß er bald Deutschland werde verlassen müssen. Vgl. dazu die ausführliche Beschreibung dieses Vorgangs KM 76

Gedankenaustausch über die Nachrichten dieser Art bei Eltern eventuell stattfand und relativiert die Frage durch die allgemeinen Überlegungen, "wie man zugleich anwesend und nicht dabei gewesen sein kann." (KM 42)

Wie es der Erzählerin schwer fällt, eine Elternfigur mit dem tatsächlich während der Naziherrschaft verübten Verbrechen konkret zu verbinden, verdeutlicht die Szene, in der die Beinahe-Mittäterschaft des Vaters an der Ermordung polnischer Geiseln geschildert wird. Indem hier nicht zufällig ein Ereignis ausgewählt wird, an dem der Vater nicht beteiligt war, von dem er nur am Telefon erfährt und seinem großen Entsetzen über die Geiselerschießung starker Ausdruck verliehen wird,[104] ist der fragwürdige Distanzierungsversuch zu erraten; daß das Andenken an den Vater nicht herabgesetzt werden soll.

Die Distanzierungsbemühung, die Eltern nur als 'Objekt der Geschichte' [105] zu charakterisieren, das die nationalsozialistischen Mechanismen nicht durchschaut, die Meinung der Mehrheit teilt und dem Regime nichts entgegenzusetzen hat, erscheint problematisch, zumal dagegen der Einwand zu erheben ist. Die Eltern wußten nämlich, was geschah, und sie übergingen es dennoch, weil es sie nicht betraf, weil sie auf ihrem Grundsatz beharrten, sich nicht in die Dinge einzumischen, die nicht mit Haus und Laden zu tun haben.

Auffällig ist in diesem Zusammenhang noch eine andere Textstelle. Im 2. Kapitel von *Kindheitsmuster* wird in der szenischen Gestaltung eine Episode geschildert, die auf die Zugehörigkeit des kleinbürgerlichen Elternhauses zu derjenigen Schicht hinweist, "in die faschistische Ideologie in breitem Maße einzuströmen vermochte und die ihrerseits dem faschistischen Regime zu schnellem Ausbau der Massenbasis verhalf."[106] Die Gesichter der Eltern leuchten, als der Vater ohne sein Zutun in eine vergleichsweise 'harmlose', aber dennoch nationalsozialistische Organisation übernommen wird. Mit "(dem) unvermeidlichen Schritt" der Eingliederung in eine nationalsozialistische Organisation sind sie auch "dabei" und fühlen sich im "Übereinstimmungsglück" nach der erfolgten Anpassungsleistung erleichtert.

> Übereinstimmungsglück (es ist nicht jedermanns Sache, draußen zu stehen, und Bruno Jordan, wenn er zu wählen hatte zwischen einem diffusen Unbehagen in der Magengegend und dem vieltausendstimmigen Geschrei aus dem Radio, dann wählte er, als geselliger Mensch, für die Tausende und gegen sich). (KM 45)

---

[104] Vgl. KM 166/9 "Und daß er noch später, ebenfalls ungefragt, sagte: So etwas ist nicht für mich." (KM 168)

[105] Heinz-Dieter Weber: *"Phantastische Genauigkeit". Der historische Sinn der Schreibart Christa Wolfs.* In: Wolfram Mauser: *Erinnerte Zukunft*, a.a.O., (S. 81-106) S. 98

[106] Sigrid Bock: *Kindheitsmuster.* In: Weimarer Beiträge 23, 1977, H. 9, (S. 102-130) S. 114

Nun soll danach gefragt werden, warum und in welcher Weise Anstrengungen und Versuche unternommen werden, um die Eltern aus der persönlichen Verantwortung für ihr Verhalten zu entlasten. Einmal abgesehen von der Befürchtung der "Verfestigung der Person", "(des) Schrumpfen(s) ihrer Möglichkeit - oder ihrer Illusion von Möglichkeiten, die sie niemals besessen hatten" (KM 83), basiert das Motiv dieser einseitigen Entlastungsversuche auf der Kontinuität des nicht überwundenen Wiederholungszwangs. Das früh verinnerlichte Gebot der Schonung der Eltern funktioniert wirksam immer noch, so wie die Erzählerin als kleines Kind ihre Wünsche zurückstellte, weil "das Kind einer glücklichen Familie(...) früh die schwere Aufgabe übernimmt, seine Eltern zu schonen." (KM 28)
Die Schwierigkeit, "der Todsünde dieser Zeit", die heißt, "sich nicht kennenlernen wollen" (KM 377), zu entgehen, läßt sich auch auf das Schuldgefühl der auch möglichen eigenen Mittäterschaft beziehen. Die eigene Geschichte zu schreiben bedeutet den Versuch, die für das Ich der Jetztzeit fremdgewordenen Kindheitserinnerungen mitsamt der in den Nationalsozialismus eingebundenen Erfahrungswelt des Kindes wieder ins Bewußtsein zu integrieren.

> Das Kind ist ja auch von dir verlassen worden. Zuerst von den anderen, gut. Dann aber auch von dem Erwachsenen, der aus ihm ausschlüpfte und es fertigbrachte, ihm nach und nach alles anzutun, was Erwachsene Kindern anzutun pflegen: Er hat es hinter sich gelassen, beiseite geschoben, hat es vergessen, verdrängt, verleugnet, umgemodelt, verfälscht, verzärtelt und vernachlässigt, hat sich seiner geschämt und hat sich seiner gerühmt, hat es falsch geliebt und hat es falsch gehaßt. Jetzt, obwohl es unmöglich ist, will er es kennenlernen. (KM 12f)

Obwohl es der Erzählerin darum geht, sich ihrer durch die Normen, Gebote und Erwartungen der faschistischen Herrschafts -und Gesellschaftsordnung geprägten Kindheit und Jugend als Teil der jetzt erwachsenen Existenz zu erinnern, fällt es schwer, das Erlebnis der Kindheit mit historischen Ereignissen zu konfrontieren, da diese Kindheit mit dem Namen Auschwitz belastet ist.

> Eine Lebensgeschichte als Folge der Ich-Leistungen kann deshalb nicht geschrieben werden, weil durch dieses Leben ein tiefer geschichtlicher Bruch geht. Die Abkehr vom

Ich des Kindes ist Abkehr von einer Kindheit, die ,in den Schatten der Öfen von Auschwitz' gerückt ist.[107]

Der Schock der Erkenntnis, daß sich die Kindheit "in de(m) Schatten der Öfen von Auschwitz" (KM 231) ereignet, besteht für die Erzählerin darin, daß sie sich gezwungen sieht, Ich und Auschwitz zusammenzudenken.

> Weil es nämlich unerträglich ist, bei dem Wort »Auschwitz« das kleine Wort »ich« mitdenken zu müssen: »Ich« im Konjunktiv Imperfekt: Ich hätte. Ich könnte. Ich würde. Getan haben. Gehorcht haben. (KM 215)

Der Grad der Spannung, die durch den Schreibprozeß erneut mit ihrer ganz bestimmten emotionalen Besetzung ausgelöst wird, schlägt sich wieder im Text nieder.[108] Es ist nicht verwunderlich, daß sich parallel zum Heranrücken des Kindes das Gefühl der Fremdheit als Abwehr bestimmter Erinnerungen verstärkt: "Je näher sie dir in der Zeit rückt, um so fremder wird sie dir." (KM 197) Gleichzeitig verspürt die Erzählerin immer wieder den Wunsch, den Weg der "Derealisierung"[109] zu gehen, "sich von ihm abzukehren und es zu verleugnen." (KM 114)

Der Wunsch steigert sich weiter dahin, den wunden Punkt ihrer Existenz nicht berühren zu müssen, nicht erinnert zu werden an etwas, was vom gegenwärtigen Ich-Ideal aus große Schuldgefühle verursacht und womit man nicht weiter leben kann. So wie die völlige Verdrängung der Kindheit überlebensnotwendig war, so unterliegt da, wo die Abkehr von Auschwitz aufgrund der möglichen Mittäterschaft unerträglich erscheint, der Erinnerungsprozeß einer Teilverdüsterung und die Erzählerin gerät mit der sich ausschließenden Forderung nach Annahme und Abwehr des Kindes ins Dilemma.

---

[107] Bernhard Greiner: *Die Schwierigkeit, 'ich' zu sagen,* a.a.O., S. 87f

[108] Stefanie Christmann verweist zurecht darauf und bezieht die 'Interpunktion der Sätze' in Betracht. "Drei unvollständige syntaktische Gebilde, die nur aus dem Pronomen der 1.Person Singular am Satzanfang und einem Hilfsverb im Konjunktiv betehen, sind abrupt durch Satzendzeichen von den zwei anschließenden syntaktischen Fragmenten abgetrennt, die jeweils nur das schauderhaft gebeugte Verb ohne Subjekt und Objekt beinhalten. Trotz fünfmaligen Anlaufs gelingt es nicht, den Satz (mit der 1. Person und der Benennung der Tat) zu Ende zu denken." Stefanie Christmann: *Auf der Suche nach dem verhinderten Subjekt,* a.a.O., S. 147

[109] Alexander u. Margarete Mitscherlich: *Die Unfähigkeit zu trauern,* a.a.O., S. 43
Zu bemerken ist, daß hinter der Figur Lutz, Bruder der Erzählerin, der überlebenspraktische Positionen vertritt und den Weg der Derealisierung geht, das eigene Wunschdenken der Erzählerin, in seine Interpretation auszuweichen, sich zu verbergen scheint. Er besteht nachdrücklich darauf, daß die Erinnerung an die Kindheit unverletzt bleibt. Vgl. dazu KM 173f

Nach vierzig Jahren, die als trennende Barriere zwischen Erzählerin und Kind liegen, ist die Erzählerin bereit, "die Wächter vor den Toren des Bewußtseins" (KM 211) abzuziehen. Im schonungslosen Sich-Erinnern scheint ihr die Identitätsfindung möglich und die Selbstentfremdung aufhebbar zu sein. Daß sie das Kind, das sie mal war, kennenlernen will, ist insofern wichtig, als die genaue und umfangreiche Auseinandersetzung mit dem Verdrängten der Vergangenheit die unabdingbare Voraussetzung zu einer gelungener Selbstwerdung ist. Das Kind kennenlernen zu wollen ist zwar notwendig, dies führt aber nicht automatisch dazu, das schuldig gewordene Kind emphatisch zu begleiten und eine qualitativ andere Beziehung zu erwachsener Erzählerin und Kind zu erreichen: aus dem geschichtlichen Bruch resultiert der konzeptionelle Bruch im Schreibprozeß, die Geschichte einer gelungenen konsistenten Ich-Entwicklung nicht schreiben zu können.

2. 2. 3. Die Unvereinbarkeit von Leben und Schreiben

Nachdem im vorangegangenen Abschnitt die Schreibarbeit als immer noch notwendige Bearbeitung der Vergangenheit ausgewiesen ist, soll nun in diesem Abschnitt auf die Frage eingegangen werden, wie die Suche nach dem Ich als existentielles Problem der Erzählerin reflektiert und zugleich in poetologischen Überlegungen objektiviert und verallgemeinert wird. Wie die bisherige Darstellung zeigt, machen die Reflexionen über Schreib -und Erinnerungsvorgang den Hauptanteil der Gegenwartsebene aus und ist die Einbeziehung des Schreibprozesses in die Suche nach den verdrängten Erinnerungen für die Wahrhaftigkeit erforderlich. Gerade dadurch, daß der Schreibprozeß in die Fabel integriert wird, steht der Erzählerin die Möglichkeit offen, einige ihrer poetologischen Überlegungen, ihrer Ansichten über die Problematik der Aufgabe des Schriftstellers direkt in das Buch einzubringen.
Die Erzählerin tritt fast ausschließlich in der Rolle der Schriftstellerin[110] auf und sowohl als ästhetisches als auch existentielles Problem bleibt die Schriftstellertätigkeit der Gegenstand der Reflexion der Erzählerin: Das Nachdenken über die eigene schriftstellerische Existenz bildet, verbunden mit den Überlegungen der Erzählerin über Funktion, Sinn und Zielsetzung der Schriftstellertätigkeit, die Themenkreise, die sie beschäftigen. Die Modifikation des Schemas, das in Worten von Christa Wolf wie folgt lautet: "Man kann nur glücklich sein,

[110] Ihre Teilnahme am öffentlichen Leben wird kaum erwähnt. Im familiär-häuslichen Bereich erscheint die Erzählerin stärker in ihrer Rolle als Mutter. Die Rolle der Ehefrau tritt in den Hintergrund.

wenn man schreiben kann."[111] ist evident in der Wiedergabe von der Bedeutung des Schreibens für das wahre Leben.

> Vor allem anderen aber die fünf Tagesstunden über diesen Seiten, der feste Kern eines jeden Tages, vom wirklichen Leben das wirklichste. Ohne die sich alles, Essen und Trinken, Liebe, Schlaf und Traum in rasender, angstvoller Eile entwirklichen würde. Das ist richtig und soll so sein. (KM 264)

Hier wird die Relation zwischen Leben und Schreiben thematisiert. Das wirkliche Leben, das mitsamt seinen alltäglichen sinnlichen Glückselementen als etwas Rohes oder Unfertiges erscheint, wird gegenüber dem wirklichsten Leben, dem Schreiben abgewertet. Erst das Schreiben verleiht "durch intensive Bearbeitung und Stilisierung der zum Ausdruck drängenden Gefühle"[112] dem bloßen Alltagsleben seinen Sinn und seine Kontinuität, die es an sich nicht hat. Christa Wolf selbst hebt diesen Aspekt in ihrem mehrmals zitierten Essay *Lesen und Schreiben* aufschlußreich hervor.

> (...) was einen Menschen zwingen kann, literarisch produktiv zu sein: anscheinend erwartet der Schreibende, daß seiner Hand, schreibend, eine Kurve gelingt, die intensiver, leuchtender, dem wahren, wirklichen Leben näher ist als die mancherlei Abweichungen ausgesetzte Lebenskurve.
>
> Und es scheint, (...) daß das nackte, bloße Leben nicht ohne weiteres mit sich selber fertig wird: ungeschrieben, unüberliefert, ungedeutet und unreflektiert.[113]

Die Erzählerin räumt dem Schreiben als die notwendige Tätigkeit für die Selbstverwirklichung[114] hohen Stellenwert ein und definiert als angestrebten "Idealfall" (KM 251) den Zustand, in dem Schreiben und Leben zur Deckungsgleichheit gelangen. Als problematisch erweist sich der Wunsch nach dem Zusammenfall von "Lebens -und Arbeitslinien" (KM 255), da Schreiben nur nachträglich gelebtes Leben erzählen kann. Die Erzählerin ist sich selber bewußt, daß es unerreichbar ist, was sie als erstrebenswert ansieht, nämlich "(die) Zeit im gleichen Augenblick durch Beschreibung verewigen, indem sie schon vergeht: vergangen ist." (KM 81) und daß sie sich mit den unvermeidlichen Lücken der

---

111 Christa Wolf: *Documentation. Christa Wolf*, a.a.O., S. 93

112 Christel Zahlmann: *Christa Wolfs Reise "ins Tertiär"*, a.a.O., S.102

113 Christa Wolf: *Lesen und Schreiben*, a.a.O., S. 467f

114 Vgl. Ebda., S. 498 "Eine der wichtigsten Voraussetzungen für das Entstehen von Literatur ist aber Sehnsucht nach Selbstverwirklichung: daher der Zwang des Aufschreibens, als vielleicht einzige Möglichkeit des Autors, sich nicht zu verfehlen."

Berichterstattung abfinden muß. Nie werden "die Strukturen des Erzählens" den "Strukturen des Erlebens" (KM 251f) entsprechen können.[115] Aus diesem ungleichzeitigen Verhältnis ergibt sich der Widerspruch zwischen Schreiben und Leben, der sich weiter zu einer Art von Unmoral zuspitzt, da die literarische Gedächtnisarbeit mit dem Verzicht auf Leben erkauft wird.

> (...) die Unmoral dieses Berufes: Daß man nicht leben kann, während man Leben beschreibt. Daß man nicht beschreiben kann, ohne zu leben. (KM 282)

Darüber hinaus verweist die Gegenüberstellung von Leben und Schreiben für die Erzählerin auf ein weiteres Problem: die Rede ist von der "Sünde (...), Zuschauer zu sein". (KM 284) Provoziert durch Lenkas Frage, "was einer empfindet, der die Mörder bei ihrer Berufsarbeit fotografiert, anstatt ihnen in den Armen zufallen" (KM 148),[116] stellt die Erzählerin ihre Existenz als Schriftstellerin in Frage. Aus der Erkenntnis, daß das Schreiben des Lebens die Ausschließung des gleichzeitigen praktischen Miterlebens zur Folge hat, kommt der Zweifel an der Berechtigung ihrer Arbeit in ihr auf. Die Rolle der Schreiberin, die während ihrer Arbeit außerhalb des Lebens steht, verursacht also erneut immense Schuldgefühle und Selbstzweifel, weil die Schreiberin nicht aktiv in die kriegerische Auseinandersetzung eingreift, sondern als Zuschauer, Beobachter, Berichterstatter eine distanzierte Position einnimmt.

> Sie (Lenka: Hj.H.) lehnt die gängige Einteilung ab: einer muß sterben, ein zweiter bringt ihn dazu, der dritte aber steht dabei und beschreibt, was der zweite mit dem ersten tut. (KM 149)

Es ist wichtig zu betonen, daß diese Schuld der Inaktivität das latent ständig vorhandene Schuldgefühl der Erzählerin verstärkt. Im 8. Kapitel, das "seit langem dazu bestimmt (ist), von Krieg zu handeln" (KM 154), wird eine Traumszene zum Anlaß der Verdeutlichung genommen, an welche Vorstellung diese Schuldgefühle gebunden sind.

> (...) kopfunter an einer schaukelartigen Strick-Vorrichtung hängend, die von den Folterknechten hin und her geschwungen wurde, wobei sie den kleinen Mann schlugen

[115] "Aber es gibt die Technik nicht, die es gestatten würde, ein unglaublich verfilztes Geflecht, dessen Fäden nach den strengsten Gesetzen ineinandergeschlungen sind, in die lineare Sprache zu übertragen, ohne es ernstlich zu verletzen." (KM 252)

[116] "Sie hat in der Zeitung ein Foto gefunden. Eine alte Vietnamesin ist zu sehen, an deren Schläfe ein G.I. seinen Gewehrlauf hält, den rechten Zeigefinger auf Druckpunkt am Abzugshahn." (KM 148)

> und brüllend bestimmte Auskünfte von ihm verlangten. Da sahst du zu deinem unbeschreiblichen Entsetzen: Dieser Mann konnte nicht sprechen, er hatte keinen Mund. Seine untere Gesichtshälfte (...) war glatt und weiß und stumm: Er konnte seinen Folterern nicht zu Willen sein, selbst wenn er es gewollt hätte. Verzweifelt dachtest du (...), schreiben müßten sie ihn lassen, um etwas von ihm zu erfahren. Im gleichen Augenblick banden die Folterer ihn los, setzten ihn auf dein Bett und gaben ihm einen Bleistift und schmale weiße Papierstreifen, auf denen er seine Antworten niederschreiben sollte. Die arme Kreatur stieß Laute aus, daß dir das Blut in den Adern erstarrte. Das schlimmste aber war, du verstandest ihn: er wisse nichts. - Sie fuhren fort, ihn auf deinem Bett zu foltern. (KM 159f)

Der durch das Nachdenken über vergangene und gegenwärtige Kriege ausgelöste Traum stellt eine Verbildlichung der ungelösten Spannungen der im Innern der Erzählerin herrschenden Machtverhältnisse dar. Ohne einzusehen, daß dem kleinen Mann ein Mund fehlt, verlangen die Folterer von ihm Auskünfte. Die Folterer, die ein verinnerlichtes starkes Über-Ich verkörpern, verfolgen ein schwaches Ich mit Schuldzuweisung. Zu seinem Verhängnis vermag der Gefolterte wiederum nicht die Möglichkeit wahrzunehmen, daß er schreiben müßte, um sich von der Folter zu befreien. Indem er stattdessen erfolglos seinen Peinigern zu entsprechen versucht und Laute ausstößt, verlängert er seine Qual und eine Befreiung aus dieser Situation wird ihm nicht möglich.
Bleibt noch hinzufügen, daß die Aggressivität der Folterer auf die introjizierte eigene Aggressivität verweist. Aufgrund des Gebots der Aggressionslosigkeit gegenüber den Eltern vermag das Kind Nelly seine Aggression nicht gegen diejenigen zu richten, denen sie eigentlich gelten: die Eltern. Deshalb gelingt dem bewußten Ich der erwachsenen Erzählerin nicht, die Aggression nach außen abzuleiten. Stattdessen wird sie als Selbstbezichtigung immer wieder dahin gewendet, "woher sie gekommen ist, also gegen das eigene Ich."[117]
Das aus der frühkindlichen Fixierung an die depressive Haltung resultierende Gefühl von Schuld bleibt für die Gegenwart um so heftiger bestehen. Wie die Ausweglosigkeit der Verhörsituation im Foltertraum deutlich macht, steht die Schuld von vornherein fest. Gleichgültig, ob im Kampf gegen die demokratische Kräfte in Chile gefoltert (KM161. 231), in Vietnam geschossen wird (KM 37) oder am Suezkanal ein heftiger Krieg andauert. (KM 159) Die Erzählerin ist bei solchen Nachrichten und Ereignissen von dem schlechten

[117] Sigmund Freud: *Das Unbehagen in der Kultur.* Studienausgabe Bd. 9 Frankfurt a. M. 1982, (S. 191-270) S. 250

Gewissen geplagt und stellt sich die Frage, inwiefern ihre Tätigkeit als schreibende Beobachterin zu rechtfertigen ist und wieweit das Schreiben die Legitimation im Sinne von Engagement für eine humane Welt findet.
Scheinbar unvermittelt folgt dem Traum vom Gefolterten die Frage der Erzählerin nach den Rechten und Pflichten ihrer eigenen Tätigkeit.

> Aber wo beginnt die verfluchte Pflicht des Aufschreibers - der, ob er will oder nicht, Beobachter ist, sonst schriebe er nicht, sondern kämpfte oder stürbe -, und wo endet sein verfluchtes Recht? (KM 160)

Die Schuldgefühle, am Leben nicht teilzunehmen, sondern es zu beschreiben und sich damit an den Verhältnissen mitschuldig zu machen, erfahren eine Zuspitzung, als die Geschehnisse der Schreibgegenwart mit den Ereignissen der Kindheit verknüpft werden und damit der 'fatale Hang der Geschichte zu Wiederholung' (KM 159) verdeutlicht wird. Die Erzählerin hört im Radio von der Mobilmachung in Palästina und erinnert sich an den Kriegsausbruch vor etwa vierzig Jahren und die Einberufung des Vaters. Sie stellt sich dabei vor, daß damals zum gleichen Zeitpunkt irgendwo auf der Welt jemand die Nachricht vom Überfall der Deutschen auf Polen gehört und weiter an seinem Buch geschrieben hat, so wie sie jetzt am Schreibtisch sitzend die Nachricht aus Palästina hört.

> Zu denken, daß an jenem Montag vor vierunddreißig Jahren einer hinter seiner Schreibmaschine gesessen haben mag (...) , irgendwo in der Welt, und, mit seiner eigenen Arbeit beschäftigt, kopfschüttelnd die Nachricht von einer Mobilmachung in Deutschland gehört hat. Kein Gedanke an ein zehnjähriges Kind oder einen verzweifelten alten Mann. Und daß jetzt du dieser Jemand bist, im Verhältnis zu den Kindern in Israel und Ägypten, die gestern ihre Väter zu den Sammelplätzen geleiteten (wir haben Sonntag, den 7. Oktober 1973) und denen ein alter Mann (...) in hebräisch oder arabisch sagt, daß sie darauf gefaßt sein müssen, ihren Vater nicht wiederzusehen. Und daß du an deiner Schreibmaschine sitzen bleibst, mit eigenen Angelegenheiten beschäftigt, während am Suezkanal »die Kämpfe mit unverminderter Heftigkeit andauern«. (KM 159)

Angesichts der Diskrepanz zwischen der im Zeitalter der modernen Massenkommunikationsmittel möglichen direkten Anteilnahme an den Dingen, die brutal, unmenschlich sind und die zu verändern die Erzählerin als notwendig ansieht, und der gleichzeitigen Unmöglichkeit einzugreifen, zweifelt die Erzählerin zwar an ihrer Existenz als Schriftstellerin. Aber sie akzeptiert die Rolle der Beobachterin und findet eine Legitimität ihrer Tätigkeit in der Art des Schreibens, eingreifend zu schreiben, schreibend etwas zu verändern. Sie verhält sich somit ambivalent gegenüber ihrem Schreiben. Zum einen verurteilt sie mit Schuldgefühlen belastet ihre Schreibtätigkeit, die in einer Beobachterrolle verharrt und wenig verändern kann, zum anderen glaubt sie an die Wirksamkeit der Literatur und empfindet das Schreiben als Pflicht.

2. 3. Christa Wolfs neue Akzente in der Auseinandersetzung mit dem Faschismus

Nach der "antifaschistische(n) Umerziehungsliteratur",[118] die stark durch die heroisierende Darstellung des antifaschistischen Widerstands bzw. der Wandlung zum sozialistischen Menschen geprägt ist, beginnt seit etwa Ende der sechziger Jahre innerhalb der Auseinandersetzung mit Faschismus in der Literatur der DDR die neue Tendenz, dem alltäglichen Faschismus in all seinen Rückwirkungen auf die Psyche der Mitläufer nachzuspüren und auf die Mittäter- und Mitläuferschaft zu reflektieren.[119] Während der Entnazifizierungsliteratur, bei der "die Wandlung von Mitläufern des Naziregimes bzw. ehemaliger Nazis zu überzeugten und bewährten Sozialisten"[120] im Vordergrund steht, einseitige Auffassung der Vergangenheit und Selbstgerechtigkeit vorgeworfen wird,[121] unterscheidet sich das neue Bemühen um Faschismusbewältigung von der frühen DDR-Literatur dadurch, daß es nicht um die Aufdeckung der gesellschaftlich-politischen Wurzeln des Faschismus geht. Faschismus wird nicht so sehr als historischer Faktor behandelt, sondern in seinen psychologischen Mechanismen, seinem Alltagsbild untersucht. Betont wird nun zumeist stark autobiographisch geprägtes persönliches Erleben.

---

[118] Wolfgang Emmerich: *Kleine Literaturgeschichte der DDR,* a.a.O., S. 318

[119] Zur Auseinandersetzung mit Faschismus in der DDR-Literatur vgl. Wolfgang Emmerich: *Kleine Literaturgeschichte der DDR,* a.a.O., S. 317-334 ebenso Wolfgang Emmerich: *Der ganz gewöhnliche Faschismus. Die Auseinandersetzung mit der nationalsozialistischen Vergangenheit.* In: Ders.: *Die andere deutsche Literatur. Aufsätze zur Literatur der DDR*. Opladen 1994, S. 38-45
Patricia Herminghouse:*Vergangenheit als Problem der Gegenwart. Zur Darstellung des Faschismus in der neueren DDR-Literatur.* In: *Literatur der DDR in den 70er Jahren.* Hrsg. v. Peter Uwe Hohendahl u. Patricia Herminghouse Frankfurt a. M. 1983, S. 259-294 Therese Hörnigk: *Das Thema Krieg und Faschismus in der Geschichte der DDR-Literatur.* In: WB XXIV. 1978 H.5. S. 73-105

[120] Sonja Hilzinger: *Christa Wolf.* Stuttgart 1986, S. 91

[121] Vgl. Patricia Herminghouse: *Vergangenheit als Problem der Gegenwart,* a.a.O., S. 264
"(...) die fast ausschließliche Beschränkung auf die antikommunistischen Elemente des Faschismus trug dazu bei, den Blick auf die zumindest ebenso bedrohlichen Aspekte des gewöhnlichen Lebens zu verstellen. Gemeint sind hier die autoritäre Struktur, Brutalität, Opportunismus, Antisemitismus, kulturpolitsche Praktiken und ein fragwürdiger Nationalismus, die in ihrer Gesamtheit die Mikrostruktur des täglichen Lebens durchdrangen."

In diesem Abschnitt soll der Versuch unternommen werden, *Kindheitsmuster* als ein Beispiel dieser allgemeinen neuen Tendenz zu begründen. In *Kindheitsmuster* strebt Christa Wolf keine Darstellung des gesamten faschistischen Systems an, sondern ihr wesentlicher Blickpunkt richtet sich auf die plastische Schilderung vom persönlichen Erlebnis des alltäglichen Faschismus.

Die Bedeutung, die *Kindheitsmuster* beigemessen wird, als Vorreiter in die psychoanalytische und massenpsychologische Dimension des Faschismus vorzustoßen,[122] liegt nicht nur im Aufgreifen eines noch nicht gestalteten Themas, sondern auch in der Herangehensweise an die Vergangenheit.

Indem sich immer wieder beides, Erfahrung im privaten Bereich und politisch-gesellschaftliches Geschehen bedingt und gegenseitig durchdringt, sind die Erklärungen für die Möglichkeit des Funktionierens des faschistischen Systems deutlich zu erkennen. Das 12. Kapitel, in dem an Nellys Konfirmation erinnert wird, ist als ein Beispiel dafür anzuführen, wie sich die gesellschaftlich-politische Situation im engsten familiären Raum widerspiegelt.

In die Erzählung von privater Geschichte ist zugleich das historische Ereignis eingebettet. Dabei werden dann anhand von privatem Erlebnis historische Fakten vielfach treffender mit allen psychischen Implikationen in ihrer Bedeutung vermittelt, als es einer direkten Beschreibung gelungen wäre.

Im Zusammenhang mit Nellys Konfirmation, bei der ein Gast, Herr Andrack, Hypnoseexperimente[123] durchführt, wird der Einfluß der faschistischen Ideologie mit Hypnose verglichen. Dem Thema des alltäglichen Faschismus entsprechend wird das Verhalten Andracks nicht "dämonisch" erklärt:[124] "Das Wort 'dämonisch' könnte einem nicht in den Sinn kommen." (KM 243) Der Fotograf und Hypnotiseur Richard Andrack, der sich nach der ersten Demonstration seiner Hypnosekunst von Nellys Konfirmationsfeier verabschieden will, wird von Nellys Verwandten aufgehalten und eindringlich gebeten, seine Vorführung weiterzuführen. Damit wird der Wunsch der Kleinbürger betont, den Mangel "an

[122] Vgl. Heinrich Küntzel: *Der Faschismus: seine Theorie, seine Darstellung in der Literatur.* In: Rolf Grimminger (Hrsg.): *Hansers Sozialgeschichte der deutschen Literatur.* Bd. 11: *Die Literatur der DDR,* hrsg. v. Hans-Jürgen Schmitt, München 1983, (S. 435-467) S. 446

[123] Annette Firsching arbeitet heraus, daß sich Christa Wolf in ihrer Ausführungen der Zauberer-Metapher auf die Novelle *Mario und der Zauberer* von Thomas Mann beruft, indem Christa Wolf die Motive der Novelle zu einer privaten Hypnosevorstellung umarbeitet und ins 12. Kapitel einmontiert. Vgl. dazu Annette Firsching: *Kontinuität und Wandel im Werk von Christa Wolf.* Würzburg 1996, S. 106-110

[124] In *Mario und der Zauberer* ist dagegen ausdrücklich von der Dämonie (S. 102) die Rede. Das ist ein Bezugspunkt, der auf die unterschiedliche Faschismusvorstellung zwischen Thomas Mann und Christa Wolf hinweist. Bei Thomas Manns faschistischer Erkenntnis steht die Verführung der Massen durch den dämonischen Einzelnen im Vordergrund. Vgl. Thomas Mann: *Mario und der Zauberer.* Frankfurt a. M. 1981, S. 102

ausgefallenen Ereignissen" durch Hypnose zu kompensieren und zu einem aufregenderen und bedeutungsvolleren Leben als Abwechslung zu kommen.

> Schön! sagt Tante Lucie. Aber fast alle fühlen, es ist nicht nur schön, es ist ergreifend schön, und aufregend obendrein. Tante Trudchen sind direkt Schauer den Rücken rauf und runter gelaufen. Es fehlt ihr, seit sie geschieden ist, doch ein bißchen an ausgefallenen Erlebnissen. Nur Charlotte Jordan findet nicht nur Trudchens Entäußerung, sondern die ganze Veranstaltung in hohem Maße unpassend und sähe es gerne, wenn sie zu einem schnellen Abschluß käme.
> Doch Herr Andrack - ein wenig ermüdet, das schon, aber infolge Gewöhnung an Konzentration doch nicht übermäßig angestrengt - kann Tante Trudchen die dringliche Bitte, noch eine Probe seiner »wirklich unglaublichen« Fähigkeiten zu geben, einfach nicht abschlagen. (KM 244)

Nellys Reaktion auf das Geschehen ist gespalten: Sie fühlt sich "unheimlich angezogen und zugleich unheimlich abgestoßen" (KM 250). Sie drückt zwar ihr Mißfallen aus, daß sie es als "Makel" empfände, "so leicht verführbar zu sein." (KM 251) Erzählt wird aber auch, wie gern sie der Verführung nachgeben würde, und sie fragt sich,

> (o)b es nicht ganz amüsant wäre - oh, mehr als amüsant: betörend, lustvoll -, sich unter den magnetischen Händen des Herrn Andrack einfach nach hinten sinken zu lassen; er fing einen ja auf. Vor aller Augen auf den Tisch zu steigen und sich zu wiegen, wie es die Cousine jetzt tat.
> Zugleich wußte sie: Das war ihre Sache nicht. Ihre Sache war, die eine zu beobachten und ein wenig zu beneiden, den anderen zu durchschauen. Und alles - die geheime Sehnsucht, den Neid, das Gefühl von Überlegenheit - vor jedermann zu verbergen. (KM 251)

Obwohl Nelly bei allen inneren Vorbehalten von dem Geschehen fasziniert und neidisch auf den hingebungsvollen Einsatz Astrids ist, gewinnt wieder die Höherbewertung ihrer beobachtenden Position die Oberhand. An dieser Stelle ist es wichtig, die hier getroffene Wortwahl in Betracht zu ziehen, um einen weiteren Sinnzusammenhang zu verfolgen. "Hände", "sich nach hinten sinken lassen", "aufgefangen werden", "sich wiegen", "auf dem Tisch tanzen", das sind alles Wörter, die das Lustempfinden betonen. Darüber hinaus wird mit der Nennung des Namens die Männlichkeit des Hypnotiseurs besonders deutlich. Auch hier manifestiert sich in der Wortwahl die Unterdrückung eigener sexueller Wünsche. Nellys ambivalente Haltung demonstriert somit den Zusammenhang, der zwischen der Unfähigkeit zur Hingabe an eigene Gefühle und der bürgerlichen Erziehung zur rigiden Triebbeherrschung und Sexualfeindlichkeit besteht.

Der Auftritt des Hypnotiseurs Andrack, der den Höhepunkt der feiertäglich-müden Kaffeerunde darstellt, gibt hinsichtlich der trieb- und machtbezogenen Aspekte des Phänomens sowohl Aufschluß über psychische Mechanismen jener Zeit als auch über das mögliche Verhältnis der Subjekte zur Macht. Die Langeweile im Leben, die aus der Diskrepanz zwischen hohen Erwartungen und enttäuschender Realität resultiert, bildet den trefflichen Nährboden für das Herbeisehnen außergewöhnlicher Ereignisse. Der Versuch, dieses Auseinanderklaffen zu überwinden, steigert sich bis hin zu destruktiven Wünschen nach Macht, Aggression, starkem Ich-Gefühl, und sei es in der Form von Krieg. Aus dieser Entwicklung läßt sich der Ursprung der Bedürfnisse der Massen nach Verführung erklären.

Die weiteren Hypnosevorführungen werden immer hemmungsloser, unverschämter, weil sie das Reaktionsfeld bieten, in dem sich die emotionale Bedürftigkeit der Konfirmationsgäste entladen. Dank der Bewunderung seiner suggestiven Kräfte kann Herr Andrack Nellys Konfirmationsgäste habhaft werden und läßt sie als mehr oder weniger geeignete Medien das ausführen, was er ihnen vorgibt. Herrn Andrack, der jetzt den Willen zur Herrschaft verkörpert, wagt keiner einen Beschwerdeversuch entgegenzusetzen. Die einen haben vor begeisterter Zustimmung nicht mehr die nötige Distanz zum Geschehen, die anderen sind zu unsicher, um eigene Aktivität einzusetzen und auf angemessene Weise darauf zu reagieren.

> Man hätte sich wohl fragen müssen, ob nicht das Medium im Begriff war, zum Opfer zu werden. Doch niemand (...) war noch in der Stimmung oder in der Lage, sich derartige Fragen zu stellen. (KM 250)

Entscheidend ist jetzt, den in der Reaktion der Konfirmationsgäste verdeckt auch noch enthaltenen Inhalt zu verdeutlichen. Dem vorletzten Textzitat kommt nicht nur durch die unterdrückten erotischen Aspekte der Hingabe an Hypnose ein besonderer Stellenwert zu, sondern ebenso durch den Hinweis auf die Verhaltensmuster, die für die Bereitschaft zur Hingabe an den Faschismus grundlegend bleiben. Impliziert ist hier, wie teilnahmslos viele Zeitgenossen den Handlungen der Nationalsozialisten zusahen, aufkommende Zweifel unterdrückten und in Sprachlosigkeit verharrten.

"Einfach sich nach hinten sinken zu lassen" ist dem Angebot gleichzusetzen, sich fallen zu lassen, von eigenen Konflikten entlastet zu werden, in einer Masse unterzutauchen. Die durch die Masse entstandene Kollektivität ermöglicht, hinterher die Verantwortung für das unter dieser Hingabe Geschehene zurückzuweisen, als wäre das kollektiv Geschehene eine Schuld, gegen die der Einzelne nichts vermocht hätte und die deshalb auch nicht individuell zu verantworten sei.

Insofern liefert die Hypnose-Parabel ein aufschlußreiches Bild für das kollektiv geübte Verhalten während der Herrschaft des Nationalsozialismus. Am klarsten kommt Christa Wolfs Einschätzung des Faschismus am Ende der Hypnose-Parabel zum Ausdruck.

> Nun zielte Cousine Astrid auf Herrn Andracks Geheiß mit einem Besenstiel, den sie wie ein Gewehr anlegte, in die Menge der Verwandten. Die Kugel, wäre sie abgeflogen, hätte Onkel Walter mitten ins Herz getroffen. (KM 251)

Bemerkenswerter Weise zielt der Schuß auf den kritischen Beobachter, Walter Menzel, der den Vorführungen Andracks mißtrauisch gegenübersteht. Der historische Kontext, in dem der Zeitpunkt der Konfirmation steht, ist erhellend in den politischen Parallelen zum Faschismus: Die Erzählerin erinnert an den Mythos Stalingrad und die Goebbels-Rede vom totalen Krieg. Als Nellys Konfirmation an einem Aprilsonntag des Jahres 1943 stattfand, waren die beiden Ereignisse zwei Monate vorüber.[125]

Ein Blick in die Hypnose scheint nun vielmehr das, was zu fordern ist. Die willenlose Unterwerfung aus Liebe zum oder Angst vor dem Hypnotiseur ist die notwendige Voraussetzung für das Gelingen von Hypnose. Die Hypnotisierten stellen den instrumentalisierten Charakter dar, der nicht nur durch sein höriges Verhältnis zum Hypnotiseur gekennzeichnet ist, sondern auch durch völligen Identitätsverlust.[126] Befehlen und Gehorchen bilden die beiden Verhaltenspole der Hörigkeitsbeziehung zwischen Hypnotiseur und Hypnotisiertem.

Gerade solche Aspekte greift faschistische Ideologie auf. Die vom totalen Krieg hypnotisierten Zeitgenossen hatten sich der faschistischen Macht bedingungslos auszuliefern, die allein an ihrer Herrschaftsposition interessiert war. Was bei der Familienvorführung ein

---

[125] Vgl. KM S. 237f

[126] Die 1921 veröffentliche Arbeit von S.Freud *Massenpsychologie und Ich-Analyse*, wo er die massenpsychologische Verführbarkeit des Einzelnen zu erklären versucht, sieht schon darin die Möglichkeit, Menschen zu Massen zu organisieren. Vgl. Sigmund Freud: *Massenpsychologie und Ich-Analyse.* Studienausgabe Bd. 9 (S. 61-134) S. 104-198

Schreckensbild darstellte, nahm in der Realität blutige und mörderische Gestalt an: der Faschismus richtete sich gegen die Zeitgenossen, die nicht durch Identifizierung mitgerissen waren. Gegner, die sich dem Zwang zur Hingabe an faschistische Macht, nämlich der Massenhypnose, entzogen, wie bei der Familienvorführung die Person Walter Menzel, wurden tatsächlich von Kugeln getroffen.

III. *Kein Ort. Nirgends*: Auf der Suche nach einem Ort, wo das Leben möglich wird.

3. 1. Die Folge des Konflikts um die Ausbürgerung Wolf Biermanns

Die Erzählung *Kein Ort. Nirgends* (1979) ist ein entscheidender Einschnitt im Schaffen Christa Wolfs. Im Gegensatz zu allen bis dahin erschienenen Werken, die in der unmittelbaren Gegenwart oder ihrer eigenen Vergangenheit spielen und denen es um die Schwierigkeit der Bewältigung autobiographischer Erfahrung geht, ist *Kein Ort. Nirgends* das erste Buch aus entfernter Vergangenheit. Ein fiktives Zusammentreffen zwischen Heinrich von Kleist (1777-1811) und Karoline von Günderrode (1780-1806) findet im Juni 1804 in Winkel am Rhein statt. Das Thema ist somit die "erwünschte Legende." (KON 6)
Was hat nun Christa Wolf dazu bewogen, diesen historischen Stoff aufzugreifen? Diese Frage läßt sich in Bezug auf die Krise beantworten, in die sie durch die Folgen der Ausbürgerung von Wolf Biermann im November 1976 geriet.
Mit dem Vorwurf des feindlichen Auftretens gegen die DDR wird am 16. November 1976 Wolf Biermann während einer Konzertreise in der BRD die Staatsbürgerschaft aberkannt und das weitere Aufenthaltsrecht für die DDR entzogen. Zwölf namhafte Künstler erklären sich solidarisch mit Biermann und schließen sich zu einem Protest zusammen, indem sie einen Tag nach dem Ausbürgerungsbeschluß einen offenen Brief verfassen, der an das *Neue Deutschland* und die westlichen Nachrichtenagenturen *AFP (Agence France Press)* und *Reuter* gesandt wird.

> Wolf Biermann war und ist ein unbequemer Dichter - das hat er mit vielen Dichtern der Vergangenheit gemein. Unser sozialistischer Staat, eingedenk des Wortes aus Marxens '18. Brumaire', demzufolge die proletarische Revolution sich unablässig selbst kritisiert, müßte im Gegensatz zu anachronistischen Gesellschaftsformen eine solche Unbequemlichkeit gelassen nachdenkend ertragen können. (...) Wir protestieren gegen seine Ausbürgerung und bitten darum, die beschlossenen Maßnahmen zu überdenken.[127]

[127] Zitiert nach: *In Sachen Biermann. Protokolle, Berichte und Briefe zu den Folgen einer Ausbürgerung.* Hrsg. v. Roland Berbig, Arne Born u.a. Berlin 1994, S. 12

Der gemeinsam unterzeichnete Brief ist selber nur eine an die Regierung gerichtete Bitte um die Überprüfung und Zurücknahme der Ausbürgerung Biermanns. Zu beachten bleibt jedoch, daß es den Unterzeichnern vielmehr um die Toleranz gegenüber unbequemer Wahrheit und um die öffentliche Ausdrucksmöglichkeit der Konflikte geht, wie dies aus Christa Wolfs Aussage über die "Genesis" des Protestbriefs deutlich wird: "Wir haben das Bedürfnis, uns öffentlich zu äußern."[128]

Wolf betont, wie wichtig es sei, daß die gesellschaftlichen Widersprüche öffentlich diskutiert werden. Sie führt weiter aus, "daß es eine Möglichkeit geben muß, auch anderslautende, sogar kontroverse, aber meistens ja differenzierte Meinungen zu Beschlüssen oder zu bevorstehenden Beschlüssen in der Presse oder andern Massenmedien zu diskutieren."[129]

Mit dem Verweis auf "eine Art Avantgarde der Unbequemlichkeit"[130], die Wolf Biermann gerade in der Kulturszene verkörpert, ist es klarer zu verstehen, aus welchem Motiv der Protest resultiert. In seinen Erinnerungen *Abgehauen* schreibt der Schauspieler Manfred Krug rückblickend, daß Biermann "unverzichtbar für die Orientierung"[131] der DDR-Künstler gewesen sei, wenn es um die Frage ging, "wie unbequem darf momentan ein Dichter sein?"[132]: "Wenn er Richtung Front losging und es blieb ruhig, konnte man bequem hinterherrobben."[133] Welche Folge die Ausbürgerung Biermanns, der für die Künstler der DDR so wichtig "wie das Nebelhorn für die Seefahrer"[134] gewesen sei, nach sich zog, faßt Krug kurz in einem Satz zusammen.: "Niemehr würde man ohne ihn herausfinden, wieviel Mißvergnügen noch gezeigt werden durfte."[135]

Daß der Staat einen unbequemen, aber wohlmeinenden Kritiker wie Biermann nicht im eigenen Lande duldet, kommt für die Unterzeichner einem Verschweigen und einer Unterdrückung der Wahrheit gleich. Dagegen zu protestieren ist ihr Hauptanliegen, zumal es um die Bedingungen ihrer zukünftigen Arbeit geht.

In den folgenden Tagen schließen sich mehr als einhundert Schriftsteller und Künstler aus den verschiedenen Richtungen der Protestbewegung an. Darauf mobilisiert das *Neue Deutschland* eine Kampagne gegen Biermann. Zahlreiche Schriftsteller, darunter bekannte Namen wie Anna Seghers, Hermann Kant, Erik Neutsch, Peter Hacks u.a., äußern Kritik an Biermann und erklären sich mit den Maßnahmen der Regierung einverstanden.

---

[128] Manfred Krug: *Abgehauen. Ein Mitschnitt und Ein Tagebuch.* 12. Aufl. Düsseldorf 1997, S. 34

[129] Ebda.

[130] Jörg Magenau: *Eine Biographie. Christa Wolf,* a.a.O., S. 269

[131] Manfred Krug: *Abgehauen,* a.a.O., S. 10

[132] Ebda.

[133] Ebda.

[134] Ebda.

[135] Ebda.

Der Konflikt spitzt sich weiter zu. Wenig später reagiert die Berliner Sektion des Schriftstellerverbandes mit Härte. Sie polemisiert gegen die Unterzeichner der Petition, indem sie das Verhalten ihrer Mitglieder als konspirativ verurteilt, daß sich die Unterzeichner mit dem Protestbrief an die westlichen Nachrichtenagenturen gewandt und damit "der antikommunistischen Hetze der imperialistischen Massenmedien gegen die DDR"[136] gedient haben: Jurek Becker, Gerhard Wolf und Sarah Kirsch werden aus der Partei ausgeschlossen. Daß die Sanktion gegen Christa Wolf vorläufig ausbleibt, liegt daran, daß sie durch die Aufregung der Verhandlung einen Herzanfall erleidet und im Krankenhaus liegt.[137]

Am 20. Dezember 1976 wird neben Jurek Becker, Günter de Bruyn, Sarah Kirsch, Ulrich Plenzdorf und Volker Braun auch Christa Wolf aus dem Vorstand der Berliner Sektion des Schriftstellerverbandes ausgeschlossen.[138] Am 20. Januar 1977 wird das Parteiverfahren gegen Wolf nachgeholt: Ihr wird "wegen groben Verstoßes gegen das Parteistatut, insbesondere nichtklassenmäßigen Verhaltens und Verletzens der Parteidisziplin" eine "strenge Rüge" erteilt.[139]

Im Zusammenhang mit Sarah Kirschs Ausreise kommt es erneut zur scharfen Konfrontation mit dem Schriftstellerverband , in deren Folge Christa Wolf im August 1977 ihren Austritt aus dem Vorstand des Schriftstellerverbandes der DDR erklärt. In einem Brief an das Präsidium des Schriftstellerverbandes der DDR vom 14. August 1977 begründet sie den Austritt folgendermaßen.

> Die Tatsache, daß Sarah Kirsch die DDR verläßt, ist für mich ein Vorgang von großer menschlicher, literarischer und politischer Tragweite. Ich sehe nicht, daß er im Schriftstellerverband so begriffen und behandelt werden wird; schon höre ich erste Stimmen, die die Integrität von Sarah Kirsch in Frage stellen suchen. Es werden die gleichen sein, die durch Diffamierungen und Demütigungen ihren Anteil daran haben, daß Sarah Kirsch nicht mehr hier bleiben will. Kein Vertreter einer Leitung des

---

136 Roland Berbig: *In Sachen Biermann*, a.a.O., S. 231

137 Vgl. Sonja Hilzinger: *Christa Wolf*, a.a.O., S. 106

138 Zu der Biermann-Ausweisung äußert Christa Wolf ihre Unterstützung für Biermann öffentlich erst wieder 1987. In einem Brief an den Kongreß des Schriftstellerverbandes der DDR in Berlin fordert sie den Schriftstellerverband auf, zu seiner unrühmlichen Rolle in der Biermann-Angelegenheit Stellung zu nehmen. "In der Geschichte des Schriftstellerverbandes (...) gibt es meiner Ansicht nach Vorgänge, mit denen er sich auseinandersetzen muß, damit seine Arbeit produktiver werden könnte. Ich meine die Unterschriften gegen die Ausbürgerung Wolf Biermanns 1976 und den ungerechtfertigten Ausschluß einer Reihe von Kollegen aus dem Schriftstellerverband 1979. (...) Inzwischen sind fast zehn Jahre vergangen. (...) Ich glaube, es ist die Aufgabe des Verbandes, wenn er den Perspektiven der Zeit gerecht werden will, gegenwärtige und vergangene Probleme rückhaltlos und grundsätzlich auszutragen." Christa Wolf: *Ansprachen*. Darmstadt 1988, S. 85-87

139 Roland Berbig: *In Sachen Biermann*, a.a.O., S. 231

Schriftstellerverbandes, in dessen Vorstand Sarah Kirsch war, hat es für nötig gehalten, sich bei ihr nach den Gründen für ihren Entschluß zu erkunden.[140]

Ein weiterer Konflikt folgt, als sieben etablierten Autoren die Teilnahme am 8. Schriftstellerkongreß im Mai 1978 untersagt wird.[141] Dieses Beispiel zeigt, mit welchen Druckmitteln der Schriftstellerverband mit unliebsam kritischen Autoren umgeht, um herrschende Kulturpolitik zu sichern.

Nach Biermann Ausweisung bleibt das kulturpolitische Klima sehr repressiv. Das Verhältnis zwischen Partei und Autoren wird durch die wachsende Polarisierung und Politisierung stark belastet. Für Christa Wolf wird deutlich, daß "die politische Macht keine kritische Mitarbeit dulden würde."[142] Die Partei- und Staatsführung kehrt zu einer restriktiven Kulturpolitik zurück, die besagt, daß sich die Literatur den ideologischen Richtlinien entsprechend entwickeln sollte. Dieser Rückschlag führt dazu, daß mehrere Autoren in den folgenden Jahren die DDR verlassen.

Christa Wolf blieb. Welche Beweggründe waren für diese Entscheidung Ausschlag gebend? In ihrer 1987 gehaltenen Laudatio zur Verleihung des Kleist-Preises an Thomas Brasch bezieht sich Wolf auf die Ereignisse vom November 1976 und erinnert sich, daß auch sie sich damals, als er ihr gegenüber im Dezember 1976 seine Entscheidung zum Weggehen äußerte und sie ihm nicht widersprechen konnte, die Frage - "Warum Bleiben?" - stellte.

> (...) plötzlich gab es eine neue Frage, die hieß: Warum Bleiben?, und die mußte nicht nur verbal, sie mußte hauptsächlich arbeitend beantwortet werden, denn nur die Produktion kann jene innere Freiheit hervorbringen, die den Zweifel über die Wahl des Lebens- und Arbeitsortes aufhebt.[143]

In einem 1989 erschienenen Gespräch gesteht Wolf, "Ich war lange unentschlossen. Wir haben lange die Möglichkeit wegzugehen erwogen."[144] Anschließend äußert sie folgenden Gedanken, der als Begründung für ihre Entscheidung zum Bleiben in der DDR zu verstehen ist.

---

[140] Ebda., S. 285

[141] Die sieben waren: Christa Wolf, Franz Fühmann, Stefan Heym, Günter Kunert, Ulrich Plenzdorf, Klaus Schlesinger und Rolf Schneider

[142] Christa Wolf: *Schreiben im Zeitbezug. Gespräch mit Aafke Steenhuis.* In: Dies.: *Im Dialog,* a.a.O., (S. 131-157) S. 148

[143] Christa Wolf: *Laudatio für Thomas Brasch.* In: Dies.: *Ansprachen,* a.a.O., S. 56

[144] Christa Wolf: *Schreiben im Zeitbezug,* a.a.O., S. 148

Wir sahen in keinem anderen Land eine Alternative. Dazu kam: Ich bin eigentlich nur an diesem Land brennend interessiert gewesen. Die scharfe Reibung, die zu produktiven Funken führt, fühlte ich nur hier mit aller Verzweiflung, dem Kaltgestelltsein, den Selbstzweifeln, die das Leben hier mit sich bringt. Das war mein Schreibgrund.[145]

Trotz aller Enttäuschung hält sich Wolf an der Überzeugung fest, daß sie als Autorin anderswo als in der DDR keinen Schreibgrund mehr findet, da sie sich innerlich mit der DDR identifiziert. Welche Bedeutung die Auseinandersetzung mit den in der DDR bestehenden Problemen für ihre schriftstellerische Tätigkeit hat, ist schon aus einem Gespräch mit Wilfried F. Schoeller im Jahr 1967 zu entnehmen.

Ich wüßte zum Beispiel nicht, was man der bürgerlichen Gesellschaft noch abgewinnen sollte: an Hoffnung, an Stoff auch. Es ist eigentlich alles schon gesagt und kann nur variiert werden. Ich stelle mir vor, daß man, wenn man in Westdeutschland lebt, untersuchen müßte, woher der Terrorismus kommt und die barbarische Reaktion darauf, woher der Ausbruch von Barbarei in dieser saturierten Gesellschaft plötzlich. Das Thema könnte sicher noch reizen.[146]

Das Bewußtsein und Bewußtmachen der Konflikte in ihrer Gesellschaft ist für sie der Schreibgrund und Verzweiflung und Selbstzweifel sind dabei insoweit kreativ, als der gesellschaftliche Bezug sich in ihnen feststellen läßt. Auch rückblickend in einem Gespräch 2000 betont Wolf, daß das Schreiben ihr das Bleiben ermöglicht hat.

Ich habe es mit Franz Fühmann gehalten: Wenn man nicht mehr schreiben kann, muss man gehen. Und das habe ich bei mir nicht befürchtet. Natürlich war ich in einer tiefen Krise, aber in einer, aus der heraus sich wieder Schreibimpulse ergaben. Mir war bewusst, dass die Konflikte, die ich in der DDR erlebte, mich zum Schreiben trieben.[147]

Als einen weiteren Grund zum Bleiben in der DDR nennt Wolf das Gefühl der Verantwortung den Bürgern dieser Gesellschaft gegenüber.

---

[145] Ebda.

[146] Christa Wolf: *Ich bin schon für eine gewiße Maßlosigkeit. Gespräch mit Wilfried F. Schoeller.* In: Dies.: *Dimension des Autors*, a.a.O., (S. 865-877) S. 872

[147] Christa Wolf: *Die Dauerspannung beim Schreiben. Gespräch mit Helmut Böttiger.* Zitiert nach Jörg Magenau: *Eine Biographie. Christa Wolf*, a.a.O., S. 286

> Außerdem gab es einfach auch sehr viele Leute, die sich darauf verließen, dass noch ein paar da waren, an die sie sich wenden konnten. Das haben sie uns auf verschiedene Weise wissen lassen. Die Verantwortung und die Last dessen, was einem da aufgeladen war, nahm zu.[148]

Christa Wolfs Überzeugung - sie könne in keinem anderen Land arbeiten und leben als in der DDR - bezeichnet beispielsweise Horst Domdey als "entschiedene DDR-Parteilichkeit"[149], die sie trotz ihrer eigenen Zweifel an der Führung der DDR demonstriert und nicht zuletzt auf das "stabile Feinbild"[150] zurückzuführen ist: Von den Ideen des Sozialismus überzeugt bleibt Wolf immer ihrem Grundsatz treu, daß trotz aller Fehlentwicklung die DDR als sozialistische Alternative zur Bundesrepublik Deutschland auf jeden Fall das kleinere Übel ist.

Nach der Entscheidung für die DDR bleiben Wolf nur zwei Alternativen; entweder sie akzeptiert die Grenzen der gegebenen Verhältnisse und geht Kompromisse ein, oder sie lehnt das herrschende Machtsystem radikal ab und wird eine vollkommen wirkungslose Außenseiterin. Von daher drängt sich die Schlußfolgerung auf, daß Wolf nicht in Konfrontation mit der Regierung gehen konnte, sondern sich mit stärkeren und öffentlichen Kritiken zurückhalten mußte, um die Einwirkungsmöglichkeit auf die Gesellschaft, was ohnehin nur mit sehr starken Einschränkungen möglich war, und das Bleiben in der DDR vereinbaren zu können.

Mit dieser Haltung gehört Wolf zu den "kritisch-loyalen" DDR-Schriftstellern. Der Forderung der Parteiführung, den Status quo nicht zu gefährden und sich aus der Politik herauszuhalten, halten sie die Orientierung an der Reformierbarkeit des Systems entgegen, ohne dabei ihre Kritik zur fundamentalen Systemkritik zu radikalisieren. Domdey zufolge läßt sich das typische Verhalten dieser Schriftsteller folgendermaßen charakterisieren: "Sie leiden an einer Parteiführung, die reformzögerlich ist, und stehen mit derselben Partei im Bündnis, weil die Macht gesichert bleiben soll." [151] Es geht darum, "die Option Sozialismus aufrechtzuerhalten".[152] Es ist ihr Hauptanliegen, den Konflikt moderiert auszutragen und den Konflikt literarisch produktiv zu machen.

---

[148] Ebda.

[149] Horst Domdey: *Der Anfang vom Ende. 1976, Wolf Biermanns Ausbürgerung.* In: Bernd Wilczek u. Elster Baden-Baden (Hrsg.): *Berlin-Hauptstadt der DDR 1949-1989: Utopie und Realität.* Berlin 1995, (S. 175-191) S. 183

[150] Ebda.

[151] Horst Domdey: *Kritik und Loyalität. Aspekte einer Typologie der Kritik von DDR-Autoren.* In: *Trilateraler Forschungsschwerpunkt. Differenzierung und Integration.* Hrsg.v. Michel Böhler u.a., Zürich 1996, (S. 167-168) S. 167

[152] Ebda.

3. 2. Romantik als Projektionsraum

Durch die Ereignisse um die Biermann-Ausbürgerung sieht sich Christa Wolf in die Außenseiterposition gedrängt. Sie findet im Schreiben die einzige Möglichkeit, mit ihrer neuen Lage zurechtzukommen[153] und versucht, mit dem Rückgriff auf die Dichter im Umkreis der deutschen Romantik, die Krise zu überwinden.

In einem Gespräch mit Frauke Meyer-Gosau, in dem sich Wolf über die Entstehungssituation von *Kein Ort. Nirgends* äußert, bestätigt sie, daß ihr Interesse an Lebensläufen, wie denjenigen von Karoline von Günderrode[154] und Heinrich von Kleist, in denen sie die Möglichkeit zur Identifikation sieht, zum Bemühen um die Bewältigung der im Zusammenhang mit den sechsundsiebziger Vorgängen erfahrenen Krise gehört. Ihre Ausführungen sollen hier trotz ihrer Länge vollständig zitiert werden, da sie einen Schlüssel zum Verständnis von Werkentstehung und Problemhintergrund darstellen.

> *Kein Ort. Nirgends* hab ich 1977 geschrieben. Das war in einer Zeit, da ich mich selbst veranlaßt sah, die Voraussetzungen von Scheitern zu untersuchen, den Zusammenhang von gesellschaftlicher Verzweiflung und Scheitern in der Literatur. Ich hab damals stark mit dem Gefühl gelebt, mit dem Rücken an der Wand zu stehn und keinen richtigen Schritt tun zu können. Ich mußte über eine gewisse Zeit hinwegkommen, in der es absolut keine Wirkungsmöglichkeit mehr zu geben schien. 1976 war ein Einschnitt in der

[153] In dieser Zeit entstanden außer *Kein Ort. Nirgends* Essays über Frauen in der DDR *Berührung* und romantische Schriftstellerinnen *Der Schatten eines Traumes, Brief über die Bettine.*

[154] Günderrodes Werke waren vorher der breiten Öffentlichkeit nicht zugänglich. Erst durch die von Christa Wolf herausgegebene Sammlung *Der Schatten eines Traumes. Gedichte, Prosa, Briefe, Zeugnisse von Zeitgenossen* wurde sie wieder entdeckt. Dazu äußert sich Wolf in ihrer Nachbemerkung zu *Schatten eines Traumes* folgendermaßen: "Diese Auswahl aus den Texten (...) ist subjektiv. Sie erhebt nicht den Anspruch, eine Werkausgabe zu ersetzen. Ihre Absicht ist es, Gestalt und Lebensgeschichte einer zu Unrecht vergessenen Dichterin hervortreten zu lassen". In: Karoline von Günderrode: *Der Schatten eines Traumes. Gedichte, Prosa, Briefe, Zeugnisse von Zeitgenossen. Herausgegeben und mit einem Essay von Christa Wolf.* Hamburg und Zürich 1981, S. 271

Wolfs Beschäftigung mit Günderrode geht viel weiter zurück. In einem Essay, den Wolf im November 1974 schrieb, wies sie darauf hin, daß ihre Neugierde für Günderrode durch ihre Mentorin Anna Seghers erweckt wurde: "Einmal bin ich nach Winkel am Rhein gefahren und habe auf dem Friedhof das Grab der Günderrode gesucht und gefunden: Ihr Name war mir in den Essays und Briefen von Anna Seghers immer wieder aufgestoßen." Christa Wolf: *Fortgesetzter Versuch.* In: Dies.: *Die Dimension eines Autors*, a.a.O., (S. 339-345) S. 342 Bereits 1935 hatte Seghers auf dem 1. Internationalen Schriftstellerkongreß gegen die Angriffe von Lukács jene Dichter verteidigt, die sie unter die 'Besten' der deutschen Kultur gezählt hatte. "Selten entstand in unserer Sprache ein dichterisches Gesamtbild der Gesellschaft. (...) Bedenkt die erstaunliche Reihe der jungen, nach wenigen übermäßigen Anstrengungen ausgeschiedenen deutschen Schriftsteller. Kein Außenseiter und keine schwächlichen Klügler gehören in diese Reihe, sondern die Besten: Hölderlin (...), Georg Büchner (...), Karoline von Günderrode (...), Kleist (...), Lenz und Büchner (...). Diese deutschen Dichter schrieben Hymnen auf ihr Land, an dessen gesellschaftlichrer Mauer sie ihre Stirnen wundrieben." Anna Seghers: *Vaterlandsliebe. Aus der I. Internationalen Schriftstellerkongreß zur Verteidigung der Kultur.* In: Dies.: *Gesammelte Werke in Einzelausgaben* . Bd. 12: Aufsätze, Ansprachen, Essays 1927-1953. Berlin und Weimar 1984, (S. 33-37) S. 36f

kulturpolitischen Entwicklung bei uns, äußerlich markiert durch die Ausbürgerung von Biermann. Das hat zu einer Polarisierung der kulturell arbeitenden Menschen auf verschiedenen Gebieten, besonders in der Literatur, geführt: Eine Gruppe von Autoren wurde sich darüber klar, daß ihre direkte Mitarbeit in dem Sinne, wie sie sie selbst verantworten konnte und für richtig hielt, nicht mehr gebraucht wurde. Wir waren ja Sozialisten, wir lebten als Sozialisten in der DDR, weil wir dort uns einmischen, dort mitarbeiten wollten. Das reine Zurückgeworfensein auf die Literatur brachte den einzelnen in eine Krise; eine Krise, die existenziell war. Daraus ist bei mir unter anderem die Beschäftigung mit dem Material solcher Lebensläufe wie denen von Günderrode und Kleist entstanden.[155]

Aufgrund dieser existenziellen Krise sieht sich Wolf veranlaßt, ihr Selbstverständnis als Schriftstellerin in der DDR neu zu definieren und die Funktion der Literatur in Frage zu stellen. Sie setzt sich dabei exemplarisch mit zwei historischen Figuren Günderrode und Kleist auseinander, um eine direkte Behandlung dieser turbulenten Zeit "am Gegenwartsmaterial" zu vermeiden. Ihrer eigenen Aussage zufolge wäre das für sie nicht möglich gewesen, "wäre naturalistisch und banal geworden, platt."[156]
Hinzu kommt noch die Frage, ob dies von der Zensur akzeptiert worden wäre. Die Antwort läßt sich daraus ableiten, daß Wolf nicht einmal erwähnt, daß es nicht möglich gewesen wäre, "über das Scheitern revolutionärer Hoffnungen und das Herausfallen aus der Gesellschaft anders als in historischer Verfremdung zu sprechen."[157] Der Vergleich mit einer weniger auf die DDR gerichteten Zeit scheint als Ausweg geeignet, innerhalb der beschränkten Möglichkeiten die Zensur zu umgehen und subtile Kritik an bestehenden Verhältnissen der Gegenwart einzubringen.
Um die Widerspüche ihrer eigenen Zeit und ihrer eigenen Gesellschaft in einem historischen Kontext zu zeigen, führt Wolf mittels biographischen Daten eine Begegnung von Kleist und Günderrode herbei, die nie stattgefunden hat: "Daß sie sich getroffen hätten: erwünschte Legende." (KON 6). Wolf sagt selbst, daß das Zusammentreffen dieser beiden Autoren historisch nicht nachweisbar ist.[158]

---

[155] Christa Wolf: *Projektionsraum Romantik. Gespäch mit Frauke Meyer-Gosau.* In: Dies.: *Die Dimension des Autors*, a.a.O., (S. 878-895) S. 878
[156] Ebda.
[157] Jörg Magenau: *Eine Biographie. Christa Wolf*, a.a.O., S. 291
[158] Damit verweist Wolf auf eine kurze Notiz, die in der 1848 erschienenen Kleist-Biographie von Eduard von Bülow steht. Danach sollen sich beide begegnet sein. Vgl. Annette Firsching: *Kontinuität und Wandel im Werk von Christa Wolf*, a.a.O., S. 153

> Las dann mal in einer Literaturgeschichte, daß Kleist und Günderröde sich getroffen haben sollten, "am Rhein", zu Beginn des neuen Jahrhunderts. Aus beider Leben habe ich herausgefunden, wann das hätte sein können: 1804. Ich stellte mir vor, sie hätten sich in Winkel treffen können. Das ist alles überhaupt nicht bezeugt, braucht auch nicht bezeugt zu sein. Ich jedenfalls bin sicher, daß die Begegnung nicht stattgefunden hat. Aber das war ja nur das äußere, nicht mein inneres Motiv.[159]

Wie immer in ihrer schriftstellerischen Arbeit wendet sich Wolf aus einem autobiographischen Impuls heraus diesen Autoren der Frühromantik zu, um ihre eigene Situation zu durchdenken und die aktuellen Probleme der Gegenwart gleichnishaft zu vermitteln: "Ich habe diese beiden Figuren genommen, um ihre Problematik für mich durchzuspielen."[160] Die Auseinandersetzung mit Kleist und Günderrode ist für Wolf der Ausdruck für die Suche nach einer Selbstverständigungsform, wobei ihr Interesse an der Romantik nicht der Literaturepoche gilt. Im Vordergrund stehen vielmehr die Lebensverhältnisse[161] zweier Dichter und Wolf geht der Frage nach, wo die "Gespaltenheit der Menschen und der Gesellschaft" angefangen hat

> (...)wo hat sie eigentlich angefangen, diese entsetzliche Gespaltenheit der Menschen und der Gesellschaft? Wo hat die Arbeitsteilung so in die Menschen eingegriffen, daß die Literatur immer mehr herausgedrückt wurde aus dem Bereich, den die Gesellschaft in ihrem Selbstverständnis für richtig, wesentlich, ja! überhaupt für vorhanden erklärte?[162]

Als den Grund für ihren Rückgriff auf die frühromantischen Autoren nennt Wolf die Gemeinsamkeit mit ihnen, die im Außenseitertum liegt: "Dieses ins Extrem getriebene Zum-Außenseiter-gemacht-werden, das, was ich an mir existenziell erfuhr: das wollte ich befragen"[163]

Im Leben von zwei Autoren, die in jeder Hinsicht am Rande der Gesellschaft stehen und weder mit ihrem Leben noch mit der Literatur wirklich zurechtkommen, findet Wolf Entsprechungen zu ihrer eigenen Situation.

---

159 Christa Wolf: *Projektionsraum Romantik*, a.a.O., S. 881

160 Ebda., S. 879

161 "Was mich interessiert hat, war etwas anderes, die Frage: Wie kommt es, daß nach der Generation der Klassiker eine solche Menge von jungen Autoren auftaucht, die mit ihrer Zeit, mit ihrem Talent, mit ihrer Literatur, mit ihrem persönlichen Leben offensichtlich nicht 'fertigwerden'." Ebda., S. 881

162 Ebda., S. 879f

163 Ebda., S. 880

> Ein Zufall kann es nicht sein, daß wir begonnen haben, den Abgeschriebenen nachzufragen, das Urteil, das über sie verhängt wurde, anzufechten, es zu bestreiten und aufzuheben - fasziniert durch Verwandtschaft und Nähe, wenn auch der Zeiten und Ereignisse eingedenk, die zwischen uns und denen liegen: (...)[164]

Gescheitert an dem Versuch, in den Zeiten der Restauration die Engstirnigkeit und den Materialismus des Bürgertums zu überwinden, sind sie die ersten, "die es bis auf den Grund erfahren: Man braucht sie nicht."[165] Ähnlich wird Wolf nach den Ereignissen 1976 vom Gefühl des Nichtgebrauchtwerdens tief getroffen. Die Wirkungsmöglichkeit, mit ihrem Schreiben politisch-gesellschaftliche Prozesse mitzubestimmen, erweist sich als sehr beschränkt.

In diesem Krisenmoment ermöglicht ihr der Vergleich mit den Autoren der Frühromantik, Distanz zur eigenen Situation zu schaffen und über die Verzweiflung und Depression hinweg zu einem neuen Selbstverständnis zu gelangen. Schreiben dient ihr damit als therapeutisches Instrument zur Selbstrettung.

> Es war eine Selbstverständigung, es war auch eine Art von Selbstrettung, als mir der Boden unter den Füßen weggezogen war; das genau war die Situation. Wenn man Literat ist, dann hat man die Möglichkeit, sich damit in der Literatur auseinanderzusetzen (...) es ging um die ganze Befindlichkeit in einer Zeit und in einer Umwelt, (...) Und, das muß dazu gesagt sein: in einem konkreten historischen Augenblick.[166]

Wolf beschäftigt sich weiter mit den Lebensverhältnissen der Frühromantiker um 1800 und erkennt schmerzhaft einen Bezug zu ihrer eigenen unbefriedigenden Situation in der Gegenwart.

> (...) die frühe Romantik ist der Versuch eines gesellschaftlichen Experiments einer kleinen progressiven Gruppe, die dann, nachdem die Gesellschaft sich ihr gegenüber totalitär und ablehnend verhalten hat, restriktiv in jeder Hinsicht, unter diesem Druck auseinanderbricht und in verschiedene Richtungen hin sich zurückzieht.[167]

---

[164] Christa Wolf: *Der Schatten eines Taumes. Karoline von Günderrode - ein Entwurf.* In: Dies.: *Die Dimension des Autors*, a.a.O., (S. 511-571) S. 512

[165] Ebda., S. 516

[166] Christa Wolf: *Projektionsraum Romantik*, a.a.O., S. 879

[167] Ebda., S. 882

Der Zustand der sich als Außenseiter empfindenden Künstler und die sie in die Außenseiterrolle abdrängende Gesellschaft sind die Gemeinsamkeiten, die die Dichter der Frühromantik 200 Jahre später als Identifikationsfiguren erfahrbar werden lassen. In diesem Zusammenhang sind Kleist und Günderrode in *Kein Ort. Nirgends* Fiktion und Dokument zugleich. Sie sind nicht nur historisch-authentische Personen, sondern sie sind mit ihren Problemen gleichzeitig auch als Analogie zur Gegenwart zu verstehen, weil Wolf sich in ihnen wiedererkennt und Parallelen in der Lebenssituation entdeckt.

Daß in *Kein Ort. Nirgends* historische Dichterpersönlichkeiten, die von den nicht erfüllten Anprüchen der französischen Revolution enttäuscht waren und eine Zerstörung ihrer Ideale hinnehmen mußten, als literarische Figuren wiederbelebt werden, ist als "Selbstthematisierung des eigenen Mediums"[168] zu verstehen, um die Enttäuschung über die gesellschaftliche Entwicklung und die begrenzte Möglichkeit zum öffentlichen Sprechen nach der Biermann-Ausweisung auszudrücken. Rückblickend in einem Gespräch 1989 berichtet Wolf folgendermaßen:

> In den siebziger Jahren, als ich keine Möglichkeit mehr sah, mich hier politisch zu betätigen, habe ich versucht, in der Geschichte zu finden, wie sich deutsche Intellektuelle in solchen ausweglosen Zeiten verhalten haben. Daraus sind *Kein Ort. Nirgends* und einige Essays entstanden.[169]

Wolf benutzt die beiden fiktiven Figuren, um die Problematik der historischen Dichterfiguren für sich selbst durchzuspielen und dadurch ihre eigene ähnliche Situation für sich selber zu erklären.[170] Wenn in *Kein Ort. Nirgends* über die fortschreitende Entfremdung der Künster von der Gesellschaft, die Trennung von Leben und Kunst und die Auswirkung der politischen und sozialen Verhältnisse auf die Schriftsteller gesprochen wird, dann ist das auch eine Wolf selbst bewegende Problematik.

---

[168] Peter F. Teupe: *Christa Wolfs 'Kein Ort. Nirgends' als Paradigma der DDR-Literatur der siebziger Jahre.* Frankfurt a. M. 1992, S. 3

[169] Christa Wolf: *Schreiben im Zeitbezug*, a.a.O., S. 142

[170] *Kein Ort. Nirgends* ist als ein Beispiel der biographischen Fiktion zu verstehen, in der "die Deutung gegenüber der Lebenserzählung vortritt." Hier geht es nicht um die Vollständigkeit der äußeren Biographie. Die Dichter-Deutung "hält sich nicht (...) eng an das Überlieferte und Nachweisbare, bringt vielmehr unverhohlen ihren Gegenwartsstandpunkt zum Ausdruck und nutzt ihren fiktionalen Status als Lizenz, um die Dinge zugunsten einer besonderen Sichtweise notfalls etwas zurechtzurücken." Ralf Sudau: *Werkbearbeitung, Dichterfiguren. Traditionsaneignung am Beispiel der deutschen Gegenwartsliteratur.* Tübingen 1985, S. 195

Durch die Thematisierung dieser Problematik versucht Wolf in den Jahren nach der Biermann-Ausbürgerung, ihr Selbstverständnis als "Menetekel und Opfer"[171] im repressiven Gesellschaftssystem zu begründen und gegen die in der DDR herrschende Repression auf ihre eigene Weise Widerstand zu leisten. Gerade auf diese authentischen Bezüge von *Kein Ort. Nirgends*, die darin bestehen, daß Wolf aktuelle Probleme ihrer Gegenwart in einem historischen Kontext zeigt, verweist Günter de Bruyn: Die Figuren sprechen aus, "was sie zu sagen hat." Zeige *Kindheitsmuster* "wie Christa Wolf wurde", offenbare *Kein Ort. Nirgends,* "wie sie ist."[172]

3. 3. Der Salon als Spiegel der bürgerlichen Gesellschaft

Im Kreis einer illustren Teegesellschaft, die im Jahr 1804 im Salon des Kaufmanns Merten in Winkel am Rhein versammelt ist, [173] findet das fiktive Zusammentreffen zwischen Günderrode und Kleist statt. In dem für die Frühromantik charakteristischen Forum des geselligen Zirkels [174] läßt Wolf verschiedene Repräsentanten der Kunst- und Wissenschaftskreise dieser Zeit zusammenkommen, von denen jeder Teilnehmer gewisse Einstellungen zur Literatur und Gesellschaft vertritt; der Lyriker Clemens Brentano und dessen Frau Sophie Mereau, die Schwestern Bettine und Gunda Brentano, Gundas Mann, der spätere preußische Justizminister Friedrich Carl von Savigny, der Naturwissenschaftler Christian Nees von Esenbeck und Frau Lisette, und neben anderen, auch Kleist und Günderrode.

Auf der Durchreise nach Berlin ist Kleist in Begleitung seines Arztes Wedekind hier, in dessen Haus er sich von einem schweren Nervenzusammenbruch erholt, den er nach dem Scheitern seines bisher ehrgeizigsten Dramas *Robert Guiscard* erlitten hat. Zudem hat er sich

---

[171] Frauke Meyer-Gosau: *Lebensform Prosa. Eine Wegbeschreibung von der 'Moskauer Novelle' zu 'Was Bleibt'.* In: Heinz Ludwig Arnold (Hrsg.): *Text und Kritik.* H. 46: *Christa Wolf,*a.a.O., (S. 23-34) S. 31

[172] Günter de Bruyn: *Sie, Kleist, nehmen das Leben gefährlich ernst.* In: Klaus Sauer (Hrsg.): *Christa Wolf. Materialienbuch.* 3. Aufl., Darmstadt 1987, (S. 21-23) S. 22

[173] Christa Wolf charakterisiert diese Salonkultur der Romantiker als Ersatz im Freundeskreis für die fehlende Öffentlichkeit folgendermaßen: "(...) der Versuch, die Vereinzelung zu durchbrechen und sich in neuen, produktiveren Lebensformen zu bewegen, Lebensformen aus dem Geist einer Gruppe heraus." Christa Wolf: *Der Schatten eines Traumes,* a.a.O., S. 520

[174] Peter F. Teupe sieht die Bezüge und Parallelen zur Situation in der DDR nach der Biermann-Ausweisung darin, daß Wolf eine private Teegesellschaft für das Treffen wählt. Ähnlich wie der Salon für die intellektuellen Romantiker ein geeigneter Ort war für Gespräch, Austausch und Verständigung der Gedanken, die außerhalb dieses Kreises aus politischen Gründen unterdrückt wurden, war für die Künstler der DDR der freie Umgang fern von der Öffentlichkeit nur im privaten Raum möglich. Vgl. Peter F. Teupe: *Christa Wolfs 'Kein Ort, Nirgends' als Paradigma der DDR-Literatur der siebziger Jahre,* a.a.O., S. 217f

gerade von seiner Verlobten getrennt und die Entscheidung getroffen, seine militärische Laufbahn zu beenden und somit sich nicht mehr an die lange preußische Familientradition zu halten. Wedekind nimmt Kleist zur Teegesellschaft mit in der Hoffnung, daß die Abwechslung dort Kleist von den selbstquälerischen Grübeleien abbringen könne.

Günderrode, die unter dem männlichen Pseudonym 'Tian' Gedichte schreibende Dichterin und Stiftsdame aus einem verarmten Adelsgeschlecht, kommt, als Freundin der Brentanos eingeladen, um Savigny, den sie trotz seiner Heirat mit Gunda Brentano immer noch liebt, nahe zu sein.

Nichts geschieht. Die äußere Handlung ist nicht ereignisreich, zeigt kaum Entwicklung und Bewegung, sie ist auf wenige Nachmittagsstunden zusammengedrängt. Nach exakten Angaben über Ort und Zeit folgen Gespräche verschiedener Personen: "Menschen zwanglos über den Raum verteilt, wie das Gestühl in schöner Anordnung." (KON 6)[175]

Wechselnde Gesprächsgruppen formieren sich, lösen sich auf und bilden sich neu. In dieser Runde von erfolgreichen Vertretern der bürgerlichen Welt fühlen sich Kleist und Günderrode als Außenseiter. Die beiden sind verwandt in ihrem Leiden an den Widersprüchen zwischen der bedrückenden Gegenwart und ihrem Ideal der künstlerischen Selbstverwirklichung und in ihrer Isoliertheit, die sie bei dem/der jeweils anderen feststellen.

Im ersten Teil des Textes sind die inneren Monologe von Kleist und Günderrode dominant. Beide reflektieren über die einzelnen Gäste und erörtern ihre eigene Position in diesem Kontext. Erst in der Mitte des Textes kommen sich Kleist und Günderrode näher und verlassen den Salon für einen Spaziergang durch nahe gelegene Weinfelder. Der zweite Teil des Textes besteht dann aus dem Gespräch zwischen den beiden. Ihr gegenseitiges Kennenlernen durch einen direkten Gedankenaustausch leitet den Höhepunkt ein. Nach einem kurzen Moment des Gefühls des gegenseitigen Verständnisses trennen sie sich voneinander und kehren wieder in ihre eigenen Welten zurück.

Um die Ursache des Identitätskonflikts der beiden Schriftstellerfiguren Günderrode und Kleist zu verstehen, soll zunächst der Blick auf die Protagonisten der bürgerlichen Welt gerichtet werden, von denen jeder für sich, in seiner Person, gewisse Einstellung und Meinung zur Literatur und Gesellschaft vertritt und in dieser Haltung "als tragende Säule der bürgerlichen Gesellschaft"[176] zu sehen ist.

---

[175] Christa Wolf: *Kein Ort. Nirgends*. Darmstadt und Neuwied: Luchterhand, 1981. Im Folgenden abgekürzt mit "KON"

[176] Mechthild Quernheim: *Das moralische Ich*, a.a.O., S. 195

Die im kleinen Kreis versammmelte Teegesellschaft gilt als die Widerspiegelung der bürgerlichen Gesellschaft um 1800, deren normative Gesetze aus der unversöhnlichen Trennung von Ideal und Wirklichkeit, Kunst und Wissenschaft, Gefühl und Vernunft, Staat und Individuum, Mann und Frau bestehen. Die Gespräche der Teegesellschaft kreisen um die Diskrepanz zwischen anzustrebendem Ideal und bestehender Wirklichkeit, die Rolle des Künstlers in der restaurativen Gesellschaft im anbrechenden Industriezeitalter, das durch den Materialismus gekennzeichnet ist, und die Entfremdung, die zwischen Mann und Frau besteht.

Die bürgerlichen Vertreter, die in der Diskussionsrunde den Ton angeben, sind die vom "in dieser geschichtlichen Phase einsetzende(n) Nützlichkeitsdenken einer frühkapitalistischen Gesellschaft"[177] geprägten Pragmatiker und Tatmenschen. Dazu gehören der Arzt Wedekind, der Naturwissenschaftler von Esenbeck, der Händler Merten und der Jurist Savigny. Die Protagonisten sprechen nicht nur für sich selber, sondern verkörpern paradigmatisch eine neue Einstellung, die aus den ersten Anfängen der industriellen Revolution und dem Fortschritt der Wissenschaft den starken Fortschrittsoptimismus bezieht.

"Joseph Merten, der Gastgeber. Spezerei- und Parfümeriegroßhandel zu Frankfurt am Main. Liebhaber der Künste und Wissenschaft." (KON 43), ist der Vertreter des beginnenden kapitalistischen Zeitalters. Er gehört zum neuen, reichen und gebildeten Bürgertum, das zwar nicht über politische Macht verfügt, aber sich mit seiner gestiegenen ökonomischen Macht identifiziert. Das Weltverständnis von Merten untersteht dem auf Gewinnmaximierung angelegten zweckrationalen Kalkül des Kaufmanns. Er verherrlicht den wissenschaftlichen Fortschritt, der an die kommerzielle Verwertbarkeit gekoppelt ist, und lacht über Kleist, der diesen reduzierten Zweckoptimismus nicht teilt.

> Da kann Joseph nur lachen. Aber mein Lieber. Der mathematische Effekt einer Maschine ist interessant nur insofern, als er den ökonomischen hervorbringt. (KON 70)

Indem Merten die Größe seines Zeitalters darin sieht, "daß es die niedern Leidenschaften gebändigt, die Vernunft an die Macht gehoben ha(t)" (KON 78), anerkennt er nur das Berechenbare und Rationalistische und schließt alles, was die Grenze der Vernunft überschreitet, als niedere Leidenschaft aus. Ordnung und völlig ökonomisch bestimmtes Lebensprinzip nimmt er zum Ausgangspunkt des Kunstverständnisses, demzufolge alles, was sich den gewohnten und traditionellen Musterbildern entzieht, als fragwürdig erscheint.

[177] Therese Hörnigk: *Christa Wolf*, a.a.O., S. 192

Übersichtlichkeit, die in seinen Rechnungsbüchern herrscht, soll auch für die Literatur gelten.[178] Durch die Übertragung der den ökonomischen Markt bezeichnenden Regeln auf die Literatur wird die Literatur zur Ware degradiert, die sich dem Mechanismus von Angebot und Nachfrage anzupassen hat.

Der Naturwissenschaftler Nees von Esenbeck artikuliert die enthusiastische Wissenschaftsgläubigkeit und sieht im Fortschritt der Wissenschaft die Verbesserung der Welt. Als Folge des intensivierten Wissenschaftslebens, das mit der Orientierung an einer wissenschaftlich vordefinierten Wirklichkeit gebunden bleibt, wird alles, was mit diesen Kategorien nicht faßbar ist, als irreal ausgegrenzt. Ein reduziertes Wirklichkeitsverständnis, das um die Isolierung der unliebsamen Selbstreflexionen kreist, führt zur Reduktion der Menschlichkeit.[179]

Während Kleist die Befürchtung äußert, daß die Erweiterung des "Gebiet(s) des Verstandes" (KON 80) zunehmend mit der Verengung des "Gebiet(s) der Einbildung" (KON 80) einhergeht und ohne die Einbildungskraft dem Menschen das Verständnis für den Zusammenhang der Dinge verlorengeht, widerspricht ihm der bonierte Wissenschaftler mit überheblichem Ton.

> Nees von Esenbeck, als Naturwissenschaftler, fühlt sich angegriffen, er spricht nicht, er doziert: So halte ich dafür, daß der Geist der Zeit, der Fortschritt der Wissenschaften über das vielleicht Begreifliche, doch hypochondrische Lamento der Herren Literaten hinweggeht. Nehmen Sie's nicht persönlich, lieber Kleist. Was mich betrifft: Ich gäbe mein alles dafür, wenn ich in ein, zwei Jahrhunderten noch einmal auf dieser Welt leben und an den paradiesischen Zuständigkeiten teilhaben dürfte, welche die Menschheit - dank der Entfaltung der Wissenschaften! - dann genießt. (KON 80)

Kleist teilt diese Euphorie nicht. Ihm erscheint dieser unbegrenzte Fortschrittsoptimismus der Wissenschaft nicht als Hoffnung für eine humane Zukunft, weil eine von den verschiedenen Wirklichkeitsperspektiven isolierte Wissenschaft in die Verblendung der gesamtgesellschaftlichen Probleme münde. Derartig reduzierter Fortschritt der Wissenschaft vermag auf Dauer dem Anspruch auf Humanität nicht gerecht zu werden und kehrt sich schließlich gegen den Menschen, dessen Vervollkommnung sie doch dienen soll.

---

[178] Vgl. KON S. 78

[179] Vgl. Birgitta Schuler: *Phantastische Authentizität. Wirklichkeit im Werk Christa Wolfs*. Frankfurt a. M. 1988, S. 186

Hofrat Wedekind plädiert aus der Haltung des modernen medizinischen Rationalismus für die Angleichung an die bestehende Ordnung und Norm als die gesündeste Lebensform. Damit verdeutlicht der Humanwissenschaftler Wedekind aber auch, daß die gesellschaftsfunktionale Anpassung inzwischen die Priorität in der Humanwissenschaft erhält und die Verweigerung der Anpassung den Preis hat, der mit Krankheit zu entrichten ist.

Wedekind bezeichnet Kleists Hang zur Selbstreflexion als gefährlich und stellt ihn vor die Wahl, entweder "das verzehrende Ungenügen, sein bestes Teil, planvoll in sich abzutöten oder ihm freien Lauf zu lassen und am irdischen Elend zugrunde zu gehn." (KON 31) Hiermit zeigen sich die Grenzen von Wedekind, der zwar Kleist in seinem psychischen Krisenzustand zu helfen versucht, aber seine Probleme nicht nachvollziehen kann; gesellschaftliche Anpassungsnorm ist das vorherrschende Problem, mit dem sich Kleist konfrontiert sieht und das seiner Suche nach künstlerischer Selbstverwirklichung im Wege steht.[180]

Während Kleist an der Diskrepanz zwischen der bestehenden Wirklichkeit und dem anzustrebendem Ideal zerbricht und sein sehnlichster Wunsch auf Gesamtheit und Totalität zielt, vertritt Wedekind die Meinung, daß es notwendig ist, Literatur und Leben und damit Ideal und Wirklichkeit vollkommen voneinander getrennt zu halten.

> Ja: Sei es nicht überhaupt unstatthaft, jene Wand zu durchbrechen, die zwischen die Phantasien der Literaten und die Realitäten der Welt gesetzt ist? (KON 14)

Mit seinem Credo, daß es nicht gut ist, "wenn der Mensch zu tief in sich hineinblickt" (KON 15), reduziert Wedekind notwendigerweise die Humanwissenschaft auf die Kraft, die mit Stabilisierung des Status quo identifiziert wird.

Savigny wird durch eine Art Neugier "auf das, was unanfechtbar, folgerichtig und lösbar ist" (KON 81), und den Glauben an Rationalität als Gegenbild von Kleist dargestellt.

> Der Mensch, an dem man ablesen kann: Es gibt sie, die glückliche Hand der Natur. Es gibt die Perfektibilität ihrer Geschöpfe. Savigny, der Mann, der sich sein Schicksal selber macht. Reich; unabhängig, souverän. Früh seines Wertes, womöglich sogar seiner Grenzen bewußt. An nichts gefesselt als an ausführbare Pläne und Ziele. Berufung zum Rechtsgelehrten. (KON 33)

---

[180] Vgl. Sabine Wilke: *Ausgraben und Erinnern. Zur Funktion von Geschichte, Subjekt und geschlechtlicher Identität in den Texten Christa Wolfs*. Würzburg 1993, S. 86

Savignys Unabhängigkeit und Souveränität, die ihm sein materieller Reichtum verleiht, werden im Lauf des Nachmittags immer stärker problematisiert. Der Rechtsgelehrte Savigny, der "einen männlichen Kopf" hat und "für alles ein Entweder-Oder" (KON 81) bereit hält, vertritt das streng oppositionelle Denken der bürgerlichen Gesellschaft, demzufolge Gedanke und Tat, Ideal und Leben als nicht vereinbare Gegensätze gegenübergestellt bleiben. Während Kleist statt der gesellschaftlich praktizierten Trennung für die Angleichung von Ideal und Leben plädiert und die Auffassung vorträgt, daß Ideen zum Zweck ihrer Verwirklichung in die Welt gesetzt seien, verkündet Savigny mit Nachdruck, daß es gut ist, daß

> das Reich der Gedanken von dem Reich der Taten getrennt bleibt. (...) welche Einschränkung auf allem Denken läge, wenn wir fürchten müßten, unsere Phantasien könnten in die wirklichen Verhältnisse Eingang finden. (...) Daß man die Philosophie nicht beim Wort nehmen, das Leben am Ideal nicht messen soll - das ist das Gesetz. (KON 50f)

Für Savigny gilt, daß der Verstoß gegen das Gesetz der Trennung von Philosophie und Wirklichkeit fatale Folgen nach sich zieht.

> Wer dagegen aufsteht, muß zum Verbrecher werden. Oder zum Wahnsinnigen. (KON 51)

Savignys Behauptung zufolge bleiben Kleist und Günderrode, die die Welt nicht "in gut und böse", "nicht in zwei Zweige der Vernunft, nicht in gesund und krank" (KON 85) teilen können und sich um die Visionen von Zusammenhang der Dinge, von einer menschlicheren Gegenwelt bemühen, weiterhin isoliert Randfiguren in der Gesellschaft.

Durch die hier beschriebene Teegesellschaft wird deutlich, daß in einer unflexiblen Gesellschaft, die auf die Stabilisierung des gegenwärtigen Systems zielt und deren Gesetz folgerichtig aus der Trennung von Ideal und Wirklichkeit besteht, eine Integration von Leben und Schreiben nicht möglich ist. Zugunsten von Vernunft, Regeln und Ordnung, die der herrschenden Schicht als Strategie der Machtsicherung dienen, wird die Emotionalität als etwas Irrationales unterdrückt.[181]

Dort, wo die wissenschaftliche Erkenntnis nur dem wirtschaftlichen Gewinn dient und Technik und Ökonomie die Zielsetzungen darstellen, die sich für den einen in Gewinnmaximierung, für den anderen im technischen Fortschritt erfüllen, wird Literatur jede

[181] Vgl. Peter F.Teupe: *Christa Wolfs 'Kein Ort. Nirgends'*, a.a.O., S. 218-222

Einwirkungsmöglichkeit auf die Gesellschaft abgesprochen. In ihrem Essay über Günderrode zieht Christa Wolf den Glauben an den Rationalismus in Zweifel und formuliert kritische Vorbehalte:

> gegen die eiskalte Abstraktion, diese ganze schauerliche Unbeirrbarkeit auf falsche, nicht mehr befragte Ziele hin, gegen die unaufhaltsame Verfestigung der zerstörerischen Strukturen, gegen das erbarmungslose Zweckmäßigkeitsdenken, die sich als Angst, Depression, als Hang zur Selbstzerstörung (...) niederschlagen.[182]

Nachdem die Restauration in Frankreich die Phase der Revolution abgelöst hat, ist der Einfluß der französischen Revolution in Deutschland geringer geworden. In Folge dieser zeitlichen Umwälzung dominieren jetzt in der Teegesellschaft die Pragmatiker und Tatmenschen, die sich nicht durch Ideen und Ideale ablenken lassen.

Vom Kreis der erfolgreichen Repräsentanten der bürgerlichen Welt bleiben Kleist und Günderrode ausgeschlossen, und auf die Rolle des Beobachters festgelegt sind sie Außenseiter, sie nehmen zwar an der Konversation teil, aber sie fühlen sich zunehmend den anderen entfremdet. Christa Wolf beschreibt die Außenseiterposition der beiden Protagonisten folgendermaßen.

> Eine kleine Gruppe von Intellektuellen - Avantgarde ohne Hinterland, wie so oft in der deutschen Geschichte nach den Bauernkriegen -, ausgerüstet mit einem ungültigen Ideal, differenzierter Sensibilität, einer unbändigen Lust, das neu entwickelte eigne Instrumentarium einzusetzen, trifft auf die Borniertheit einer unentwickelten Klasse ohne Selbstgefühl, dafür voll Untertanenseligkeit, die sich vom bürgerlichen Katechismus nichts zu eigen gemacht hat als das Gebot: Bereichert euch! (...) Fremdlinge werden sie im eignen Land, Vorgänger, denen keiner folgt.[183]

3. 4. "Avantgarde ohne Hinterland": Kleist und Günderrode als Außenseiter

Nach der Analyse der Widersprüche der bürgerlichen Gesellschaft wird nun in diesem Abschnitt der Versuch unternommen, den Ursachen der fortschreitenden Entfremdung der

---

[182] Christa Wolf: *Der Schatten eines Traumes*, a.a.O., S. 517

[183] Ebda., S. 514

beiden Schriftsteller von der Gesellschaft nachzugehen. Während Wissenschaftler, Geschäftsleute und Politiker die Erfüllung der Utopie in dem wissenschaftlich-technischen Fortschritt sehen, erkennen Kleist und Günderrode, daß ihre Existenz als Schriftsteller in Frage gestellt wird. Die Vorstellung von Kleist und Günderrode, daß die Literatur die Selbstwerdung des Menschen unterstütze und die Philosophie im Leben integriert werden müsse, stößt auf völliges Unverständnis bei den Vertretern der bürgerlichen Welt, die die beginnende Industrialisierung als Chance entdecken und für den ökonomischen Primat über die Selbstwerdung des einzelnen eintreten.[184]

Mit den Gesetzen der neuen Zeit, die die Trennung von Literatur und Leben fordern, wird die Sehnsucht nach Ganzheit von Kleist und Günderrode als wirklichkeitsfremd verurteilt. Die gemeinsame Feststellung der beiden von der Unvereinbarkeit poetischer Ideale mit den Anforderungen der bürgerlichen Gesellschaft, in der "die ernstesten, schmerzlichsten Dinge in einer Maskerade unter die Leute kämen," (KON 27) scheint ihrer Vermutung Geltung zu verschaffen, "ob nicht eine schwere Krankheit des Gemeinwesens sich hinter so viel lächelnden Mündern verstecke." (KON 27)

Durch den starken Zweifel daran, daß der Fortschritt von Technologie und Ökonomie zu einem menschenwürdigen Dasein führen, verdeutlicht sich das Außenseitertum beider Schriftstellerfiguren. Sie weichen als Ausnahme und Sonderfall von den bestehenden Normen der sich entwickelnden bürgerlichen Gesellschaft ab, die auf Nützlichkeitsdenken, Materialismus und patriarchalischen Strukturen basiert.[185]

Diesen Zustand, daß Schriftsteller ohne Möglichkeit von gesellschaftlichem Einfluß auf sich selbst und auf ihr Werk verwiesen werden und zum Außenseiter erklärt werden, formuliert Christa Wolf zutreffend mit "Zurückgeworfensein auf die Literatur" oder "Scheitern in der Literatur".[186] Kleist und Günderrode isolieren sich von der Gesellschaft, der moralische und ethische Werte fehlen, und die Literatur gerät in Gefahr, irrelevant zu werden.

Bei dieser Art von Selbstentfremdung und Selbstzerstörung handelt es sich nicht so sehr paradigmatisch um die allgemeine Künstlerproblematik, sondern sie lassen sich eher auf das reduzierte Leben von Autoren in einer hierarchisch geprägten Gesellschaft zurückführen, sie sind konkret als Folge allgemeiner gesellschaftlicher Entfremdung und Zerstörung zu sehen.

Die Situation von Kleist und Günderrode, als gesellschaftliche Außenseiter abgetan und nicht gebraucht zu werden, ist vergleichbar mit der existenziellen Krise, die Christa Wolf mit

---

[184] Vgl. Therese Hörnigk: *Christa Wolf*, a.a.O., S. 194f

[185] Vgl. Ebda., S. 200f

[186] Christa Wolf: *Projektionsraum Romantik,* a.a.O., S. 878

anderen Schriftstellern in der DDR nach der Biermann-Ausbürgerung ebenfalls erleben muß. Im Interview 1982 läßt sich die Gemeinsamkeit deutlich erkennen:

> Eine Gruppe von Autoren wurde sich darüber klar, daß ihre direkte Mitarbeit in dem Sinne, wie sie sie selbst verantworten konnte und für richtig hielt, nicht mehr gebraucht wurde.[187]

3. 4.1. Männlicher Identitätskonflikt und Schreiben

In der Figur Kleist wird gezeigt, wie sich die innere Zerrissenheit, die seine literarische Produktion erschwert, und die politischen Verhältnisse, an denen er zerbricht, gegenseitig bedingen. In den politischen Machtstrukturen, die um den ökonomischen Primat und Verabsolutierung der Wissenschaft kreisen und von der Wertbestimmung des Fortschittsbegriffs abstrahieren, wird die Rolle des Schriftstellers auf das ästhetische Legitimieren des gegenwärtigen Herrschaftsystems reduziert.

> Ein Staat kann keinen andern Vorteil, als den er nach Prozenten berechnen kann. Die Wahrheit will er nur so weit kennen, als er sie gebrauchen kann. (KON 70)

Kleist verdeutlicht, welche Maßstäbe für den Staat im Umgang mit dem Individuum gelten und welche Folge die staatliche Fremdbestimmung nach sich zieht.

> Soll der Staat meine Ansprüche an ihn, soll er mich verwerfen. Wenn er mich nur überzeugen könnte, daß er dem Bauern, dem Kaufmann gerecht wird: daß er uns nicht alle zwingt, unsere höheren Zwecke seinem Interesse zu unterwerfen. Die Menge, heißt es. Soll ich meine Zwecke und Ansichten künstlich zu den ihren machen? Und vor allem: Was ihr wirklich zuträglich wäre, ist noch die Frage. Nur stellt sie niemand. Nicht in Preußen. (KON 68)

Kleist besteht darauf, daß der Staat jedem gleichermaßen sein Recht gewährt und angemessen auf die Bedürfnisse seiner Mitglieder reagiert. Diese Ansichten stehen im Widerspruch zu den herrschenden Interessen des Staates, demzufolge das dem Wunsch nach gesellschaftlicher

[187] Ebda.

Verantwortung entstammende eingreifende Schreiben unterbunden oder in den privaten Raum der reinen Empfindsamkeit verbannt werden soll. Daraus ergibt sich bei Kleist die Frage nach der Mitverantwortung des Autors an der Erhaltung eines Staates, der den eigenen Vorstellungen widerspricht, was weiterhin zur Vertiefung der inneren Zerrissenheit führt.[188]

> Er finde viele Einrichtungen dieser Welt so wenig seinem Sinne gemäß, daß es ihm unmöglich sei, an ihrer Erhaltung und Ausbildung mitzuwirken. (KON 69)

So auflehnend und bitter Kleist sich der bestehenden Gesellschaftsordnung, die die freie Verwirklichung der Ideen verhindert und alles Abweichende unterdrückt, entgegenstellt, so unauflösbar ist doch sein Zwiespalt, da er sich trotz all seiner Kritik an der bürgerlichen Gesellschaft als Teil dieser Gesellschaft sehen will. Zu sehr ist er mit der Gesellschaft verbunden und in die patriarchalischen Gesetze verstrickt, als daß er sie radikal ablehnen und deren Leitwerte abschütteln könnte. Kleist sieht sich von der Bindung abhängig, die er selber als Unglück erkennt.

> Das Unglück, Herr Hofrat, von Bindungen abzuhängen, die mich ersticken, wenn ich sie dulde, und die mich zerreißen, wenn ich mich löse. Dies ist ein Übel, das mit den Jahren nicht sanfter, nur schneidender wird. (KON 41)

Diese Einstellung der Gesellschaft gegenüber läßt sich auf Kleists Ehrgeiz und die Sucht nach Ruhm zurückführen. Je geringer die Möglichkeit der gesellschaftlichen Einwirkung wird, desto stärker ist er vom verzehrenden Ehrgeiz besessen, durch das unanfechtbare Meisterwerk bewundert zu werden und Anerkennung zu erhalten. Mit der Fixierung auf das zu schaffende Meisterwerk strebt er nicht nur die Bestätigung seiner schriftstellerischen Identitäten an, sondern er will damit die Niederlagen und Demütigungen, die er so oft hat erfahren müssen, kompensieren.

In dem Maß, in dem ihm die Erkenntnis des Nichtgebrauchtwerdens klarer wird und ihm der Anspruch auf Mitwirken an der Gestaltung einer menschenwürdigen Welt vorenthalten bleibt, setzt bei Kleist der Zwang ein, sich durch das Meisterwerk zu beweisen.

> Es zereißt ihn, daß er denen nichts gilt. Das Werk ist nicht geschrieben, mit dem er auch diesen hier einst Schläge versetzen wird, daß sie in die Knie gehn sollen. (KON 34)

---

[188] Vgl. Peter F. Teupe: *Christa Wolfs 'Kein Ort. Nirgends'*, a.a.O., S. 174f

Festzuhalten bleibt, daß Kleists Ehrgeiz als ein rein männlicher zu deuten ist, wie er selber formuliert; "Sie, Günderrode, als Frau können es nicht wissen, was Ehrgeiz ist." (KON 100) Da Kleist auf den Ausdruck seiner eigenen Empfindung und Werte besteht und sich den konventionellen Kategorien, die auf "Harmonie, Mäßigung, Milde" (KON 14f) eingestimmt sind, nicht unterwerfen kann, verwundert es nicht, daß sein zwanghaftes Bemühen um das Meisterwerk letzten Endes scheitern muß.

Obwohl Kleist das Unmögliche versucht und den Widerspruch von Anspruch und Realität erkennt, geht die Fixierung auf das Meisterwerk soweit, daß das Gefühl des Versagens an dem selbst angelegten ehrgeizigen Maßstab selbstzerstörerisch gegen ihn wirkt. Damit bleibt Kleist in dem von ihm selber als problematisch erkannten männlichen Gesetz, "alles zu erreichen oder alles für nichts zu halten" (KON 108) verstrickt. Günderrode erkennt die Befangenheit in männlichen Normen bei Kleist als Schwäche und verweist auf die gefährliche Folge solcher Unterwerfung: "Wollen sie Ihr Leben von Furien gejagt durchlaufen!" (KON 101)

Darüber hinaus verdeutlicht das gescheiterte Unterfangen des Meisterwerkes das gesellschaftliche Dilemma des männlichen Künstlers, der aus Ehrgeiz und Ruhmsucht auf das Feindbild der Gesellschaft, das er sich aggressiv aufbaut, fixiert bleibt. Seine Abweichung von dem selbstzerstörerischen männlichen Dualismus des "Entweder-Oder" (KON 81) und den gesellschaftlichen Normen ist nicht stark genug, um die gesellschaftlichen Widersprüche verarbeiten zu können.

Hinzu kommt, daß er von der Gesellschaft, von der er geliebt und bewundert sein will, eher abgelehnt und ausgegrenzt wird, da sie sich durch seine Infragestellung der bestehenden Gesellschaftsordung bedroht sieht. Seine Wünsche nach gesellschaftlicher Nützlichkeit bleiben in den gegebenen Verhältnissen unerfüllt und die Macht- und Wirkungslosigkeit manifestiert sich in seiner materiellen Situation. Die Armut im Alltagsleben bestimmt weigehend seine Problematik, aus der er keinen Ausweg sieht.[189]

> Jemand fühle, ob nun zu Recht oder zu Unrecht, den Zwang in sich, einer Bestimmung zu folgen; seine Vermögensverhältnisse gestatten es ihm nicht, im Ausland zu leben und frei seinen Intentionen nachzugehn, noch auch in seinem Vaterland zu existieren, ohne ein Amt anzunehmen. (KON 64)

[189] Vgl. Annette Firsching: *Kontinuität und Wandel im Werk von Christa Wolf*, a.a.O., S. 136f

Vor die Wahl gestellt kann sich Kleist weder für das Amt, "zu dessen Erlangung er sich unerträglich erniedrigen müßte" und das "in jedem Sinn seiner Bestimmung zuwiderlaufen" (KON 64) würde, noch für die Unterwerfung unter die gewünschten ästhetischen Normen und den literarischen Marktmechanismus entscheiden. Gerade die von Merten vorgeschlagene Lösung, den Lebensunterhalt mit Schreiben zu verdienen, bleibt für Kleist vollkommen ausgeschlossen.

> Bücher schreiben für Geld? O nichts davon! ruft da der Kleist mit einer unerwarteten Heftigkeit. Soll ich auf einem mir entfernten, gleichgültigen Gebiet, dem Militärwesen, fremden Zwecken widerstanden haben, um mich ihnen dann auf meinem eigentlichsten Gebiet zu unterwerfen? (KON 65)

Kleists Dilemma besteht darin, daß ihm ohne Anpassung an die Gesetze des literarischen Marktes ein gesichertes materielles Auskommen unmöglich ist. Eine Alternative ist nicht in Sicht.

> Ein Amt oder die Literatur. Erniedrigung und ein bescheidnes Auskommen, oder die blanke Armut und ein ungebrochnes Selbstgefühl. (KON 71)

Einerseits kommt das Ausüben des bürgerlichen Berufs nicht in Frage, da er sich in erster Linie als Dichter versteht, andererseits kann er zum Erwerb des Lebensunterhalts seine literarische Produktion nicht verkaufen, da dadurch sein Schreiben als Ware vermarktet würde.

Sein Wunsch ist es, alles, was die Sicherheit einer bürgerlichen Existenz ermöglicht, zu erreichen: "Freiheit. Ein Gedicht. Ein Haus." (KON 87) Doch was Kleist für wünschbar hält, legt Günderrode als Ausdehnung des ganzheitlichen männlichen Denkens 'Alles oder nichts' aus: "Unvereinbares, das Sie vereinbaren wollen." (KON 87)

Darüber hinaus offenbart auch Kleists Wunsch, wie sehr er trotz seiner Verweigerung gegenüber der Mitwelt von der Verinnerlichung der bürgerlichen Werten geprägt ist.

3.4.2. Weiblicher Identitätskonflikt und Schreiben

Während Kleist an einem Staat, der nichts als "Strenge, Pflichterfüllumg, Selbstzucht" (KON

32) "als staatserhaltende Tugenden"[190] predigt und in seinem Autoritätsanspruch eine übermächtige und erdrückende Wirklichkeit repräsentiert, zerbricht, kann sich Günderrode nicht den gegebenen Verhältnissen anpassen, die den Bruch zwischen ihrem Streben nach der Selbstfindung und dem herrschenden weiblichen Rollenverständnis erzeugen.
In ihrem Essay über Günderrode, der etwa zur gleichen Zeit wie *Kein Ort. Nirgends* entsteht und als Kommentar zu *Kein Ort. Nirgends* gelesen werden kann, charakterisiert Wolf Günderrodes Leben folgendermaßen:

> Gezeichnet von einem unheilbaren Zwiespalt, begabt, ihr Ungenügen an sich und der Welt auszudrücken, lebt sie ein kurzes, ereignisarmes, an inneren Erschütterungen reiches Leben, verweigert den Kompromiß, gibt sich selbst den Tod.[191]

So sehr sich Kleist und Günderrode auch in ihren unerfüllten Wünschen und Idealen als Randfiguren in der Gesellschaft ähneln mögen, so sind sie doch durch ihre Geschlechtszugehörigkeit voneinander getrennt. Kleists und Günderrodes Gemeinsamkeit liegt im Außenseitertum, indem sie sich in die existierende Gesellschaftsordnung nicht einfügen können. Für ihre Identitätskonflikte finden sich jedoch unterschiedliche Gründe, die aus ihrer Unterschiedlichkeit der gesellschaftlichen Rahmenbedingungen resultieren.[192]
Bereits zwei vorangestelle Eingangszitate[193] von Kleist und Günderrode und die Vorstellung der beiden in je einem Paragraphen zu Beginn des Textes verweisen auf den Unterschied zwischen Kleist und Günderrode.

> Einer, Kleist, geschlagen mit diesem überscharfen Gehör, flieht unter Vorwänden, die er nicht durchschauen darf. Ziellos, scheint es, zeichnet er die zerrissene Landkarte Europas mit seiner bizarren Spur. Wo ich nicht bin, da ist das Glück.
> Die Frau, Günderrode, in den engen Zirkel gebannt, nachdenklich, hellsichtig, unangefochten durch Vergänglichkeit, entschlossen, der Unsterblichkeit zu leben, das Sichbare dem Unsichtbaren zu opfern. (KON 5f)

---

[190] Klaus L. Berghahn: *Die real existierende Utopie im Sozialismus. Zu Christa Wolfs Romanen.* In: Klaus L. Berghahn u. Hans Ulrich Seeber (Hrsg.): *Literarische Utopien von Morus bis zur Gegenwart.* 2. Aufl., Königstein/Taunus 1986, (S. 275-297) S. 289

[191] Christa Wolf: *Der Schatten eines Traumes,* a.a.O., S. 511

[192] Vgl. Sabine Wilke: *Ausgraben und Erinnern*, a.a.O., S. 87-92

[193] " Ich trage ein Herz mit mir herum, wie ein nördliches Land den Keim einer Südfrucht. Es treibt und treibt, und es kann nicht reifen. -Kleist- Deswegen kommt es mir aber vor, als sähe ich mich im Sarg liegen und meine beiden Ichs starren sich ganz verwundert an. -Günderrode-" (KON 5)

Kleist wird mit dynamischen Eigenschaften beschrieben, die in den Verben der Bewegung - fliehen, zeichnen - zum Ausdruck kommen. Doch sowohl im Eingangszitat als auch in der Vorstellung ist "eine Art von Negation der Handlung"[194] dominant: wie der Keim der tropischen Frucht, die im nördlichen Land nicht reifen kann, ist sein Versuch der Selbstverwirklichung zum Scheitern verurteilt. Seine Handlung kommt zu keinem Ergebnis, seine Bewegung ist ziellos. Nirgends findet er, wonach er sucht. So sieht er sich selber: "Wer bin ich. Lieutenant ohne Portepee. Student ohne Wissenschaft. Staatsbeamter ohne Amt. Autor ohne Werk." (KON 44)

Er leidet unter der Diskrepanz zwischen dem, was er erreicht hat und was er erreichen will, da er sich als Mann dem Erfolgsdruck nicht entziehen kann. Was dieses Leiden für ihn bedeutet, ist daran zu erkennen, daß er von einer traditionellen Rollenauffassung von Mann und Frau ausgeht und ihm die für "die Frau bestehende Möglichkeit des Rückzugs in die Privatheit des weiblichen Lebenszusammenhangs"[195] als Vorteil gilt.

> Sie ist versorgt, was immer das heißen mag; sie muß ihre Gedanken nicht an die trivialsten Erfordernisse des Alltags wenden. Daß sie keine Wahl hat, erscheint ihm als Gunst. Sie ist, als Frau, nicht unter das Gesetz gestellt, alles zu erreichen. (KON 107)
>
> Während die Frau hier, so unwahrscheinlich es ist, doch immer noch ihren Liebhaber finden kann, ein bescheidnes Haus, in dem sie Kinder um sich versammeln und ihre Jugendgrillen vergessen mag. (KON 108)

Während dem Mann Kleist die Möglichkeit zum Handeln eingeräumt wird, ist der Günderrode dagegen diese Möglichkeit genommen. Sie sieht sich tatenlos im Grab liegen: Hinter diesem Bild steckt ihr Konflikt, die Rollen von Frau und Dichterin, die nicht miteinander vereinbar sind, vereinbaren zu wollen, wie Wolf in ihrem Günderrode-Essay betont.

> Sie will vereinen, was unvereinbar ist: von einem Mann geliebt werden und ein Werk hervorbringen, das sich an absoluten Maßstäben orientiert. Ehefrau und Dichterin sein; eine Familie gründen und versorgen und mit eignen kühnen Produktionen in die Öffentlichkeit gehn: unlebbare Wünsche.[196]

---

194 Sigrun D. Leonhard: *Strategie der Annäherung. Zur Erzähltechnik in Christa Wolfs 'Kein Ort. Nirgends'.* In: The German Review 60 1985, (S. 99-106) S. 100

195 Sonja Hilzinger: *Christa Wolf*, a.a.O., S. 126

196 Christa Wolf: *Der Schatten eines Traumes*, a.a.O., S. 592

Stärker als der Mann Kleist ist Günderrode als Frau, als Stiftsdame und als Schriftstellerin an starre Konventionen ihrer Zeit gekettet, die die freie Entwicklung einer Frau nicht zulassen. Mehrfach gebunden an ihr Geschlecht, ihren Stand, ihre Armut ist ihr Handlungsraum weitaus eingegrenzter als der eines Mannes. Sie fühlt sich in Normen und Vorgaben der rigiden Geschlechtsrollen eingezwängt, die ihren inneren Wünschen entgegenstehen.

> (...) in den Gegensatz zwischen eine hochfliegende Natur und die beengtesten Verhältnisse gespannt. (...) eine Stille (...) die immer dichter, drohender und endgültiger wurde (...) und zu ersticken schien. (KON 17)

Günderrode orientiert sich an dem Ideal des tätigen Mannes, sehnt sich nach dem Handlungsraum des Mannes. Doch mit ihrer extremen Sensibilität für die Wirklichkeit erkennt sie die Ausweglosigkeit ihrer Situation, deren Schicksal an den Mann gebunden ist.

> Siebzehnjährig müssen wir einverstanden sein mit unserem Schicksal, das der Mann ist, und müssen für den unwahrscheinlichen Fall von Widersetzlichkeit die Strafe kennen und sie angenommen haben. Wie oft ich ein Mann sein wollte, mich sehnte nach den wirklichen Verletzungen, die ihr euch zuzieht! (KON 112f)

Das Leiden an der bedrückenden Enge und Begrenztheit der Wirklichkeit führt in die Verabsolutierung der literarischen Tätigkeit, die einen Hoffnungsschimmer auf Selbstverwirklichung zu beinhalten scheint: "Daß ich schreiben muß, steht mir fest. Es ist eine Sehnsucht in mir, mein Leben in einer bleibenden Form auszusprechen." (KON 25)
So besetzt die Literatur im Leben der Günderrode den Raum größter Selbstfreiheit, vor der reduziert empfundenen Realität, die das Ideal von Selbstverwirklichung und Selbstbestimmumg nicht zuläßt, auszuweichen und sich auf sich selbst zurückzuziehen.[197]

> Ich schreibe ein Drama, und meine ganze Seele ist damit beschäftigt. (...) ich liebe diesen Fehler, wenn es einer ist. Er hält mich oft schadlos für die ganze Welt. Und er hilft mir glauben an die Notwendigkeit aller Dinge, auch an die meiner eignen Natur, so anfechtbar sie ist. (KON 61f)

---

[197] Vgl. Rosani Ketzer Umbach: *Schweigen oder Schreiben. Sprachlosigkeit und Schreibzweifel im Werk Christa Wolfs(1960-1990).* Berlin, Diss., 1997, S. 156-158

Daß Günderrode schreibend die Aufhebung der Nichtidentität von Ideal und Realität anstrebt und dabei mit einem gewissen Anspruch auf literarischen Wert auftritt, gilt schon als Verstoß gegen das geschlechtsspezifisch determinierte Frauenbild. Kleist, der selber unter der Strenge und Willkür der gesellschaftlichen Normen zu leiden hat, bleibt andererseits ähnlich wie die anderen Männer der Salonrunde doch in die Zuschreibung eines bestimmten Rollenverhaltens von Mann und Frau verstrickt und hält Günderrodes literarische Betätigung für unweiblich: "Sie dichtet? Fatal. Hat sie das nötig? Kennt sie nichts Bessers, sich die Langeweile zu vertreiben?" (KON 21)

Günderrode wirkt auf ihre Umgebung, die einer Frau das Recht auf Selbstfindung und freie Entwicklung abspricht, als exzentrische Ausnahme, da ihr Drang, durch das Schreiben zu ihrem eigenen Selbstverständnis als Frau zu gelangen, von den gesellschaftlich Frauen zugeschriebenen Eigenschaften abweicht: "Unheimlich bin ich ihnen, (...) Ich bin unter ihnen nicht heimisch." (KON 37) Sie erstrebt nicht den Einklang mit den gesellschaftlichen Normen, sondern sucht einen Ausdruck für ihren Wunsch nach Selbsterkenntnis und Unabhängigkeit in der Literatur. Dafür wird sie als "unbeherrscht, unberechenbar, maßlos, outriert" (KON 59) angesehen.

Brentano tadelt gemäß der anmaßenden männlichen Logik das Selbstbewußtsein der Günderrode, die "es sich herausnehme, in einem für ihr Geschlecht ungewöhnlichen Maße gerecht zu sein" (KON 28), als "hochmütig". Aufgrund der einengenden gesellschaftlichen Konventionen, die eine Frau nicht als Autorin akzeptieren, nimmt Günderrode den Preis der Selbstverleugnung der eigenen Identität und Person in Kauf und veröffentlicht 1804 zum ersten Mal unter dem männlichen Pseudonym "Tian" ihre *Gedichte und Phantasien* und erhält eine vernichtende Rezension im "Freymütigen".

Daraufhin fühlt sich Brentano, "der Dichter des Establishments"[198], der erwartet, von Günderrode als Mentor akzeptiert zu werden, in seiner männlicher Selbstherrlichkeit gekränkt, da Günderrode ohne seine Zustimmung mit ihrem Werk selbständig in die Öffentlichkeit getreten ist. Er geht in seiner bornierten Überheblichkeit soweit, daß er einer Frau schöpferische Potenz nicht zugesteht, als Günderrode ihm ihr poetisches Bekenntnis offenbart.

> Clemens, sagt die Günderrode, einem Mann hätten Sie das nicht gesagt. Warum wollen Sie mir nicht zugestehn, daß ich in der Poesie wie in einem Spiegel mich zu sammeln,

[198] Mechthild Quernheim: *Das moralische Ich,* a.a.O., S. 204

mich selber zu sehen, durch mich hindurch und über mich hinaus zu gehn suche. (KON 36)

Im Gegensatz zu Kleist sucht die Günderrode, in der Liebe die Möglichkeit, mit sich selbst identisch zu sein und sich weiter zu entwickeln. Liebe ist für die Günderrode genauso wie Schreiben das Maß für Selbsverwirklichung. Ihrem Wunsch, erkannt und geliebt zu werden, steht jedoch die tiefe Enttäuschung gegenüber: "Daß wir nicht darauf rechnen können, gekannt zu werden." (KON 28)
Ihr Zweifel an der Liebesfähigkeit der Männer bestätigt sich vor allem in ihrer Beziehung zu Savigny, die unerfüllt bleibt. Savigny, der sich zur Übereinstimmung mit den normativen Vorgaben der bürgerlichen Gesellschaft bekennt, erweist sich auch im Umgang mit der Günderrode als Philister und bleibt auf das patriarchalische Frauenbild fixiert. So bringt er Günderrodes Ehrgeiz und Unbedingtheit im Schreiben kein Verständnis entgegen. Stattdessen klagt er über ihre "outrierte Selbständigkeit". (KON 59)
Savignys männliche Überheblichkeit, die keinerlei Akzeptanz für eine Gleichstellung zwischen Mann und Frau zeigt, wird allein schon durch die Anrede der Günderrode als "Günderrödchen" deutlich. Günderrode nennt Savigny 'Sie' und spricht ihn mit seinem Nachnamen förmlich an. Dagegen dutzt Savigny Günderrode durchgängig und redet sie mit der herablassenden Form des Diminutivs an.

So hörst du nicht richtig hin, Günderrödchen, ich merk es an deinem Ton. Ich habe dir oft über deinen Mangel an Vertrauen, über deine outrierte Selbständigkeit geklagt.
Sie sind sehr freudlich. Sie sagen outriert, um nicht verstiegen zu sagen. Auch daß Sie mir ausdrücklich verboten, Sie du zu nennen, war bedeutungsvoll, sehr bedeutungsvoll. (KON 59)

In der Beziehung zu Savigny gelingt Günderrode eine andere Art von Liebe nicht, die "Herrschaft, Unterordnung, Eifersucht (und) Besitz"[199] ausschließt und zur Realisierung des Ideals von Selbstverwirklichung und Selbsterkenntnis beitragen könnte. Die Ursache für das Scheitern ihrer Liebe zu Savigny liegt darin, daß er nicht fähig, beziehungsweise gewillt ist, sie mit ihren Wünschen und Einsichten zu erkennen und zu lieben. Mit der Abwehrhaltung gegenüber der unabhängigen Frau weist er ihren Anspruch auf Selbstverwirklichung als

199 Christa Wolf: *Der Schatten eines Traumes*, a.a.O., S. 531

unheimlich ab. Wie sehr Savigny in den alten Klischees des patriarchalischen Rollenschemas verharrt, spiegelt sich in seiner Vorstellung einer Idealfrau wider.

> Nicht zu weich sein und zu wehmütig und zu sehnsüchtig - Klar werden und fest und doch voll Freude am Leben. (KON 47)
> Aber du weißt es doch selbst, was außer Vortrefflichkeit nötig ist: das rechte Verhältnis von Selbständigkeit und Hingabe. (KON 59)

Günderrode kann sich nicht in die Rolle einordnen, die die bürgerliche Gesellschaft einer Frau abverlangt, sie kann keinen Kompromiß eingehen. Mit ihrem Bemühen um eine neue Lebensweise verkörpert sie eher das Gegenbild zu der herrschenden Vorstellung einer Frau, in der die Tugend der Frau durch "Hingabe, Unterordnung und Selbstverzicht"[200] vorgegeben wird.

Ihrem Drang zur Unabhängigkeit steht dann auch die resignative Einsicht gegenüber: "Sie sagt, nach ihrer Beobachtung gehöre zum Leben der Frauen mehr Mut als zu dem der Männer." (KON 94) Mit ihrem Wunsch, "nicht durch den Mann, sondern durch sich selber leben (zu) wollen"[201] verstößt die Günderrode gegen zwei Konventionen zugleich: Sie will als unabhängige Frau die Liebe ohne Besitznahme und Unterordnung erleben und sie will als Schriftstellerin mit ihrer Dichtung in der Gesellschaft eine Rolle spielen. Mit diesen "unlebbare(n) Wünsche(n)"[202] ist die Günderrode in ihrer Zeit, die ihre "hochfliegende Natur" (KON 17) durch "Forderung, Gesetze und Zwecke"(KON 8) zu unterdrücken droht, zum Scheitern verurteilt.

Wolf kommt es hier darauf an, am Beispiel der Günderrode den Wurzeln der ausweglosen Leidenschaften der Frauen nachzugehen, die "zwischen ihrem Anspruch und Wollen und den gesellschaftlichen Implikationen der geltenden Frauenrolle zerrieben werden."[203]

> Frauen, die es fertigbringen, ihre eigne Lage zu reflektieren - ein Vorrecht, das wie jedes Privileg seinen Preis hat, der heißt: Aufgabe von Geborgenheit, von Sicherheit, Verzicht auf das frühere Selbstverständnis der abhängigen Frau, ohne die Gewißheit, eine neue Identität zu gewinnen. Ursprünglichkeit, Natürlichkeit, Wahrhaftigkeit, Intimität gehören

---

200 Klaus L. Berghahn: *Die real existierende Utopie im Sozialismus*, a.a.O., S. 289
201 Christa wolf: *Der Schatten eines Traumes*, a.a.O., S. 531
202 Ebda., S. 529
203 Sonja Hilzinger: *Christa Wolf*, a.a.O., S. 112

zu ihrem universalen Glücksanspruch; sie lehnen ab, was die Hierarchie verlangt: Kälte, Steifheit, Absonderung und Etikette.[204]

3. 5. Der Prozeß der Annäherung zwischen Kleist und Günderrode

Zu den anwesenden Pragmatikern und Wissenschaftlern, die für Ideale kein Verständnis haben und nur "die Neugier auf das, was unanfechtbar, folgerichtig und lösbar ist," (KON 81) kennen, finden beide Protagonisten keinen Kontakt, sie bleiben als Außenseiter isoliert. Vor allem in den Dialogen, in denen die anderen Beteiligten an den beiden vorbeireden, wird die Außenseiterposition der beiden Protagonisten deutlich. Sie fühlen sich dem ihnen fremden Prinzip, welches die Teegesellschaft im Salon verkörpert, entfremdet. Kleist erkennt, daß statt spontaner und natürlicher Umgangsform sich das Zusammensein der Menschen nach Mustern abspielt.

> Jetzt höllisch achtgeben, daß ich meinen Kopf nicht zwischen den Händen presse, vor allen diesen Leuten. Welch schöner Saal. Was für gefällige Menschen. Wie sie eigentümliche Figuren bilden, nach Regeln, die ich niemals lernen oder begreifen werde. (KON 15)

Günderrode formuliert auch ähnlich, daß die Gruppe auseinanderfällt, da kein innerer Zuasmmenhang besteht.

> Auf einmal sieht sie, wie es ihr oft geschieht, abgelöst von sich und allen, das Muster, das die Beziehungen der Menschen in diesem Raum abgeben würden, als grafische Zeichnung auf einem riesigen weißen Papier, merkwürdiges Gewirr vielfältig verbundener, unterschiedlich starker, auch plötzlich unterbrochener Linien. (KON 38)

Die Enttäuschung der beiden von der Salongesellschaft in die Außenseiterrolle Gedrängten dient als gemeinsame Basis, die zur Annäherung der beiden Dichterfiguren führt. Sowohl Kleist als auch Günderrode erkennen, daß sie in ihrem Leiden an der Diskrepanz zwischen ihrem Wunsch nach künstlerischer Selbstverwirklichung und den gesellschaftlichen

---

[204] Christa Wolf: *Der Schatten eines Traumes* , a.a.O., S. 522

Beschränkungen verwandt sind. Diese Gemeinsamkeit setzt das gegenseitige Interesse frei, langsam entwickelt sich eine Kontaktaufnahme.[205]

Die Annährung findet zunächst nur gedanklich statt. Kleist ist von Beginn an mit der Günderrode, die ihn erstaunt, so stark beschäftigt, daß sie in ihm erneut Erinnerungen und Reflexionen über seine Beziehungen zu anderen auslöst.

> Diese Frau ist unbeugsam; herrisch zu sein, hat sie nicht nötig. Sie weckt Kleist seltsame Erinnerungen. Jetzt, da sie versöhnlich lacht, (...) eben jetzt erinnert er sich der losen Haarnadeln seiner Wilhelmine. (...) Er der Liebende, (...) und Wilhelmine, (...) die nahe, zärtliche Braut. Das feine Arom von Enttäuschung, das den Vorgang durchdringt. Ach diese angeborene Unart, immer an Orten zu sein, wo ich nicht lebe, oder in einer Zeit, die vergangen oder noch nicht gekommen ist. (KON 28f)

Schon bald beobachtet Kleist fast ausschließlich Günderrode und fragt sich, " Soll eine Frau so blicken?" (KON 10) Kleist ist in einer ambivalenten Haltung der eigenständigen Günderrode gegenüber befangen. Sie irritiert ihn sowohl durch ihren Blick, den er negativ als männliche Eigenschaft definiert, als auch durch weibliche Schönheit.

> Seine märkischen Fräuleins haben diesen Blick nicht, auch die Dresdnerinnen nicht, so lieb sie ihm sein mögen, nicht zu reden von den Schweizer Mädchen - soweit es ihm erlaubt ist, von dem einen, das er kennt, auf die andern zu schließen. Und die Pariserin, die die Natur verleugnet... (...) Ein unsichtbarer Kreis ist um sie gezogen, den zu übertreten man sich scheut. (KON 10f)

Kleist bemerkt, daß diese Frau, die für ihn nicht einzuordnen ist, aus dem Rahmen des bürgerlichen Frauenbildes herausfällt. Es ist gerade ihre Andersartigkeit, die ihm die Suche nach einer passenden Benennung erschwert.

> Er wüßte, falls es dazu kommen sollte, jene Frau da drüben nicht anzureden. (...) Er käme in Verlegenheit, schwer zu sagen, warum. Fräulein kommt ihm unpassend vor. Er kann eine Sache nicht abtun, für die er das Wort nicht findet. (...) wie sie da steht, sich nicht aufdrängt, sich nicht ausdrücklich entzieht. Dame. Mädchen. Weib. Frau. Alle

[205] Vgl. Sigrun D. Leonhard: *Strategien der Annäherung*, a.a.O., S. 105

> Benennungen gleiten von ihr ab. Jungfrau: lächerlich, beleidigend sogar; (...) Jünglingin. Kurioser Einfall, weg damit. (KON 20f)

Günderrodes Wahrnehmung der Anwesenheit Kleists findet erst später über ihr Körpergefühl statt und sie versucht zunächst, ihre Interessen rational im gedanklichen Bereich zu belassen, indem sie ihrer Hoffnung Ausdruck verleiht, mit ihm über Literatur zu kommunizieren.

> Die Günderrode spürt den Blick zwischen ihren Schulterblättern, schüttelt ihn ab. Der Fremde, den Wedekind eingeführt hat, steht stocksteif auf dem gleichen Fleck, allein. (KON 20)
>
> Was geht mich übrigens der fremde Gast eines fremden Hauses an. Vielleicht gibt sich nachher die Gelegenheit, diesen Kleist wissen zu lassen, daß ich sein Stück gelesen hab. Den Autor möcht ich sehen, dessen Laune sich nicht augenblicklich bessert, wenn in Gesellschaft sich einer als sein Leser bekennt. (KON 22)

Kleist spürt mit zunehmender Verwunderung, daß Günderrode ihm immer wieder zum Anlaß wird, einen Teil von sich selbst in ihr zu erkennen und über sich und die verdrängten und geleugneten Reflexionen erneut nachzudenken.

> (...) gewisse Träume seiner Jünglingsjahre, deren er sich heute schämt, (...) Zutrauen kein Unding, Liebe kein Phantom. (KON 76)
>
> Die Frau. Als habe sie eine Ahnung von dem entsetzlichen Widerspruch, auf dessen Grund das Verderben der Menschheit liegt. Und als brächte sie die Kraft auf, den Riß nicht zu leugnen, sondern zu ertragen. (KON 81)

Günderrode sieht Kleist als den einzigen von allen Anwesenden, der den Selbstbewußten, die "an nichts gefesselt sind als an ausführbare Pläne und Ziele" (KON 33), entgegensteht und sich dem Mechanismus der patriarchalischen Gesellschaft, die zugunsten von Vernunft, Regeln und Ordnung alle emotionalen Anteile unterdrückt, entzieht. Aus diesem Grund ist Kleist in ihren Augen am ehesten in der Lage, sich dem Gegenteil zu all dem, was die Gesellschaft kennzeichnet, auszusetzen und das Unkonventionelle auszusprechen.

> Da sagt die Günderrode, als spräche sie für ihn: Menschen, die sich nicht über sich selbst betrügen, werden aus der Gärung einer jeden Zeit Neues herausreißen, indem sie es aussprechen. (KON 83)

Durch die Blickwinkel beider Protagonisten und durch den Wechsel von inneren Monologen und kurzen Gesprächen wird nicht nur deutlich, daß sich beide Figuren in der Gesellschaft als Außenseiter fühlen, sondern auch, daß sie gegenseitig ihre Gemeinsamkeit des Außenseitertums entdecken.

3. 6. Die Natur als Ort der Berührung

Etwa in der Mitte des Textes entwickelt sich der Übergang zu einer zweiten Art von Begegnung. Am späteren Nachmittag verläßt die Gesellschaft den Salon für einen Spaziergang an die Ufer des Rheins. Mit dem Szenenwechsel aus dem geschlossenen engen Raum in die freie Natur tritt eine Wende im Verhältnis zwischen Kleist und Günderrode ein.
Im Anschluß an die bisherige gedankliche Wahrnehmung beherrscht das Gespräch die Begegnung. Die beiden gehen im Freien ungezwungener miteinander um und bewegen sich aufeinander zu. Während Kleist und Günderrode im Salon einer reflexiven Auseinandersetzung verhaftet blieben und sich die Ansätze zum offenen Gespräch nicht weiter entfalteten, ist die abwehrende Haltung, der die beiden erlagen, während des Spaziergangs in der Natur aufgegeben. Erst in der freien Landschaft gelingt ihnen der Versuch, die verborgenen Gedanken preiszugeben und die normierten Verhaltensregeln und die konventionelle Sprache der bürgerlichen Salongesellschaft zu überwinden.[206] Die Weite der Natur dient einem Gespräch, das auf Austausch und Offenheit zielt.
Besonders Kleist erlebt schon mehrmals an früheren Stellen die Natur als Ort, in dem er das Gefühl von Identität mit sich selber empfinden kann. Seine Naturwahrnehmung geht über die bloße Betrachtung hinaus. In der Beschreibung der Naturerscheinungen werden jeweilige Empfindungen aufgespürt und zu Worten verdichtet. Landschaften dienen Kleist als Orte seiner Sehnsucht, als Möglichkeit, fernab von Schmerz und Verzweiflung des wirklichen Lebens das Gefühl der Freiheit im Moment der Einheit mit sich zu erleben.[207]

---

[206] Vgl. Ulrike Growe: *Erfinden und Erinnern. Typologische Untersuchungen zu Christa Wolfs Romanen 'Kindheitsmuster', 'Kein Ort. Nirgends' und 'Kassandra'* . Würzburg 1988, S. 61- 88
[207] Vgl. Sonja Hilzinger: *Christa Wolf*, a.a.O., S. 124

> Die Nacht, denkt Kleist, es war im Dezember, da ich in die Schweiz kam, den Boden meines neuen Vaterlands betrat. Ein stiller Landregen fiel. Ich suchte Sterne in den Wolken. Nahes und Fernes, alles war so dunkel. Mir war's wie ein Eintritt in ein anderes Leben. (KON 67)

Die Erfahrung, daß er während des Rückzugs von der französischen Küste in einer klaren Nacht eine befreiende Ausweitung empfand, wird beispielsweise durch die Natur, ein "flachwelliges Gelände" , vermittelt.

> Wenn er in der Senke war, lagen die Hügel um ihn wie die Rücken großer warmer Tiere, er sah sie atmen, er stand still und fühlte den Herzschlag der Erde unter seinen Fußsohlen, (...) Er vergaß sich, ohne sich aufzugeben, (...) er streckte sich aus und hatte an Leib und Gliedern erfahren, was Freiheit ist, ohne daß das Wort ihm ein einziges Mal in den Sinn gekommen war. (KON 98f)

Die Natur wird für Kleist zum "Bestandteil der Außenwelt", in dem sich das Innere seiner "sich beengt fühlenden Persönlichkeit" [208] unverhüllt äußern kann. Infolge dieser Naturauffassung wird von Kleist der Spaziergang außerhalb des Salons zum ersten bewußten Anlaß genommen, in das befreiende Gespräch mit der Günderrode einzutreten. Dies gelingt ihm mit Hilfe der Günderrode, die draußen zur Initiatorin wird, ihn in ihre Richtung zieht. Die Trennung von der Gruppe geht bezeichnenderweise von der Frau aus.

> Kommen Sie, Kleist, sagt die Günderrode, nimmt seinen Arm und zieht ihn stromaufwärts, während die übrige Gesellschaft den rechten Uferweg einschlägt. (KON 88)

Erst nachdem die beiden die Gruppe verlassen und zu zweit stromaufwärts spazierengehen, stehen sie sich offen gegenüber und finden zueinander und zu sich selber. Die Weite der Natur entspricht den Voraussetzungen eines aufrichtigen offenen Gesprächs, das die beiden dazu führt, sich selber und ihr Gegenüber besser kennenzulernen. Sie erkennen sich sowohl als Menschen mit gemeinsamen Ideen und Idealen als auch als Leidende unter dem bürgerlichen Rollenverständnis.

---

[208] Ebda.

Dabei wird die Günderrode erkennnismäßig als Überlegene gezeigt. Leichter als Kleist geht die Günderrode auch hier mit der Spannung zwischen Kleists ambivalenter Haltung einer Frau gegenüber und der Vorurteilslosigkeit ihrerseits um und ermöglicht ihm, seine verborgensten Zweifel und seine tief liegende Verunsicherung über die eigene widersprüchliche Identität zu artikulieren.

> Manchmal, sagt Kleist - irgend etwas an dieser Frau entzieht ihm wie ein Magnet die angreifbarsten Geständnisse -, manchmal ist es mir unerträglich, daß die Natur den Menschen in Mann und Frau aufgespalten hat. Das meinen Sie nicht, Kleist. Sie meinen, daß in Ihnen selbst Mann und Frau einander feindlich gegenüberstehn. Wie auch in mir. (KON 105)

Daß Kleist die Trennung der Geschlechter als naturgeschichtlich bedingt deutet, liegt unter anderem an der Angst, sich selbst im anderen Geschlecht zu erkennen und auf diese Weise seine widersprüchliche Identität zu akzeptieren. Während Kleist seine Befangenheit in dem konventionellen geschlechtlichen Antagonismus offenbart, spürt die Günderrode, daß Kleists Internalisierung des traditionellen Rollenverständnisses die problematische Projektion seiner inneren Spaltung einschließt[209].

Ebenso empfindet Kleist den Widerwillen gegenüber der männlichen Seite in Frauen. Kleist beobachtet zu Beginn des Textes die Günderrode und beschreibt sie spontan als "Jünglingin", aber er wehrt sich dagegen.[210]

> Kleist unterdrückt das Wort, das ihm zu passend scheint. Dem Widerwillen gegen Zwitterhaftes geht er nicht auf den Grund. (KON 21)

---

209 Vgl. Sabine Wilke: *Ausgraben und Erinnern*, a.a.O., S. 131-134

210 Auf die Frage, ob sich die Abwehr der männlichen Leser nicht etwa gegen die androgynen Züge von Kleist in *Kein Ort. Nirgends* richtet, sieht Christa Wolf die Ursache des geschlechtlichen Antagonismus in der Unfähigkeit zum produktiven alternativen Denken. "Die (Abwehr von Männern, HjH) richtet sich manchmal ausgesprochen gegen die 'weibischen' Züge bei Kleist! Neulich hat mir jemand gesagt, Kleist sei der Autor des Kohlhaas, ein entschlossener, mutiger, zupackender Autor, und ich würde ihn mit 'weibischen' Zügen ausstatten und daher verzeichnen. (...) Ich glaube, es ist ein diffuseres Unbehagen gegen alles Zwitterhafte, gegen die fließenden Übergänge, dagegen, daß es nun einmal nicht nur so oder nur so ist, Freund-Feind, männlich-weiblich; eine Angst, miteinander, nicht gegeneinander leben zu lernen. Nicht in starren Antinomien, sondern in fließenden Übergängen; in produktiven Alternativen, die nicht tödlich sein müßten. Dies hat man nicht gelernt; dazu ist man nicht erzogen worden; das in Erwägung ziehen zu sollen, macht Angst." Christa Wolf: *Projektionsraum Romantik*, a.a.O., S. 894f

Gegen Ende des Spaziergangs findet die wirkliche Berührung der beiden statt und die gedankliche Annäherung wandelt sich kurzfristig in wahrgenommene Kontakte. In dem kurzen Moment des Gefühls des gegenseitigen Verständnisses gelingt den beiden die gemeinsame Grenzüberschreitung, die sich in dem Mut zeigt, die Maskerade abzulegen und Offenheit zu riskieren. Der Ausblick auf eine mögliche Versöhnung mit der Welt und sich selbst, d. h., mit allen sich feindlich gegenüberstehenden Ich-Anteilen, bildet den Höhepunkt des gegenseitigen Erkennens.[211]

> Sie bleiben stehn, drehn sich einander zu. Jeder sieht den Himmel hinter dem Kopf des andern (...) Sie mustern sich unverhohlen. Nackte Blicke. Preisgabe, versuchsweise. Das Lächeln, zuerst bei ihr, dann bei ihm, spöttisch. Nehmen wir es als Spiel, auch wenn es Ernst ist. Du weißt es, ich weiß es auch. Komm nicht zu nah. Bleib nicht zu fern. Verbirg dich. Enthülle dich. Vergiß, was du weißt. Behalt es. Maskierungen fallen ab, Verkrustungen, Schorf, Polituren. Die blanke Haut. Unverstellte Züge. Mein Gesicht, das wäre es. Dies das deine. Bis auf den Grund verschieden. Vom Grund her einander ähnlich. Frau. Mann. Unbrauchbare Wörter. Wir, jeder gefangen in seinem Geschlecht. Die Berührung, nach der es uns so unendlich verlangt, es gibt sie nicht. Sie wurde mit uns entleibt. Wir müßten sie erfinden. In Träumen bietet sie sich uns an, entstellt, schrecklich, fratzenhaft. Die Angst im Morgengrauen, nach dem frühen Erwachen. Unkenntlich bleiben wir uns, unnahbar, nach Verkleidung süchtig. (KON 108f)

Die ersehnte Berührung bleibt jedoch nur für einen kurzen Zeitraum und kann nicht aufrechterhalten werden, denn die Hoffnung auf die Aufhebung der Grenzen des Geschlechts bleibt auf diesen Augenblick beschränkt und das, was den beiden gelingt, ist in dieser Gesellschaft nicht zu realisieren. Ganz im Gegenteil: denn der Anspruch auf Ganzheitlichkeit ist für die Gesellschaft gefährlich und die Menschen müssen "sich gegen uns wehren". (KON 109)

3. 7. Hoffnung auf einen lebbaren Ort

Der entscheidende Moment der Begegung zwischen beiden Protagonisten, auf die hin die ganze Handlung konsequent angelegt ist, verkörpert zwar die utopische Dimension für diesen

[211] Vgl. Annette Firsching: *Kontinuität und Wandel im Werk von Christa Wolf*, a.a.O., S. 140-142

Augenblick des Erkennens; den beiden leuchtet die Möglichkeit von Vertrauen und Offenheit auf. Angestrebt wird eine neue Gemeinsamkeit, in der sich Mann und Frau nicht mehr fremd gegenüberstehen. Aber dieser kurze Moment ist nicht von Dauer und führt zu keiner Veränderung, die die Vermittlung zwischen den Idealen der Außenseiter und der gesellschaftlichen Realität übernimmt, da die subjektiven Bedürfnisse nach der Ganzheit ohne das soziale Umfeld nicht zu erfüllen sind. Die Überwindung der Entfremdung setzt die Aufhebung der Widersprüche in der Gesellschaft voraus.

Fragwürdig ist die am Ende des Textes gelungene Berührung zwischen Kleist und Günderrode nicht nur deshalb, weil sie den als verkehrt empfundenen Gesetzen, die ihnen die Gesellschaft auferlegt, dennoch unterworfen bleiben. Unklar bleibt auch, ob die gesellschaftlich bedingte Unfreiheit und Entfremdung im individuellen Akt aufhebbar ist. Wie es von Klaus Berghahn formuliert wird, bleibt die Frage offen, "wie dieses Modell eines utopischen Augenblicks, der in sich höchst fragil ist, in die Gesellschaft zurückwirken soll, um all das aufzuheben, was die totale Subjektwerdung des Menschen hindert."[212] Die Ambivalenz des utopischen Charakters bestimmt die Begegnung so weitgehend, daß dem Aussprechen der Sehnsucht gleichzeitig der Zweifel entgegengesetzt wird.

Das Leiden an der Gesellschaft, mit deren Gesetzen sie nicht übereinstimmen und deren reduziertes materielles Wirklichkeitsverständnis für Kleist und Günderrode nur die Grenze des Reichtums ihrer inneren Wirklichkeit bedeutet, mündet in die Negation der gesellschaftlichen Wirklichkeit. Kleists Klage, "Ach diese angeborene Unart, immer an Orten zu sein, wo ich nicht lebe" (KON 29) findet ihre Entsprechung schon am Textanfang in Günderrodes Eingeständnis der Ohnmacht: "An jedem Ort kann sie (...) ihren Leichnam liegen sehen." (KON 9)

Obwohl die Rollenzwänge und Herrschaftsysteme den Traum eines ganzen Lebens scheitern lassen und die Möglichkeit eines erfüllten Lebens angesichts des unerfüllbaren Wunsches nach der Einheit von Ideal und Wirklichkeit, Denken und Handeln negiert wird, ist diese Benennung nicht nur zur Bestätigung für eine depressive Haltung der Hoffnungslosigkeit bestimmt. Es geht vielmehr um das Bewußtmachen der Ursache für das Leiden an der Gesellschaft, zumal die Negation des ganzen Lebens die Funktion des Festhaltens an der Utopie und eine gewisse Hoffnung ausdrückt.[213] Der Titel, der sich als Doppelaussage

[212] Klaus L. Berghahn: *Die real existierende Utopie im Sozialismus*, a.a.O., S. 290f

[213] Zum Utopischen in *Kein Ort. Nirgends* vgl. Sigrun D. Leonhard: *Strategie der Annäherung*, a.a.O., ; Barbara Gentikow und Kirsten Soholm: *Christa Wolfs 'Kein Ort. Nirgends' und 'Kassandra' oder Lebensbedingungen des Utopischen in der Literatur und ästhetischen Theorie der DDR*. In: Text und Kontext, 12 (1984), S. 387-409

interpretieren läßt, weist schon auf den utopischen Impuls hin.[214] Einerseits verdeutlicht die Negierung jedes Orts, daß Kleist und Günderrode in dieser Welt keinen Ort zu leben haben, andererseits bezeichnet der Titel als die deutsche Übersetzung des griechischen Wortes 'u-topos', von dem Utopie abgeleitet ist, aber auch die zweite Bedeutung 'Utopia'.[215]
Kleists und Günderrodes Visionen vom ganzen Menschen sind unlebbare Wünsche, für die es noch keinen Ort in ihrer Gesellschaft gibt, die durch die fundamentale Spaltung in Tätige und Denkende, gut und böse, Phantasie und Wirklichkeit, Philosophie und Leben gekennzeichnet ist. Deshalb formuliert Kleist als Fazit die Negierung jedes Ortes.

> Die Erleichterung, als er die Hoffnung auf eine irdische Existenz, die ihm entsprechen würde, aufgab.
> Unlebbares Leben. Kein Ort, nirgends. (KON 108)

Trotz der ausweglosen Situation bleibt die zentrale Aussage nicht bei dieser Negation. Kleists Zweifel wird von der Günderrode die Hoffnung als Abwehr gegen eine bedrohliche Entwicklung entgegengehalten: "Wenn wir zu hoffen aufhören, kommt, was wir befürchten, bestimmt." (KON 117)
Nach der Analyse der Widersprüche der Gesellschaft, die für die beiden eine totale Selbstentfremdung bedeuten, handelt es sich nun um den Hinweis auf die Möglichkeit, die für die beiden noch weit entfernt ist, aber in Zukunft in Wirklichkeit umgesetzt werden muß. In dieser Struktur, die nach der Doppelheit von Analyse und Vision ausgerichtet ist, spiegelt sich die Kategorie des utopischen Denkens wider. Die Analyse der gesellschaftlichen Verhältnisse ist im Sinne einer unauflösbaren Spannung von Wirklichkeit und Ideal zukunftsorientiert und das Nebeneinander von Analyse und Vision ist das wesentliche Strukturmerkmal des utopischen Denkens.[216]
Um die beiden Pole des utopischen Denkens in *Kein Ort. Nirgends*, "Kritik der gegenwärtigen Gesellschaft und Antizipation der besseren Zukunft",[217] genauer zu vestehen, empfiehlt sich die Bezugnahme auf die bereits erwähnte Antwort von Günderrode: "Wenn wir zu hoffen aufhören, kommt, was wir befürchten, bestimmt." (KON 117) In dieser Überlegung lassen

---

214 Vgl. Birgitta Schuler: *Phantastische Authentizität. Wirklichkeit im Werk Christa Wolfs*, a.a.O., S. 177
215 Sigrun D. Leonhard: *Strategie der Annäherung*, a.a.O., S. 102
216 Vgl. Jost Hermand: *Orte. Irgendwo.* Königstein/Ts. 1981, S. 17
"Wer opponiert oder kritisiert, sollte dem Status quo nicht nur mit der Negation des negativen entgegensetzen, sondern auch eine echte Alternative anzubieten haben. (...) Und zwar sollte diese ins Bild gefaßte Ideologie so universal und doch so konkret wie möglich sein, (...) ein gewisses Maß an Phantasie besitzen und doch die sorgfältige Analyse der eigenen Zeit einschließen"
217 Klaus L. Berghahn: *Die real existierende Utopie im Sozialismus*, a.a.O., S. 279

sich die Spuren Ernst Blochs erkennen. Es geht dabei keineswegs um die Übereinstimmumg der Utopietheorie zwischen Bloch und Wolf, da Christa Wolf selbst weder ein in sich geschlossenes Utopiekonzept entwirft, noch eine Verteidigung Blochs betreibt, sondern Utopisches wirksam werden läßt.[218]

Daß die Widersprüche der gegenwärtigen Gesellschaft, die der Verwirklichung der Ideale im Wege stehen und infolgedessen zu einem unlebbaren Leben führen, in Hinblick auf die Zukunft sichtbar gemacht werden, ist als tragendes Element der Utopie in *Kein Ort. Nirgends* zu fassen und zugleich liegt darin die methodische Korrespondenz mit Blochs Utopiebegriff begründet. Analog geht Bloch bei der Formulierung der Grundlage jeder Utopie vor, indem er das Erleben eines reduzierten Lebensgefühls in der Gegenwart konstitutiv für utopisches Denken nennt. Die Utopie ist der Ausdruck der Kritik an der existierenden Wirklichkeit, indem sie auf die reale Möglichkeit einer zukünftigen Gesellschaft hinweist, wie Berghahn es als einen wichtigen Aspekt des utopischen Denkens bei Bloch charakterisiert.

> Anstoß des utopischen Denkens ist die Erfahrung eines Mangels, eines reduzierten Lebensgefühls, das in Begehren, Wünsche und Hoffen umschlägt. Utopie ist für ihn begriffenes Hoffen, welches das eigene Handeln reflektiert, die Wirklichkeit kritisiert und ein Ziel antizipiert. Die utopische Intension zielt auf das real Mögliche einer künftigen Gesellschaft, indem sie die gegenwärtige kritisiert.[219]

Die enttäuschende Gegenwart der beiden Protagonisten, die weit hinter den Idealen zurückbleibt und ihnen das Leben unlebbar erscheinen läßt, führt zur Notwendigkeit des Utopischen als einer denkbaren Möglichkeit lebbaren Lebens.

Kein Ort. Nirgends endet lakonisch mit der antizipierenden Aussage: "Wir wissen, was kommt." (KON 119) Dieser auf den ersten Blick resignierend anmutende Schlußsatz scheint auf den tragischen Ausgang, den Selbstmord der historischen Personen Kleist und Günderrode,[220] zu verweisen und kann von daher sehr leicht als pessimistisch gedeutet werden. Andererseits läßt sich der Schlußsatz jedoch durchaus als Hoffnung verstehen. Es geht um die Sehnsucht nach einer besseren Gesellschaft. Kleist und Günderrode leben zwar

---

[218] Es ist versucht worden, Christa Wolf mit Bloch in Verbindung zu bringen und Parallelen herzustellen in dem Sinne, daß Wolfs Werk seit *Nachdenken über Christa T.* nach Blochschen Prinzipien ausgerichtet ist. Vgl. Andreas Huyssen: *Auf den Spuren Ernst Blochs.* In: Klaus Sauer (Hrsg.): *Christa Wolf. Materialienbuch*, a.a.O., S. 99-114

[219] Klaus L: Berghahn: *Die real existierende Utopie im Sozialismus*, a.a.O., S. 278

[220] Günderrode erstach sich 1806 in dem Ort, an dem *Kein Ort. Nirgends* spielt. Kleist erschoß sich 1811 am Wannsee.

als "ein Entwurf" (KON 118) "zwischen den Zeiten" (KON 118), aber ihr ganzheitlicher Lebensanspruch, ihr Streben nach dem ganzen Menschen, kann eines Tages auf die Gesellschaft einen Einfluß haben: "Unser unausrottbarer Glaube, der Mensch sei bestimmt, sich zu vervollkommen, der dem Geist aller Zeiten strikt zuwiderläuft. Ein Wahn?" (KON 119) Als ein neuer Anfang, der in die Zukunft weist, ist diese Frage der Ausdruck der Hoffnung.

Geht Wolf noch zum Zeitpunkt von *Der Geteilte Himmel* davon aus, daß die Verwirklichung der sozialistischen Ideale in der DDR möglich ist, wendet sich diese Einstellung mit der Veröffentlichung von *Nachdenken über Christa T.* zu einem steigenden Zweifel an der Möglichkeit der Selbstverwirklichung in der sozialistischen Gesellschaft. Die Auseinandersetzung um die Schwierigkeit der Subjekwerdung in der DDR gehört seither zu den Hauptanliegen ihres Schreibens.

Ihre Kritik an der gesellschaftlichen Entwicklung basiert auf der Erfahrung, daß "(d)ie politisch-moralische Entwicklung der Menschen mit der ökonomisch-technischen hat nicht Schritt halten können."[221] Wolf muß unerwartete neue Widersprüche entdecken, vor allem, daß der wissenschaftlich-technische Fortschritt gekoppelt mit Nützlichkeitsdenken und Pragmatismus zur Selbstentfremdung und Vereinzelung des Menschen im Sozialismus beigetragen hat. In ihrer Rede zur Verleihung des Büchner-Preises spricht sie diesen Gedanken ganz deutlich aus.

> Wir, ernüchtert bis auf die Knochen, stehn entgeistert vor den vergegenständlichten Träumen jenes instrumentalen Denkens, das sich immer noch Vernunft nennt, aber dem aufklärerischen Ansatz auf Emanzipation, auf Mündigkeit hin, längst entglitt und als blanker Nützlichkeitswahn in das Industriezeitalter eingetreten ist.[222]

An die zunehmende Tendenz zur Verabsolutierung des Nützlichkeitsdenkens und zur Herrschaft der Institutionen, die sogenannte Tatmenschen im Sozialismus beschäftigen - Wirtschaft, Wissenschaft, Weltpolitik - anknüpfend, formuliert Wolf am Ende des Günderrode-Essays:

[221] Klaus Berghahn: *Die real existierende Utopie im Sozialismus*, a.a.O., S. 285

[222] Christa Wolf: *Von Büchner sprechen. Darmstädter Rede.* In: Dies.: *Die Dimension des Autors*, a.a.O., (S. 611-625) S. 612

> Die Produzenten der materiellen und die der geistigen Werte stehen einander fremd an verschiedenen Ufern gegenüber, daran gehindert, gemeinsam lebbare Umstände hervorzubringen. Der Zerstörung, die nicht immer offensichtlich ist, sind sie alle ausgesetzt.[223]

Je unflexibler die Verhältnisse in der DDR werden, um so stärker wächst bei Christa Wolf das Interesse an der Utopie. Im Essay über Maxie Wanders Buch *Guten Morgen, du Schöne* spricht Wolf von der Notwendigkeit utopischen Denkens: "Es ist der Geist der real existierenden Utopie, ohne den jede Wirklichkeit für Menschen unlebbar wird."[224] Wolf erfährt die verfestigte Wirklichkeit als Mangel und reflektiert über das Potential der Literatur als Mittel, Utopie einzuführen.[225]
Mit *Kein Ort. Nirgends* gibt sich Wolf nicht der Illusion hin, den gesamtgesellschaftlichen utopischen Gegenentwurf als Lösung zur Problematik des zweckrationalen Denkens zu antizipieren. Stattdessen artikuliert sie die Kritik an den verkrusteten Gesellschaftsverhältnissen und das Ungenügen an den widrigen Lebensumständen. Am Ende des Werkes versucht sie einen erfüllten Augenblick zu vermitteln als Moment der Hoffnung auf einen Ort, wo Leben möglich wird.
Wie Wolf etwa im Gespräch mit W. Schoeller zugibt, ist ihr utopisches Denken also auf die widersprüchliche Entwicklung in der sozialistischen Gesellschaft zurückzuführen, gegen die sich Kritik und utopische Intention ihrer Literatur richten, um eine bessere Zukunft vorzubereiten.

> (...) mein Verhältnis zur Utopie (...) wird eher stärker und bewußter, weil die Realität sich verfestigt, etabliert hat. (...) bestimmte Strukturen sind ganz fest geworden, und ihre Veränderbarkeit kann man nicht voraussehen, (...) ich sehe gerade im Schreiben eine Möglichkeit, Utopie überhaupt noch einzuführen, Elemente von Hoffnung, um dieses altmodische Wort ruhig zu gebrauchen.[226]

---

[223] Christa Wolf: *Der Schatten eines Traumes*, a.a.O., S. 570f
[224] Christa Wolf: *Berührung. Maxie Wander*. In: Dies.: *Die Dimension des Autors*, a.a.O., (S. 196-209) S. 196
[225] Damit gilt Literatur als Manifestation des utopischen Bewußtseins, indem sie sich dem in der Gegenwart noch Verborgenen auf seine Verwirklichung in der Zukunft hin widmet. Am Ende ihres früheren Essays *Lesen und Schreiben* (1972) äußert Wolf schon folgende Gedanken, die man als Anpielung auf die antizipierende Leistung der Literatur verstehen könnte. "Prosa kann Grenzen des Wissens über uns selbst weiter hinausschieben. Sie hält die Erinnerung an die Zukunft in uns wach, von der wir uns bei Strafe unseres Untergangs nicht lossagen dürfen. Sie ist revolutionär und realistisch: sie verführt und ermutigt zum Unmöglichen." Christa Wolf: *Lesen und Schreiben*, a.a.O., S. 503
[226] Christa Wolf: *Ich bin schon für eine gewisse Maßlosigkeit*, a.a.O., S. 867

IV. *Kassandra*: "Literatur heute muß Friedensforschung sein"

4.1. Zum Textverständnis

Angesichs der ungeheuren Gefahr der atomaren Massenvernichtung wurde im August 1981 der Appell zum Kampf für eine weltweite Abrüstung von den beiden deutschen Schriftstellerverbänden formuliert: "Über alle Grenzen von Staaten, über alle Meinungsverschiedenheiten hinweg richten wir an die Verantwortlichen den dringenden Appell, das neue Wettrüsten zu unterlassen und unverzüglich wieder miteinander in Verhandlungen über weitere Abrüstung einzutreten. Wir fordern die Weltöffentlichkeit auf, nicht zu resignieren, sondern sich mit verstärkter Energie für den Frieden einzusetzen."[227] Mehr als 150 Autoren aus Ost und West, unter ihnen auch Christa Wolf, setzten sich für diesen Aufruf ein und unterschrieben ihn.

Ungefähr zur gleichen Zeit wie das Interesse an den schreibenden Frauen setzt sich in Christa Wolfs Arbeit auch das Thema Krieg und Frieden fest. Fragen und Antwort zum Thema über die Möglichlichkeit der Literatur, zur Verhinderung einer nuklearen Katastrophe beizutragen, kommen in Essays und Interviews von Christa Wolf häufig vor.

> Wahrscheinlich ist es so, daß sie nichts wird ändern können. Aber sie hat mindestens zu artikulieren, was so viele Leute empfinden, hat sie zu unterstüzen, wenigstens in ihrer Angst, in ihren Depressionen - und natürlich auch in ihrem Sich-Wehren, weil sie sich sonst sehr allein fühlten. Ich halte es für wichtig, Widerstandspositionen zu artikulieren.[228]

Die Erzählung *Kassandra* (1983) und die Frankfurter Poetikvorlesungen *Voraussetzungen einer Erzählung: Kassandra* (ebenfalls 1983)[229] entstehen im unmittelbaren Zusammenhang mit der aktuellen politischen Lage, die als eine Zeit der Aufrüstung bezeichnet wird. Mit der Fragestellung "Was hat unsere Zivilisation an den Rand der Selbstzerstörung gebracht?"[230] versucht Christa Wolf eine Alternative im Mythos zu finden. Der Rückgriff auf den Mythos

---

[227] Bernt Engelmann/Gerd E.Hoffmann/Angelika Mechtel/Hans von der Waarsenburg: *Vorwort*. In: *Es geht, es geht*. München 1982, S. 9. Zitiert nach Therese Hörnigk: *Christa Wolf*, a.a.O., S. 203

[228] Christa Wolf: *Ursprünge des Erzählens*, a.a.O., S. 922

[229] In der BRD erschienen 1983 die Vorlesungen und die Erzählung getrennt in zwei Bänden. In der DDR erschienen beide Texte zusammen in einer einbändigen Ausgabe.

[230] Christa Wolf: *Dokumentation*, a.a.O., S. 102

hat mit der literalischen Tendenz der DDR zu tun. Dem Mythos kommt hier die Schlüsselfunktion zu, aktuelle Wirklichkeitsprobleme lösen zu helfen. Es handelt sich beim Rückgriff auf den Mythos von Christa Wolf darum, Kassandra aus dem Mythos "in die (gedachten) sozialen und historischen Koordinaten" (VeE 111)[231] zurückzuführen. Indem sie über die Zerstörung Trojas und den Sieg der Griechen redet, versucht sie, "den Zusammenhang z.B. der exzessiven Rüstungsanstrengungen auf allen Seiten mit den patriarchalischen Strukturen des Denkens und Regierens zu reflektieren." (VeE 122)

Die Erzählung *Kassandra* ist ein langer Monolog, der sich aus den Fragmenten von Träumen, Erinnerungen und Phantasien zusammensetzt. Kassandra ist die Tochter des trojanischen Königs Priamos, der vom Gott Apollon die Sehergabe verliehen ist. Aber sie besitzt nicht nur die Fähigkeit, in die Zukunft zu sehen, sie steht auch unter dem Fluch, daß ihr niemand glauben will. Nach dem Fall Trojas wird sie als Gefangene des griechischen Siegerkönigs Agamemnon nach Mykene verschleppt und wartet als unschuldiges Opfer der Rache Klytaimnestras an ihrem Gatten auf den Tod.

Kassandra leidet auch wie die anderen Figuren in Wolfs Prosaarbeit an dem Nicht-Identisch-Sein mit der Gesellschaft und empfindet ihren Wunsch nach Anderssein mehr und mehr bestätigt. Als niemand ihrem Sprechen glaubt, weil sie die Wahrheit voraussagt und niemand die Wahrheit gern hören will, beginnt sich ihr Körper zu wehren, sie bekommt Wahnsinnsanfälle und wird eingesperrt. Je stärker sich der Krieg zuspitzt und seine Logik alles zu erfassen beginnt, desto kritischer verhält sie sich zum herrschenden Denken, zur Kriegslogik. Und weiter findet Kassandra einen Platz für ihr Sprechen in den Bergen bei den Frauen. Kassandra erkennt in dieser Gemeinschaft, die keine Kriegsgemeinschaft ist und deshalb außerhalb der Zeit des Krieges steht, die Möglichkeit des anderen Lebens. Aber das, was diese Gemeinschaft der Frauen erfährt, stellt innerhalb der Kriegssituation nur eine Ausnahme dar, die nicht mit der Gesellschaft übereinstimmt.

Die Autorin sieht Kassandra als "eine der ersten Frauengestalten (...), deren Schicksal vorformt, was dann, dreitausend Jahre lang, den Frauen geschehen soll: daß sie zum Objekt gemacht werden." (VeE 86) Die Frauen sind von der Teilnahme an der weiteren Entwicklung der Menschheit ausgeschlossen. Kultur wird einseitig zur Männersache und es tritt "diejenige Schwachstelle der Kultur, aus der heraus sie selbstzerstörerisch wird, nämlich ihre Unfähigkeit zur Reife" (VeE 115) in Erscheinung. Im Kassandra-Entwurf, *Kassandra* und

---

[231] Christa Wolf: *Kassandra Erzählung*. Darmstadt und Neuwied: Luchterhand, 1985. Im Folgenden abgekürzt mit 'K'. Christa Wolf: *Voraussetzungen einer Erzählung: Kassandra. Frankfurter Poetik-Vorlesung*. Darmstadt und Neuwied: Luchterhand, 1983. Im Folgenden abgekürzt mit 'VeE'.

Voraussetzungen einer Erzählung: Kassandra werden die Sorgen und Probleme der Gegenwart thematisiert: die Sorge um Abrüstung und Frieden und das neue Selbstbewußtsein der Frauen.

4. 2. Kassandra-Projekt im Kontext des weiblichen Schreibens in der DDR

Parallel zu der fortwährenden Auseinandersetzung mit den Möglichkeiten der Selbstverwirklichung der Frauen im Sozialismus, ein zentrales Thema in Wolfs Werken spätestens seit *Nachdenken über Christa T*, interessiert sich Christa Wolf bereits in den siebziger Jahren für die Geschichte der schreibenden Frauen. Mit ihrer Erzählung *Kein Ort, Nirgends* und den dazugehörenden Essays über die romantischen Schriftstellerinnen Karoline von Günderode und Bettine von Arnim[232] geht Wolf auf die weibliche literarische Tradition zurück und beginnt mit theoretischen Überlegungen zu weiblichen Schreibweisen.
Mit dem Kassandra-Projekt führt sie ihre Grundvorstellungen weiter und entwickelt auf der Grundlage der feministischen literaturwissenschaftlichen Diskurse das umfassende Konzept des weiblichen Schreibens; Christa Wolf nennt in den Frankfurter Poetik-Vorlesungen eine Reihe wichtiger Texte, die zur Vorbereitung der Erzählung *Kassandra* vorliegen; *Ein Zimmer für sich allein* von Virginia Wolf, *Weiblichkeit in der Schrift* von Hélène Cixous, *Die imaginierte Weiblichkeit* von Silvia Bovenschen und viele andere mehr.[233]
In den siebziger und achtziger Jahren erlangt eine literaturtheoretische Debatte über die Rolle des Geschlechts des Autors bei der literarischen Produktion eine große Bedeutung in den Essays und Aufsätzen von Autorinnen in der DDR. Begriffe wie 'Frauenliteratur' und 'weibliches Schreiben' sind diskursbeherrschend. Dabei betonen viele Autorinnen eine deutliche Abneigung gegen die umstrittene Bezeichnung 'Frauenliteratur' und wenden sich entschieden gegen eine ihrer Meinung nach falsche Einordnung ihrer Texte in die Kategorie 'Frauenliteratur'. Ein Beispiel dafür läßt sich in Äußerungen von Irmtraud Morgner finden, die sich explizit über ihre Ablehnung des Begriffs 'Frauenliteratur' äußert.

> Was heißt hier 'Frauenliteratur'? Literatur von weiblichen Autoren geschrieben? Literatur mit weiblichen Hauptpersonen? Literatur nur für weibliche Leser? (...) Wenn der

[232] Daraus entstehen *Der Schatten eines Traumes. Karoline von Günderrode - Ein Entwurf* und *Nun ja! Das nächste Leben geht aber heute an. Ein Brief über die Bettine.*
[233] Vgl. VeE 126f

> Beatriz-Roman und meine anderen Bücher nur für Frauen verständlich wären, wären sie keine Literatur und folglich auch für Frauen ungenießbar. (...) Die bereits in den allgemeinen Sprachgebrauch eingegangene Bezeichnung 'Frauenliteratur' ist unsinnig - andernfalls müßte beinahe alle Literatur, die bisher geschrieben wurde - fast nur von männlichen Autoren nämlich - als 'Männerliteratur' bezeichnet werden. Unsinnig, ja, und diskriminierend natürlich auch.[234]

Die Tendenz geht eindeutig in die Richtung, daß die Bezeichnung 'Frauenliteratur' diskriminierend ist, solange es den parallelen Begriff 'Männerliteratur' nicht gibt. Die Ablehnung gilt insbesondere der Begriffsverwirrung. Ob es sich dabei um Literatur von, über oder für Frauen handelt, darüber herrscht nach wie vor Unklarheit. Hinzu kommt die diskriminierende Tradition des Begriffs, die zur Abwertung der literarischen Produktion der Frauen führt. Symptomatisch dafür ist die Tendenz, literarische Texte von Frauen am männlichen Maßstab 'großer' Literatur zu messen. Entweder wird dann 'Frauenliteratur' der künstlerische Charakter abgesprochen oder aber sie wird auf den Status der bloßen Trivialliteratur verwiesen, die sich speziell an eine weibliche Leserschaft wendet. Außerdem wird der Begriff 'Frauenliteratur' implizit von einer Beschränkung auf bestimmte frauenspezifische Themen und Motive begleitet. Christa Wolfs schriftstellerisches Selbstverständnis weist jedoch eine solche thematische Eingrenzung, wie die Bezeichnung 'Frauenschriftstellerin' sie beinhaltet, zurück:

> Ich habe mich nie als Frauenschriftstellerin betrachtet; ich habe es auch nie angestrebt (...) Probleme von Frauen isoliert darzustellen (...) Ich habe sehr viel gegen Frauenliteratur im engeren Sinne.[235]

Während der Begriff 'Frauenliteratur' als ideologische Zuschreibung aus männlicher Perspektive kritisiert und abgelehnt wird, zeichnet sich bei den meisten Autorinnen eine zunehmende positive Akzeptanz des Ausdrucks 'weibliches Schreiben' ab. Der Begriff 'weibliches Schreiben' bildet eine Grundlage, auf der sie Versuche durchführen, über ihre

---

[234] Irmtraud Morgner: *Der Planet braucht Hexen.* Interview mit Gabi Swiderski. In: *Rote Blätter* 4 /1983, S. 65f. Zitiert nach Dorothee Schmitz-Köster: *Trobadora und Kassandra. Weibliches Schreiben in der DDR.* Köln 1989, S. 18

[235] Karin McPherson: *Ist der Schriftsteller an sein Geschlecht gebunden?* In: *Die Horen.* 32/ 1982, (S. 68-75) S. 68

Tätigkeit zu reflektieren und der Frage nachzugehen, wie sich die literarische Praxis von Frauen von der von Männern unterscheidet.

Ausführliche Kriterien für das weibliche Schreiben werden von Christa Wolf entwickelt, die durch die Verbindung des Autonomiestrebens der Frauen mit der Definition der weiblichen Schreibweise ihr Selbstverständnis als schreibende Frau konsequent ausdrückt und weiter vertieft. Auf die Bedeutung einer psychologisch, historisch und soziokulturell bedingten besonderen Beziehung von Frauen zur Wirklichkeit für Selbst- und Wirklichkeitswahrnehmung und für die Kreativität rekurrierend, sucht Wolf die Voraussetzungen weiblichen Schreibens zu erfassen.

> Inwieweit gibt es wirklich "weibliches" Schreiben? Insoweit Frauen aus historischen und biologischen Gründen eine andere Wirklichkeit erleben als Männer. Wirklichkeit anders erleben als Männer, und dies ausdrücken. Insoweit Frauen nicht zu den Herrschenden, sondern zu den Beherrschten gehören, jahrhundertelang, zu den Objekten der Objekte, Objekte zweiten Grades, oft genug Objekte von Männern, die selbst Objekte sind, also, ihrer sozialen Lage nach, unbedingt Angehörige der zweiten Kultur; insoweit sie aufhören, sich an dem Versuch abzuarbeiten, sich in die herrschenden Wahnsysteme zu integrieren. Insoweit sie, schreibend und lebend, auf Autonomie aus sind. Da begegnen sie dann den Männern, die auf Autonomie aus sind. Autonome Personen, Staaten und Systeme können sich gegenseitig fördern, müssen sich nicht bekämpfen wie solche, deren innere Unsicherheit und Unreife andauernd Abgrenzung und Imponiergebärden verlangen. (VeE 114f)

Daß Wolf die für ihre Begründung weiblichen Schreibens wesentlichen Ansätze im weiblichen Lebenszusammenhang findet, macht deutlich, daß ihr Interesse dem Schreiben von Frauen gilt, die im Sinne des angloamerikanischen gender als historisch, sozial und kulturell, nicht als biologisch bedingtes Geschlechtswesen zu verstehen sind.[236] Wie bei Wolf bildet die weibliche Wirklichkeitserfahrung, die sich grundsätzlich von der der Männer unterscheidet und die nicht zuletzt das weibliche Selbstverständnis prägt, das Fundament für die Bestimmung des weiblichen Schreibens bei anderen Autorinnen. Ähnlich argumentiert zum Beispiel Monika Maron.

---

[236] Zur Unterscheidung von gender und sex vgl. Jutta Osinski: *Einführung in die feministische Literaturwissenschaft.* Berlin 1998, S. 134-137 u. Christina von Braun/Inge Stephan (Hrsg.): *Gender-Studien. Eine Einführung.* Stuttgart 2000, S. 8-11

> Weibliches Schreiben (...) hat mit weiblichen Gefühlsstrukturen zu tun. Es hat mit weiblichen Erfahrungen zu tun. Und die sind anders als männliche. Ob das immer so sein muß, ist eine ganz andere Frage. Aber so, wie wir jetzt leben, leben viele Frauen anders als Männer. Und vielleicht (...) brechen sie zum Schreiben aus anderen Motiven auf. Sie wehren sich gegen anderes (...)[237]

Das zentrale Anliegen von Christa Wolfs Bestimmung des weiblichen Schreibens konzentriert sich darauf, die weibliche Wirklichkeit in literarischen Texten zum Ausdruck zu bringen und das Autonomiestreben der Frauen zu betonen. Nach Wolfs Auffassung sind nur solche Texte als Manifestation des weiblichen Schreibens zu betrachten, die sich nicht nur nicht an männlichen Normen orientieren, sondern die darüber hinaus das Streben nach selbstbestimmten Lebensentwürfen ausweisen.

Die Schwächen dieser Definition weiblichen Schreibens sind allerdings nicht zu verleugnen. Die Definition basiert vorrangig auf der allgemeinen Äußerung, daß sich die weibliche Erfahrung auch in den formalen Strukturen wieder finden läßt. Es ist jedoch eine angreifbare Auffassung, solange der Nachweis dieser Formen nicht vorliegt. Wolf greift zwar die Problematik auf, die Authentizität weiblicher Erfahrung und Empfindung in den traditionellen vorgegebenen Formen auszudrücken und zu verarbeiten, die hauptsächlich von männlichen Autoren entwickelt sind. Darüber hinaus nähert sie sich auf der Suche nach einer authentischen weiblichen Schreibtradition den Romantikerinnen an und widmet sich einer Rekonstruktion der verschütteten Traditionslinie weiblichen Schreibens.

> Auffallend, daß jene Frauen, die sich kurz vor und im Jahrhundert nach der französischen Revolution ihren Eintritt in die Literatur erkämpften (...), sich häufig in Tagebüchern und Briefen, im Gedicht, in der Reisebeschreibung ausdrücken, den persönlichsten und subjektivsten Literaturformen, auf Selbstaussage, Anrede und Dialog gegründet; Formen, in denen die Schreibende sich ungezwungener, auch geselliger bewegen kann als in den Strukturen von Roman und Drama.[238]

Dieses Unterfangen widerspricht jedoch der Realität, denn es ist kaum zu übersehen, daß man nicht einfach Briefe, Tagebücher oder Lyrik als weibliche Gattung und Drama und Roman als

---

[237] Monika Maron: *Porträt und Interview. Michael Schmitz. Kennzeichen D (ZDF)* 23. 09. 1986. Zitiert nach Dorothee Schmitz-Köstner: *Trobadora und Kassandra*, a.a.O., S. 19f

[238] Christa Wolf: *Berührung*, a.a.O., S. 202

männliche Gattung festlegen kann: Die Entwicklung der modernen Literatur zeigt, daß Männer Briefe, Tagebücher und Lyrik ebenso zahlreich geschrieben wie Frauen erfolgreich Dramen und Romanen verfaßt haben. Eine vom Geschlecht der schreibenden Person abhängige Einteilung in männliche und weibliche Formen ist offensichtlich selbst noch von der klischeehaften Entgegensetzung einer binären Opposition beherrscht. Gerade der literarische Kanon der einflußreichsten Autoren gilt als künstlerische Vollkommenheit, die durch die Vermischung männlicher und weiblicher Gestaltungskraft erreicht wird.

Kritisch zu fragen ist, ob es sich bei der Zuordnung von Gattungen zu einem bestimmten Geschlecht um den Versuch handelt, der in die alte Komplementarität der Geschlechter zurückführt. Einige Forschungsarbeiten betonen im Zusammmenhang mit einer formalen Definition des weiblichen Schreibens, daß Wolf im Kassandra-Projekt subjektive Formen wie Reiseberichte, Tagebuch, Brief und Gedicht als eine Alternative zur von Männern entwickelten normativen Ästhetik wählt.[239] Solange der Beweis ausbleibt, daß diese Formen nur von weiblichen Autoren angewandt werden, lassen sich solche Behautungen nicht halten. Nach wie vor bleibt die Antwort auf die Frage nach der formalen Entsprechung der weiblichen Erfahrung bei der Reproduktion der geschlechtsspezifischen Sichtweise stehen. Eine nicht geringe Schwierigkeit einer Definition des weiblichen Schreibens liegt darin, daß die einheitliche Prämisse der Unterscheidung zwischen einer weiblichen und männlichen Perspektive viel zu unbestimmt ist; sie läßt sich weder am Geschlecht der schreibenden Person noch am Geschlecht des Protagonisten festmachen.

Auch wenn viele DDR-Autorinnen auf die Frage nach einer grundsätzlich neuen Form des weiblichen Schreibens unbefriedigende und widersprüchliche Antwort geben, nehmen sie doch bereits im Ansatz einen neuen thematischen Schwerpunkt vorweg, der in den folgenden Jahrzehnten mit zunehmendem Interesse diskutiert werden sollte. Seit den siebziger Jahren erschienen in der DDR zahlreiche Prosatexte von vielen Autorinnen, deren Protagonisten Frauen sind und die die Probleme der Frauen in der sozialistischen Gesellschaft thematisieren. Es geht ihnen darum, sich kritisch mit dem traditionellen Geschlechterrollenverhalten beziehungsweise patriarchalischen Geschlechtszuschreibungen auseinanderzusetzen und eine Entwicklung veränderter Geschlechtsidentität zu initiieren.

In der Reaktion auf das Thema Gleichberechtigung zeichnet sich allerdings eine gewisse Ablehnung ab, da laut offiziellem DDR-Selbstverständnis von Anfang an die Diskriminierung

---

239 Vgl. Jörg Magenau: *Eine Biographie. Christa Wolf*, a.a.O., S. 335 und Sonja Hilzinger: *Weibliches Schreiben als eine Ästhetik des Widerstandes. Über Christa Wolfs 'Kassandra'-Projekt.* In: Angela Drescher: *Christa Wolf. Ein Arbeitsbuch*, a.a.O., (S. 216-232) S. 219f Katharina von Ankum: *Die Rezeption von Wolf in Ost und West von 'Moskauer Novelle' bis 'Selbstversuch'.* Amsterdam 1992, S. 13f

der Frauen in der DDR als überwunden gilt. Der herrschenden sozialistischen Ideologie zufolge, die die Frauenfrage als Teil des Klassenkampfes betrachtet, gehört die Frauendiskriminierung zum Bestandteil der kapitalistischen Gesellschaft. Im Sozialismus sei die traditionelle Beschränkung von Frauen auf Haus und Familie durch die Einbindung der Frauen in die Berufsarbeit bereits gelöst, was das erklärte Ziel der Frauenpolitik darstelle.[240] Die Texte, die das offizielle Modell der Gleichberechtigung immer stärker in Frage stellen und gesellschaftliche Beschränkung weiblicher Möglichkeiten thematisieren, gelten als unkritische Projektion der westlich-feministischen Einflüsse und stoßen auf massive Kritik. Gleich nach dem Erscheinen im Jahr 1983 wird Wolfs *Voraussetzungen einer Erzählung* von Kritikern heftig angegriffen, die in der Frauenunterdrückung einen Nebenwiderspruch der Klassengesellchaft sehen, die überwunden werden soll. Wilhelm Girnus z.B., Altkommunist und langjähriger Leiter der Kulturzeitschrift *Sinn und Form*, polemisiert gegen Wolfs auf Engels sich berufende Darstellung des Problems der unterdrückten Frauen.

Er wirft Wolf in einem "wutschäumenden Verriß"[241] eine Provokation des marxistischen Geschichtsverständnisses vor. Wolf konzentriere sich nicht am Klassengegensatz als dem zentralen Antagonismus der Weltgeschichte, sondern sie stelle die Geschichte aus der Perspektive des Geschlechtsgegensatzes dar.

> Dadurch aber, daß Christa Wolf untergründig das Problem der unterdrückten Frauen überdies auf mir unverständliche Weise mit dem mörderischen »Wer-Wen« verknüpft, wird dem Leser - möglicherweise ungewollt - der Eindruck suggeriert, die Geschichte sei nicht in ihrem tiefsten Grunde der Kampf zwischen Ausbeutern und Ausgebeuteten, sondern zwischen Männern und Frauen, ja noch grotesker: zwischen »männlichem« und »weiblichem« Denken, sozusagen zwischen kausalem und akausalem, rationalem und emotionalem. Daß ein so blühender Unsinn in einem sozialistischen Land das Licht der Welt erblickt, das kann doch nicht wahr sein. Daß zwischen Mann und Frau gewisse Unterschiede bestehen und immer bestehen werden - Gott sei's gedankt -, auch in der Art und Weise der Aufnahme der Welt und der Hinwendung zu ihr, können nur Schwachsinnige bestreiten, daraus aber die grundlegende Dialektik des Geschichtsprozesses herleiten zu wollen, und sei es auch nur andeutungsweise oder

[240] Zur Frauenpolitik in der DDR vgl. Jutta Osinski: *Einführung in die feministische Literaturwissenschaft*, a.a.O., S. 35-37

[241] Jörg Magenau: *Eine Biographie. Christa Wolf*, a.a.O., S. 337

untergründig, hat mit der Wirklichkeit so viel zu tun wie Kaffeesatz mit dem Satz des Phytagoras.[242]

Die ideologische Grundlagen von Girnus' Kritik lassen sich dem offiziellen DDR-Selbstverständnis entnehmen, nach dem die Geschichte als eine Geschichte von Klassenkämpfen zu interpretieren sei. Im Vordergrund steht die Klassenfrage und der Geschlechtsfrage kommt dabei nur eine sehr nachgeordnete Bedeutung zu. Die Klassenfrage soll so gelöst werden, daß die Geschlechtsfrage davon profitieren kann.
In *Voraussetzungen einer Erzählung* stellt Wolf nicht nur diese offizielle Interpretation des marxistischen Geschichtsverständnisses in Frage, nämlich daß die Lösung der Klassenfrage automatisch zur Lösung der Geschlechterfrage beitragen würde. Angesichts der globalen atomaren Bedrohung greift sie ein noch umstritteneres Thema der Friedensbewegung auf und wendet sich gegen die offizielle Ideologie, die besagt, daß die Friedensbewegung an die westliche imperialistische Länder gebunden sei, da der Sozialismus die Friedenspolitik in sich einschließe. Dem miteinander in einer Art apokalyptischem Wettbewerb stehenden Aufrüstungswahn in Ost und West setzt Wolf notfalls auch die einseitige Abrüstung sozialistischer Länder entgegen, wohl wissend, daß ihr Appell als Kritik an sozialistischen Ländern aufgefaßt wird.[243] Ihre Ableitung der drohenden Kriegsgefahr aus der patriarchalisch organisierten Gesellschaft mit ihrem männlichen Denken und Verhalten wird ebenfalls von Kritikern wie Girnus scharf angegriffen:

---

242 Wilhelm Girnus: *Wer baut das siebentorige Theben?* In: *Sinn und Form*. 35/1983, (S. 439-447) S. 440f

243 Vgl. VeE 87f Die beanstandeten 66 Zeilen wurden in der DDR-Ausgabe gestrichen. Christa Wolf setzte aber durch, die gestrichenen Stellen durch Pünktchen kenntlich zu machen, was ihrem selbstbewußten Umgang mit der Genehmigungsbehörde entspricht. "Die Lage Europas ist doch heute grundlegend anders als in den dreißiger Jahren, vor dem Überfall Hitlers auf ungenügend dagegen gerüstete Nachbarländer: Aber selbstverständlich hätten sie sich gegen Gegner rüsten, sich gegen ihn verteidigen müssen: Da war Verteidigung sinnvoll. Selbstverständlich war Verteidigung gegen den Aggressor sinnvoll in Vietnam; selbstverständlich ist das Gewehr ein Mittel der Verteidigung und der Befreiung in einer Reihe südamerikanischer Länder, in denen Befreiungsbewegungen kämpfen. Ich aber bin Europäerin. Europa ist gegen einen Atomkrieg nicht zu verteidigen. Es wird nur als Ganzes überleben oder als Ganzes zugrunde gehen: Die Existenz von Kernwaffen hat alle denkbaren Verteidigungsstrategien für unseren kleinen Erdteil ad absurdum geführt. Gibt es für uns eine Chance? Wie kann ich mich auf die Experten verlassen, die uns an diesen verzweifelten Punkt geführt haben? Mit nichts ausgerüstet als dem unbändigen Wunsch, meine Kinder und Enkel leben zu lassen, erscheint mir das vielleicht ganz und gar Aussichtslose vernünftig: Einseitig abzurüsten (ich zögere: Trotz der Reagan-Administration? Da ich keinen anderen Ausweg sehe: Trotz ihrer!) und damit die andere Seite unter den moralischen Druck der Weltöffentlichkeit stellen; die erpresserische Doktrin des »Totrüstens« der UdSSR gegenstandslos machen; den Verzicht auf den atomaren Erstschlag erklären und alle Anstrengungen auf eine hocheffektive Verteidigung richten. Falls dies ein Risiko in sich birgt: Um wieviel größer ist das Risiko der atomaren Weiterrüstung, die doch sogar das Risiko, daß die atomare Vernichtung durch einen Zufall ausgelöst wird, täglich erhöht? Dies sei Wunschdenken? So wäre der Wunsch, über Leben und Tod vieler, vielleicht aller künftiger Generation mitzudenken, mitzureden, ganz abwegig? Wenn die atomare Gefahr uns an die Grenze der Vernichtung gebracht hat, so sollte sie uns doch auch an die Grenze des Schweigens, an die Grenze des Duldens, an die Grenze der Zurückhaltung unserer Angst und Besorgnis und unserer wahren Meinungen gebracht haben."

> Kampf Männer wider Frauen, Frauen wider Männer ist hirnverbrannter Selbstmord. Die Ausbeuterbande sitzt in ihrem Atombunkern und reibt sich darüber feixend ihre blutbesudelten Hände. Wie kann man so naiv sein und das nicht sehen. Das kann man nur, wenn man die Welt aus der Froschperspektive betrachtet. Hüten wir uns vor Friedenseuphorie.[244]

Derartige polemische Angriffe zielen darauf, von der zunehmenden Aufmerksamkeit auf einen Text abzulenken, mit dem Begriffe wie 'Feminismus' und 'weibliches Schreiben' in der DDR identifiziert werden. Die eigentlichen Gründe der ungerechtfertigten Angriffe sind daher in der ignoranten Haltung zu feministischen Positionen zu finden. In einem Interview weist Irmtraud Morgner darauf hin und erläuert aus ihrer Sicht die feministische Bewegung.

> Bei uns herrscht geradezu eine Berührungsangst vor dem Wort Feminismus. Das halte ich für unsinnig. Denn was heißt das eigentlich, 'Feminismus'? Es bezeichnet allgemein eine bedeutende soziale Bewegung (...) Die feministische Bewegung bedeutet für mich - und auf diesem Punkt verträgt sie sich absolut mit dem Marxismus - nichts anderes als: Um uns selber müssen wir uns selber kümmern (Brecht) (...) Frauen (werden) nur soviele Rechte kriegen, wie sie sich selber erkämpfen. Geschenkt wird da nichts (...) Ich verstehe also nicht, warum man vor dem Wort Feminismus so erschreckt. Es heißt für mich nicht Separatismus, es heißt nicht Männerfeindlichkeit.[245]

Ein weiterer Schwerpunkt von *Voraussetzungen einer Erzählung* liegt darin, die Dominanz des patriarchalischen Gehalts der abendländischen Zivilisation bloßzulegen und der Kritik zu unterziehen. Wolf stellt somit den Anspruch der sozialistischen Gesellschaft in Frage, der besagt, daß das traditionelle patriarchalische Denken im Sozialismus als überwunden gelte. Dagegen vertritt Wolf in Anlehnung an Engels, aus dessen *Ursprung der Familie, des Privateigentums und des Staats* sie folgende Stelle zitiert, die These, daß sich der Widerspruch der Klassen und der Widerspruch der Geschlechter parallel entwickelt haben.

> Der erste Klassengegensatz, der in der Geschichte auftritt, fällt zusammen mit der Entwicklung des Antagonismus von Mann und Weib in der Einzelehe, und die erste

---

[244] Wilhelm Girnus: *Wer baut das siebentorige Theben?* a.a.O., S. 445

[245] Irmtraud Morgner: *Frauenstaat. Interview mit Harrie Lemmens.* In: *Konkret.* 10/ 1984, S. 55 Zitiert nach Dorothee Schmitz-Köster: *Trobadora und Kassandra*, a.a.O., S. 24

> Klassenunterdrückung mit der des weiblichen Geschlechts durch das männliche. (VeE 89)

Wolf geht es darum, erneut darauf aufmerksam zu machen, daß das Postulat nach gesellschaftlicher Gleichstellung der Frau genauso wie der Klassenkampf als Antagonismus von Bourgeoisie und Proletariat zu einem wesentlichen Bestandteil des Marxismus gehört.

4. 3. Rückgriff auf den Mythos

Der Rückgriff auf den Mythos entspricht der von Wolf seit langem angestrebten Schreibintention, aktuelle Probleme der Gegenwart in einem historischen Kontext zu zeigen. Tief beunruhigt über die Gefahr des drohenden Atomkriegs geht Wolf bis in die Vorgeschichte zurück, um nach den Wurzeln der Destruktivität der westlichen Zivilisation zu suchen. Im antiken Kassandra-Stoff findet sie die Ausdrucksmöglichkeit für ihre Empörung, für "ihren Schrecken über die Hermetik männlich-zivilisierter Systeme".[246]
Kassandra steht an der Nahtstelle einer Zeitenwende, wo die patriarchalische Kultur die matriarchalische verdrängt und Frauen aus gesellschaftlich-politischer Partizipation verbannt. Dort sind nach Wolf die Ursprünge der Zerstörungstendenz der modernen Technik zu finden. In der Überlieferung Homers entdeckt Wolf die Wurzeln der abendländischer Literatur, die für sie eine "Heroisierung von blutigen Untaten"[247] ist.

> Und, was die Ilias angeht, der erste uns bekannte Versuch, einer unter das Gesetz der Schlacht und des Schlachtens gestellten blanken Chronologie ein menschliches Gefühlsmaß aufzudrücken: den Zorn des Achill. Aber es ist die Linie männlichen Handelns, die der Erzähler verfolgt. Nur in den Lücken zwischen den Schlachtbeschreibungen schimmert das Alltagsleben durch, die Welt der Frau. (VeE 91f)

Der auf Eroberung und Gewalttaten basierenden homerischen Heroengeschichte, die nach Wolf bereits im Dienst des Patriarchats steht, stellt Wolf eine entheroisierende und entmythologisierende Alternative entgegen. Während die patriarchalische Tradition der abendländischen Literatur nach Wolf mit der Glorifizierung von Krieg, dem Trojanischen

---

[246] Sabine Georg: *Modell und Zitat. Mythos und Mythisches in der deutschsprachigen Literatur der 80er Jahre.* Aachen 1996, S. 124
[247] Christa Wolf: *Documentation,* a.a.O., S. 106

Krieg beginnt, geht es Wolf beim Rückgriff auf den Mythos unter anderem darum, Krieg und Gewalttaten als ein Mittel zur Herrschaft aufzudecken.

Im folgenden wird herauszufinden versucht, wie das Verhältnis von Krieg und Geschlecht bei Wolfs Umdeutung des patriarchalischen literarischen Kanons aussieht. Für Wolf stellen Frauen die Opfer eines zerstörerischen patriarchalischen Kriegsmaschinerie dar, wogegen die meisten Männer dem herrschenden Zerstörungswahn zugetan sind. Zu analysieren, wie die Sprache manipuliert wird, um ideologische Legitimation für den Krieg zu schaffen und die Herrschaft weiter zu sichern, soll ein weiterer Schwerpunkt der Untersuchung sein.

4. 3. 1. Zusammenspiel von männlichem Sadismus und weiblichem Masochismus

4. 3. 1. 1. Aggression als Kehrseite der Sexualität

Wolfs entheroisierende und entmythologisierende Gegenlektüre des Kassandra-Mythos weist eine radikale Umdeutung der Figuren auf. Anstatt heroische Taten zu beschreiben, auf denen die männliche Überlieferung hauptsächlich beruht, hat die von Wolf angestrebte Interpretation weder Helden noch Heldentaten vorzuweisen. Aus dem großen griechischen Heros des trojanischen Krieges Agamemnon wird bei Christa Wolf eine feige Figur, hinter deren Fassade einer heroischen Attitüde sich eine komplexbeladene Unentschlossenheit verbirgt.

> Als Klytaimnestra vorhin auftrat, erkannte ich sie sofort an dem Kleid: den Stoff zu diesem Kleid trug ein Sklave hinter dem unglückseligen Agamemnon her, als ich ihn auf unserm Markt zum erstenmal sah. Gleich mißfiel mir etwas an der Art seines Auftretens, herrisch drängte er sich an Arisbes Stand nach vorn, schob die Keramiken wählerisch hin und her und zerbrach eine der schönsten Vasen, die er, auf ein Wort von Arisbe, hastig bezahlte, um dann unter dem Gelächter der Zuschauer mit seinem Gefolge zu entfliehn. Er hatte gesehn, daß ich ihn gesehn hatte. Der rächt sich, sagte ich zu Arisbe, und es beunruhigte mich tief, daß der große und berühmte Flottenführer der Griechen ein Schwächling ohne Selbstbewußtsein war. (K 61)

Agamemnon, der Held des Aischylos[248] wird seiner Heldenhaftigkeit beraubt und von Kassandra als "armer Wicht" (K 12), als "Trottel" (K 48), als "Hohlkopf" (K 49) beschimpft. In den haßerfüllten Attributen, mit denen Agamemnon belegt wird, kommen deutlich Abscheu und Verachtung, die Kassandra für ihn empfindet, zum Vorschein.[249]
Angst und Schwäche sind die hervorstechenden Merkmale des Agamemnon, die zugleich die Beweggründe für sein gewaltsames Verhalten bilden. Indem Angst alles beherrschend wird, verliert er Kontrolle über sich und handelt "besinnungslos vor Angst." (K 11) Um dem Leidensdruck der Angst zu entgehen, die dem Bild des Männlichen nicht entspricht, sucht er eine Möglichkeit zur Flucht aus einem unerträglichen Angstgefühl. Daraus entwickelt sich die Neigung, Aggression als Abfuhr unterdrückter Angst nach außen zu verschieben und auf andere zu projizieren. Hinter seinem Beinamen "de(m) »sehr Entschlossene(n)«" (K 11), der in Anspielung auf seine enorme Unsicherheit eine sarkastische Verspottung darstellt, schimmert die Charakterbeschreibung des schwachen Mannes hervor.

> Wenn Klytaimnestra war, wie ich sie mir vorstellte, konnte sie mit diesem Nichts den Thron nicht teilen. - Sie ist, wie ich sie mir vorstellte. Dazu noch haßerfüllt. Als er sie noch beherrschte, mag es der Schwächling, wie sie es alle tun, wüst genug mit ihr getrieben haben. (K 12)

Agamemnons Unsicherheit ist die Folge "seines unsagbaren Geheimnisses" (K 13), seiner Impotenz, die seine sadistischen Bedürfnisse ins Ungeheure steigert: "Da begriff ich auf einmal seine ausgesuchte Grausamkeit im Kampf" (K 13). Im Hinblick auf das Prinzip der Entheroisierung, die für Christa Wolf im Zentrum ihrer Erzählung steht, ist interessant zu vermerken, daß der glanzvolle Ruf der männlichen Aggressivität, der das Charakterbild des siegreichen Königes der *Ilias* am meisten prägt, bei Wolf ausschließlich auf "einen Kompensationsakt für sexuelle Impotenz und die daraus resultierende psychologische Unsicherheit"[250] reduziert wird.

---

[248] Als Vorlage gilt Christa Wolf Aischylos' *Orestie*. Zum Verhältnis von Christa Wolf und Aischylos vgl. Wolfgang Ries: *Bewundert viel und gescholten, Aischylos. Christa Wolf auf der Suche nach der historischen Kassandra.* In: *Wirkendes Wort.* 35 /1985, S. 5-17, Wilfrid van Rengen: *Christa Wolfs feministische Interpretation von Aischylos' 'Oresteia'.* In: Michel Vanhelleputte (Hrsg.): *Christa Wolf in feministischer Sicht. Referate eines am 7. und 8. Dezember 1989 an der Vrije Universiteit Brussel veranstalteten Kolloquiums.* Frankfurt am Main 1992, S. 65-80 und Katherine Glau: *Christa Wolfs 'Kassandra' und Aischylos' 'Orestie'. Zur Rezeption der griechischen Tragödie in der deutschen Literatur der Gegenwart.* Heidelberg 1997, S. 252-385
[249] Im Flottenfüher Agamemnon sieht Kassandra beim Toben eines Seesturms einen verachtenswerten seekranken Schwächling, den "wimmernden, speienden Agamemnon." (K 6)
[250] Sabine Wilke: *Ausgraben und Erinnern*, a.a.O., S. 93

An der Schilderung der Opferung von Iphigenie, die "als Indikator des Maßes an seelischer Grausamkeit" [251] gilt, wird die geistige Beschränktheit des Agamemnon deutlicher demonstriert. Dabei offenbart sich das gewaltsame Verhalten, mit dem er später gegen Troja kämpft, schon in der Bereitschaft, seine eigene Tochter "um günstiger Winde willen" (K 63) zu opfern.

> Mir war plötzlich klar, daß es stimmen konnte, stimmen mußte, was ein griechischer Überläufer berichtet hatte und was auf Befehl des Priamos nicht weiterverbreitet werden durfte, damit das Volk den Feind nicht für ein Ungeheuer halten sollte: daß dieser selbe Agamemnon seine eigene Tochter, ein junges Mädchen namens Iphigenie, vor der Überfahrt seiner Flotte auf dem Opferaltar der Göttin Artemis schlachten ließ. (K 61)

Agamemnon folgt der Logik der Staatsräson, um die Wahrheit zu verschleiern; Iphigenie ist zum Opfer eines politischen Kalküls geworden. Daß die Opferung der Iphigenie die notwendige Voraussetzung seines Sieges und somit seines Heroentums ist, stellt die heroische Zielsetzung, mit der Agamemnon seinen Feldzug gründet, in Frage. Eine weitere Intensivierung der Entheroisierung wird durch seine Feigheit im Umgang mit seiner eigenen Schuld erreicht.

> Rundheraus fragte ich den Agamemnon nach Iphigenie. Er weinte, aber nicht, wie man aus Trauer weint: aus Angst und Schwäche. Er habe es doch tun müssen. Was, fragte ich kalt, ich wollte, daß er es aussprach. Er wand sich. Er habe sie opfern müssen. Das war nicht, was ich hören wollte, aber Wörter wie »morden«, »schlachten« sind ja den Mördern und Schlächtern unbekannt. Wie weit ich mich, auch in meiner Sprache, von ihnen entfernt hatte. Euer Kalchas, rief Agamemnon anklagend, hat um günstiger Winde willen dies Opfer strikt von mir verlangt. Und du hast ihm geglaubt, hab ich gesagt. Ich vielleicht nicht, greinte er. Nein, ich nicht. Die anderen, die Fürsten. Ein jeder neidisch auf mich, den Befehlshaber. Ein jeder schadenfroh. Was kann ein Führer gegen ein Heer von Abergläubischen. (K 62)

An dieser Textstelle, die als klare Stellungnahme Wolfs gegen den scheinheiligen Mut des Agamemnon zu werten ist, treten seine Charakterzüge am deutlichsten zutage. Die feige Schuldzuweisung an die Fürsten steht für die Unfähigkeit zur Selbstkritik und Reue. Ein Indiz

---

[251] Katherina Glau: *Christa Wolfs 'Kassandra' und Aischylos' 'Orestie'*, a.a.O., S. 316

für den fehlenden heroischen Geist des Agamemnon ist auch die Tatsache, daß er dem Willen der Fürsten und der Anforderung des Kalchas widerstandlos folgt. Der Grund für den Verzicht auf Widerstand und die unterlassene Zurechtweisung des Kalchas liegt in der Angst und der Schwäche, sich die Verantwortung für seine Tat nicht bewußt zu machen. Durch die mangelnde Bereitschaft zum Schuldbekenntnis, daß er einzig und allein aus reiner Machtgier den barbarischen Mord an seiner eigenen Tochter begangen hat, wird eine vollständige Entheroisierung erreicht. In Kassandras Reaktion auf die Schilderung vom Opfer der Iphigenie tut sich ein tiefer Abgrund der Verachtung auf.

> Laß mich in Ruhe, sagte ich. Groß vor mir stand der Klytaimnestras Rache. (K 62)
> Ich fragte Panthoos beiläufig: Welche Tochter? - Iphigenie, sagte er. - Und es ist wahr, was man von ihr erzählt? - Ja. Er hat sie geopfert. Euer Kalchas hat es ihm befohlen. Sie handeln übereilt und töricht. Glauben das Unglaubliche. Tun,was sie nicht wollen, und betrauern selbstmitleidig ihre Opfer. (K 118)

An der Gestaltung des Prototypen griechischer Helden, Achill, setzt Christa Wolf ihre "Korrektur des literarischen Kanons"[252] fort. Aus dem Helden des Homers, bei dessen *Ilias* die Beschreibung der alle anderen Heroen überragenden Tapferkeit und Stärke im Vordergrund steht,[253] wird bei Wolf die Karikatur eines Mannes, der von männlicher Destruktionslust beherrscht wird. Während der Tiervergleich bei Homer zur Bewunderung der Kühnheit kriegerischer Taten dient, ist das Epitheton "das Vieh", mit dem Achill von Kassandra fast immer versehen wird, eher der sarkastische Ausdruck für die Herabwürdigung des Heroen. Das seinen animalischen Wesenszug charakterisierende Beiwort deutet auf seine unmenschliche Grausamkeit hin und die konsequente Verwendung entspricht Wolfs Intention, den verherrlichten Helden des Homer als viehisches "Monstrum" (K 86) darzustellen.

Die rücksichtslose Bestialität, die Achill in besonderem Maße auszeichnet, wird bespielsweise an der Stelle veranschaulicht, in der Achill in einem ungleichen Kampf an Kassandras Bruder Troilos einen kaltblütigen Mord verübt. Der Knabe Troilos, der den äußerst strengen Regeln des trojanischen Adels im Kampf zu folgen pflegt, setzt auf ein ehrenhaftes Duell mit seinem Widersacher.

---

[252] Anna K. Kuhn: *Christa Wolfs 'Kassandra'. Kanon, Umdeutung, Utopie.* In: *Jahrbuch zur Literatur in der DDR.* Hrsg. v. Paul Gerhard Klussmann u. Heinrich Mohr Bd. 4: *Literatur und bildende Kunst*, Bonn 1985, (S. 135-163) S. 144

[253] Zu Christa Wolfs parodistischer Interpretation von Homers *Ilias* vgl. Christine Maisch: *Ein schmaler Streifen Zukunft. Christa Wolfs Erzählung 'Kassandra'.* Würzburg 1986, S. 24-28

> Troilos stand, stellte sich dem Gegner, kämpfte. Und zwar regelrecht, so wie er es gelernt, wenn Edele mit Edlen kämpfen. Treulich hielt er sich an die Gesetze der Kampfspiele, in denen er seit Kindheit glänzte. (K 84)

Aber Achill, dem es nur um die totale Zerstörung des Feindes geht, achtet gar nicht auf die moralische Berechtigung der Kampfmethode. Er zeigt sich als grausame Bestie, die nicht davor zurückschreckt, dem unerfahrenen und an physischer Stärke weit unterlegenen Knaben einen brutalen Schlag zu versetzen.

> Aber Achill. Achill das Vieh ließ sich auf des Knaben Angebot nicht ein. Vielleicht verstand ers nicht. Achill erhob sein Schwert, das er mit beiden Händen packte, hoch über den Kopf und ließ es auf den Bruder niedersausen. Für immer fielen alle Regeln in den Staub. (K 84)

Ähnlich wie Agamemnon hat auch Achills Gewalt im Kampf sexuelle Gründe. Dabei läßt sich die Perversion der Brutalität nicht direkt auf seine homosexuelle Neigung zurückführen, wie Wolf fragwürdige Koppelung von Gewaltsamkeit und Homosexualität vorgeworfen wird,[254] weil Achill mit starker homosexueller Neigung gezeichnet ist.

Es ist nicht Christa Wolfs Anliegen, durch negative Darstellung der Homosexualität einen neuen Mythos vom mörderischen perversen Mann zu erschaffen. Aber was im Zusammenhang mit der sexuellen Frage viel stärker ins Gewicht fällt, sind aggressive sadistische Impulse, die sich aus der zwanghaften Bemühung um die Anpassung an das männliche Idealbild ergeben. Die Angst davor, wegen seiner homosexuellen Neigung von der Umwelt nicht akzeptiert zu werden, führt zu einer übermäßigen Brutalität: Um die Abweichung von der Sexualitätsnorm durch eine überdurchschnittliche Männlichkeitsnorm wettzumachen, ist er im Krieg brutaler und mitleidloser als alle anderen. Seine homosexuelle Neigung ist insofern einer der sein Verhalten bestimmenden Faktoren, als er sie durch sein gegensätzliches männliches Handeln zu kompensieren versucht.

---

[254] Vgl. Stefanie Risse: *Wahrnehmen und Erkennen in Christa Wolfs Erzählung 'Kassandra'*. Bamberg 1986, S. 23. Heinz-Peter Preußer: *Mythos als Sinnkonstruktion. Die Antikenprojekte von Christa Wolf, Heiner Müller, Stefan Schütz und Volker Braun.* Köln, Weimar, Wien 2000, S. 101-107

> Achill stellte nämlich allen nach: Jünglingen, nach denen ihn wirklich verlangte, und Mädchen, als Beweis, daß er wie alle war. Im Kampf ein Unhold, damit jeder sah, daß er nicht feige war (...) (K 95)

In bewußter Abwandlung der mythlogischen Vorgaben gestaltet Wolf Achills vielgerühmte Stärke zum Verhaltensmuster um, das als eine mögliche Folge der äußersten Selbstentfremdung anzusehen ist. Gerade diese Umdeutung erweist sich als wesentlicher Beweis dafür, daß es Wolf fernliegt, mittels einer Schwarz-Weiß-Figurendarstellung die Perversion des Achill auf seine Homosexualität zurückzuführen. Der aus falscher männlicher Eitelkeit resultierende Zwang, als mutiger Held akzeptiert zu werden, ist durch Minderwertigkeitsgefühle und Angst, nicht zu sein wie die andern, so weit neurotisiert, daß er sich nur noch durch schwere Formen psychischer Regression und explosiver Gewalt kanalisieren läßt.

Die barbarische Tat der Tötung und Schändung ermöglicht Achill eine befriedigende Abreaktion der aufgestauten Aggression. Immer läßt sich bei ihm der destruktive Tötungstrieb mit dem erotischen Trieb verbinden. Das folgende Zitat zeigt, wie Achill Troilos lustvoll erwürgt. Der Akt des Tötens als "pervertierter Ausdruck des Wunsches nach Berührung und Vereinigung"[255] geht mit der Erfüllung seiner sexuellen Lust einher.

> Wie näherte sich dieser Feind dem Bruder. Als Mörder? Als Verführer? Ja gab es das denn: Mörderlust und Liebeslust in einem Mann? (...) Des Opfers starrer Blick. Das tänzelnde Herannahn des Verfolgers, den ich jetzt von hinten sah, ein geiles Vieh. Das Troilos, den Knaben, bei den Schultern nahm, das ihn streichelte - den Wehrlosen, dem ich Unglückselige den Panzer abgenommen hatte! - ihn befingerte. Lachend, alles lachend. Ihm an den Hals griff. An die Kehle ging. Die plumpe kurzfingrige haarige Hand an des Bruders Kehle. Pressend, pressend. (...) Des Bruders Augen aus den Höhlen quellend. Und in Achills Gesicht die Lust. Die nackte gräßliche männliche Lust. (K 85)

Achills männliche Zerstörungslust kann nicht zwischen körperlicher Zerstörung und Sexualität unterscheiden. Töten stellt bei ihm eine ebensolche lustvolle Triebbefriedigung dar wie der Rausch der Sexualität. Das gestörte Verhältnis zur Sexualität geht so weit, daß der

---

[255] Mechthild Quernheim: *Das moralische Ich. Kritische Studien zur Subjektwerdung in der Erzählprosa Christa Wolfs*, a.a.O., S. 288

absolute Tabubruch durch seinen nekrophilen Charakter seinen Höhepunkt erreicht: Achill mißbraucht die Amazonenkönigin Penthesilea, nachdem er sie im Kampf getötet hat.

> Der Mann, unfähig, die Lebendige zu lieben, wirft sich, weiter tötend, auf das Opfer. (K 135)

Mit der Tat der Leichenschändung, die sich an Ungeheuerlichkeit kaum überbieten läßt, erweist er sich als gräßlicher und schrecklicher als jedes Vieh, was dem animalischen Zug seines Wesens entspricht. Wichtiger ist, daß an Achills Nekrophilie die Verbindung zwischen Liebesunfähigkeit und Gewalt deutlich wird. Der emotional abgestumpfte und zur Liebe unfähige Achill kann sich der lebendigen Penthesilea nicht nähern, sondern nur die Tote als vollkommenes Objekt besitzen. Die Sexualität des liebesunfähigen Mannes, dem ausschließlich im Akt der Beherrschung und Besitzergreifung die männliche Selbstbehauptung gelingt, findet in der Gewalt ihren Ausdruck. Achill ist die Verkörperung aller negativen Eigenschaften, die in den entmenschlichten Männern vorhanden sind: "Besitzgier, Herrschaftstrieb und Unterdrückung von Schwachen und Frauen."[256]

4. 3. 1. 2. Masochistische Verliererfiguren

Der destruktiven männlichen Gewalt, die als Kompensation von sexueller Frustration und Unfähigkeit zu lieben fungiert, wird die masochistische Triebhaftigkeit von zwei weiblichen Figuren entgegengestellt. Das Schicksal der beiden Frauen zeigt sich als Entartungsformen des Masochismus: Die Königstochter Polyxena, die ihrer bedingslosen Hingabe an die masochistische Opferrolle verhaftet bleibt, und die Amazonenkönigin Penthesilea, die trotz ihrer strikten Ablehnung der zerstörerischen männlichen Herrschaft ebenso aggressiv mit Schwert und Pfeil wahllos Männer mordet. Die beiden Frauen verkörpern die weiblichen selbstzerstörerischen Denkstrukturen, die Töten und Sterben dem Leben vorziehen.

Die Prägung der beiden Frauen, den Selbstvernichtungswünschen ausgeliefert zu sein, geht so weit, daß sie zur Herausstellung der gewaltsamen Logik des Krieges ganz bewußt ihr Leben, ihren Körper benutzen. Auf dieser Weise kommt es jedoch zur negativen Verstärkung der

---

[256] Irmgard Roebling: *"Hier spricht keiner meine Sprache, der nicht mit mir stirbt.". Zum Ort der Sprachreflexion in Christa Wolfs 'Kassandra'.* In: Wolfram Mauser: *Erinnerte Zukunft*, a.a.O., (S. 207-232) S. 223

männlichen Herrschaft, die mit zunehmender Funktionalisierung und Fremdbestimmung der Frauen einhergeht.

Zutiefst erfüllt von dem blanken Haß "auf alle Männer" (K 133) kämpft Penthesilea gegen den männlichen Vernichtungswahn, der sich ihrer Ansicht nach nur gegen die Frauen richtet. Ihre militante Einstellung verweist jedoch auf die paradoxe Widersprüchlichkeit, die sie nicht mehr zu erkennnen in der Lage ist; denn sie will die Situation der Frauenunterdrückung mit den von Männern übernommenen Mitteln bekämpfen. Damit handelt sie nach den Gewaltstrukturen der Männerwelt, gegen die sie sich strikt abgrenzt und deren gewaltsame Denk- und Verhaltensmuster sie sich doch zu eigen macht. Sie wird ebenfalls vom Willen zu Krieg und Sieg und Vernichtungswünschen getrieben. Am deutlichsten sind die Parallelen zum Prinzip der männlichen Zerstörungswut an der folgenden Stelle festzustellen, an der ein Gespräch zwischen Penthesilea und den Frauen vom Idaberg stattfindet.

> Die bewohnte Welt, soweit sie uns bekannt war, hatte sich immer grausamer, immer schneller gegen uns gekehrt. Gegen uns Frauen, sagte Penthesilea. Gegen uns Menschen, hielt Arisbe ihr entgegen.
> Penthesilea: Die Männer kommen schon auf ihre Kosten.
> Arisbe: Du nennst ihren Niedergang zu Schlächtern auf ihre Kosten kommen?
> Penthesilea: Sie sind Schlächter. So tun sie, was ihnen Spaß macht.
> Arisbe: Und wir? Wenn wir auch Schlächterinnen würden?
> Penthesilea: So tun wir, was wir müssen. Doch es macht uns keinen Spaß.
> Arisbe: Wir sollen tun, was sie tun, um unser Andersein zu zeigen!
> Penthesilea: Ja. (K 134)

Die Ursache für das lebensfeindliche militante Verhalten "der dunklen sich selbst verzehrenden Penthesilea" (K 10) liegt in dem Masochismus und der Resignation vor den bestehenden Verhältnissen, die von männlicher Gewalt geprägt sind. "Der Abgrund von Hoffnungslosigkeit" (K 122) führt zur Verachtung gegenüber jeder Hoffnung auf Veränderung, so daß Penthesilea auf Kassandras Position der Gewaltlosigkeit lediglich mit Spott reagiert: "Deine Träume gegen ihre Wurfspeere!" (K 122) Um auf den männlichen Vernichtungswahn hinzuweisen, entscheidet sie sich für die "Seite der Wurfspeere" (K 122), denn sie kennt nicht die Alternative des gewaltlosen Kampfes.[257]

---

[257] Christa Wolf äußert sich kritisch zu dieser Art der Angleichung. "Ist es denn das Ziel der Emanzipation, kann es überhaupt erstrebenswert sein, daß die Frauen "werden wie die Männer", also dasselbe tun dürfen, dieselbe

> Zu spät, wieder einmal zu spät habe ich (Kassandra Hj.H.) begriffen, daß sie sich, ihr Leben, ihren Körper zur Verfügung stellte, um dieses Unrecht vor aller Augen auf die Spitze zu treiben. (K 122)

Selbst wenn Penthesilea sich im Kampf gegen die Unterdrückung der Frauen "mit ihrer kämpferischen Angleichung an die Kriegslogik"[258] auf eine Stufe mit den Männern stellt und ebenfalls autoritär über ihre Kriegerinnen verfügt,[259] unterscheiden sich doch die Motive ihres kriegerischen Handelns in ihrer Haltung der resignativen Todessehnsucht von denen der Männer. Sie tötet nicht zur Erfüllung der sexuellen Lust - wie dies sich bei der männlichen Figur des Achill feststellen läßt[260] -, sondern ihrem Kampf gegen die Männer liegt eine Todessehnsucht zugrunde, die Ausdruck von Hilflosigkeit ist: "Sie fiel, weil sie fallen wollte." (K 9)

Angesichts der von ihr gesehenen Unmöglichkeit, die zerstörerische männliche Gewalt zu verhindern, schlägt ihr Haß, der ausnahmslos allen Männern gilt, in ein übermächtiges Gefühl der Ohnmacht um, an dessen Ende Selbstaufgabe steht.

> Oinone: Aber so kann man nicht leben.
> Penthesilea: Nicht leben? Sterben schon.
> Hekabe: Kind. Du willst, daß alles aufhört.
> Penthesilea: Das will ich. Da ich kein andres Mittel kenne,
> daß die Männer aufhörn. (K 134)

Die Einladung der jungen Sklavin, zu den Frauen von den Skamanderhöhlen zu kommen, wo trotz der im Krieg erlebten Grausamkeit 'Leben' praktiziert wird, erscheint Penthesilea nicht als Alternative.

Rechte wie sie bekommen und immer mehr auch wahrnehmen können, wo doch die Männer es so sehr nötig hätten, selbst emanzipiert zu werden?" Christa Wolf: *Subjektive Authentizität,* a.a.O., S. 799

258 Sabine Wilke: *Ausgraben und Erinnern*, a.a.O., S. 144

259 "(...) ihre Frauen, die sie alle in der Hand hielt, mit der Bewegung ihres kleinen Fingers aufstachelte oder beruhigte, wie sie es wollte. Sie herrschte, wie nur je ein König." (K 133)

260 Was K. H. Jankowsky im Zusammenhang mit der Figur Myrine über die unterschiedlichen Motive des Tötens bei weiblichen und männlichen Kämpfern schreibt, gilt für Penthesilea auch. " Die Frauenschar will sich am Kampf gegen die Griechen beteiligen, um die Verbreitung des griechischen Patriarchats zu verhindern. (...) Sie tötet, um ihren Lebenszusammenhang mit den anderen Frauen zu schützen, nicht aus Lust am Hinschlachten anderer Lebewesen, wie es Kassandra in bezug auf Achill darstellt." In: Karen H. Jankowsky: *Unsinn /anderer Sinn /neuer Sinn. Zur Bewegung im Denken von Christa Wolfs 'Kassandra' über den Krieg und die 'Heldengesellschaft'*. Hamburg 1989, S. 27

> Da kam die junge Sklavin aus dem Griechenlager zu ihr herüber, kniete vor ihr hin und legte Penthesileas Hände an ihr Gesicht. Sie sagte: Penthesilea. Komm zu uns. - Zu euch? Was heißt das. - Ins Gebirge. In den Wald. In die Höhlen am Skamander. Zwischen Töten und Sterben ist ein Drittes: Leben (K 134)

Für Penthesilea ist die Hoffnung auf das Leben als Alternative zum Töten und Sterben ausgeschlossen. Der Wunsch nach einer Überwindung der männlichen Destruktion durch den Weg eines gewaltlosen Kampfes ist von ihr nicht zu erwarten. Für das Leben ist jedoch nichts zu gewinnen, indem sie als ihre Antwort auf den männlichen Sadismus einen weiblichen Masochismus dagegen setzt. Wo die weibliche Gewalt der männlichen Gewalt entgegengestellt wird, wird der Wahnsinn des destruktiven Kreislaufs fortgesetzt. Damit verkörpert Penthsilea "die ausweglose Linie des Matriarchats" (VeE 118), die Christa Wolf als "eine sektiererische Tendenz" einordnet.

> Bei Penthesilea (...) habe ich versucht, eine Entwicklung zu zeigen: Ich wollte zeigen, wohin Weiblichkeitswahn sich verirren kann. Sie verkörpert eine sektiererische Tendenz, die mir widerstrebt, wie alles, was auf reine Abgrenzung und Feindseligkiet einem Andersgearteten gegenüber hinausläuft - so sehr ich auch die Penthesilea-Position begreife. Mehr als Penthesilea haben mich diejenigen Frauen interessiert, die sich der Auseinandersetzung stellen, die sich nicht einfach in einen absoluten Kampf gegen die Männer und die Männerwelt stürzen, sondern auch sich selbst in Frage stellen können: Ihre Position ist produktiver, da sie die Zusammenhänge mit der Gesamt-Gesellschaft nicht zerreißen.[261]

Polyxenas masochistische Lustgefühle entstehen aus der demütigenden Erfahrung der Zurücksetzung durch den Vater. Ihre Schwester gilt als unbestrittener "Liebling des Vaters" (K 17), obwohl Polyxena die attraktivere, die begehrtere bei den Männern ist. Während Kassandra, ihre Rivalin im Kampf um die Liebe des Vaters, die Sonderstellung einer Seherin einnimmt, bleibt Polyxenas Sehnsucht nach dem Priesteramt unerfüllt.

> Polyxena habe ich (Kassandra Hj.H.) verachten müssen, weil ich mich selber nicht verachten wollte. Das kann nicht sein. Aber ich weiß: So ist es. Wozu leb ich noch, wenn nicht, um zu erfahren, was man nur vor dem Tod erfährt. Polyxena, glaube ich, ging so

[261] Christa Wolf: *Ursprünge des Erzählens*, S. 925

über jedes Maß furchtbar zugrunde, weil nicht sie des Königs Lieblingstochter war, sondern ich. (K 111)

In dem Maß, wie ihr der Aufstieg zur erstrebten Rolle der Priesterin verwehrt wird, verfestigen sich Eifersucht und Gefühle der Demütigung immer mehr. Infolgedessen sieht sie darin schmerzlich einen Beweis für die Wertlosigkeit ihres Lebens, daß ihre Wünsche nach Liebe, Halt und Anerkennung von seitens des Vaters nicht erfüllt werden. Resignation und Verletzung begegnet sie mit Selbsterniedrigung, indem sie sich ausgerechnet mit Andron, dem Mann, den sie verabscheut, vereint. Die ursprünglichen Anklagen und Vorwürfe gegen den Vater verformen sich in einen endlosen Selbsthaß, der sie dazu verleitet, aus ihrer Unterwerfungshandlung Lust zu ziehen[262]

Ich (Kassandra, Hj.H.) wollte es nicht wissen, wie es kam, daß meine Schwester Polyxena höchste Lust nur dann empfinden konnte, wenn sie sich bis in den Staub dem Unwürdigsten unterwarf. (K 110)

In den wiederkehrenden Vergewaltigungsträumen durch den Vater äußern sich ihre Verzweiflung im Ertragen von Schmerz und der Wiederholungszwang, sich immer wieder in die früh erlittene Demütigung zurückversetzt zu sehen. Die nicht ausgelebte Aggression dem Vater gegenüber wandelt Polyxena in Opferhaltung, in Unterwerfungslust unter den männlichen Besitz- und Herrschaftsanpruch um. Ihren Zorn über das angetane Leid richtet sie zerstörerisch gegen sich selbst, so daß sie sich der sie entwürdigenden Ordnung der patriarchalischen Gesellschaft unterwirft, um den Selbsthaß, die Selbstverachtung und den Hang zur Selbstbestrafung lediglich mit anderen Mitteln weiterzuführen.

Ihre masochistischen Tendenzen steigern sich noch, als sie dem 'Vieh' Achill als Belohnung für den Verrat, den Plan des Griechenlagers zu erkunden, versprochen wird. Statt sich ihrer Funktionalisierung zu widersetzen, sagt sie zu, als Köder für Achill eingesetzt zu werden. Mit ihrer "Lust an Selbstzerstörung" (K 128), die als "Verinnerlichung und lustvolle Perversion der zum Opfer erniedrigten Frau"[263] zu deuten ist, kommt sie der Rolle des Sexualobjekts bedingslos entgegen, da "sie nicht nur von außen, auch aus sich selbst heraus zum Opfer

[262] Zum sadomasochistischen Mechanismus in *Kassandra* vgl. Wolfram Mauser: *Das dunkle Tier und die Seherin. Zu Christa Wolfs Kassandra-Phantasie.* In: Johannes Cremerius u.a. (Hrsg.): *Freiburger literaturpsychologische Gespräche.* Bd. 4, Würzburg 1985, S. 139-157

[263] Lothar Köhn: *Wiederholte Aufklärung. Nochmals zu Christa Wolfs 'Kassandra'-Projekt.* In: Eckehard Czucka (Hrsg.): *'die in dem alten Haus der Sprache wohnen'. Beiträge zum Sprachdenken in der Literaturgeschichte. Helmut Arntzen zum 60. Geburtstag* Münster 1991, (S. 561-572) S. 570

vorbereitet" (K 111) ist. Sie bietet sich vor aller Augen Achill an und treibt die provozierende Tat auf die Spitze, indem sie auf "den Fetischcharakter der weiblichen Brust"[264] setzt.

> Abends vor Sonnenuntergang stand sie auf der Mauer, mit jenem neuen fernen Lächeln, und blickte auf Achill hinab. Der stierte. Beinahe tropfte ihm der Speichel. Da entblößte meine Schwester Polyxena langsam ihre Brust, dabei blickte sie - immer wie von weit - auf uns: ihren Geliebten, ihren Bruder, ihre Schwester. (K 124)

Mit der demonstrativ zur Schau getragenen Bereitschaft, sich zum Opfer eines politischen Kalküls machen zu lassen, will Polyxena die treffen, von denen sie sich verkannt und zurückgesetzt fühlt. Sie läßt sich freiwillig beim Tausch unter Männern mißbrauchen, der sie zu einem verdinglichten Tauschmittel herabsetzt,[265] um sich auf diesem vertrackten Weg der Selbstzerstörung für die hilflos ertragene Demütigung zu rächen.

> Für Monate war meine Schwester Polyxena die bewunderste Frau in Troia. Das hatte sie gewollt. Die Ihren strafen, indem sie sich selbst verdarb. (K 124)

Ohne jegliches Bemühen, die verlorengegangene Selbstachtung zurückzugewinnen, dämmert sie resigniert dahin und flüchtet sich in die masochistische Opferrolle. Mit dieser Haltung der vollkommenen und willenlosen Gleichgültigkeit dem Leben gegenüber läßt sie sich weiter manipulieren und fällt noch zusätzlich dem zerstörerischen männlichen Machtprinzip zum Opfer.

> Die Taten, die der Krieg heraustrieb, waren Mißgeburt. Polyxena hatte, als sie ihre Brust dem Griechen hinhielt, das Kind des Andron als ein kleines Klümpchen Blut verloren. Triumphierend, schamlos gab sie es bekannt. Frei sei sie, frei. Nichts, niemand halte sie. So war es. (K 124f)

---

264 Sabine Wilke: *Ausgraben und Erinnern*, a.a.O., S. 145

265 Auch Kassandra wird lediglich als Tauschobjekt zwischen Männern benutzt. Im letzten Kriegsjahr wird sie als Gegenleistung für die Bereitstellung frischer Truppen an Euryplos verheiratet. Frauentausch unter Männern gilt "als Urerlebnisse der Frauen im Patriarchat." Vgl. Anna K. Kuhn: *Christa Wolfs 'Kassandra'. Kanon, Umdeutung, Utopie*, a.a.O., S. 151 In ihren Frankfurter Vorlesungen nimmt Wolf folgendermaßen Stellung zum Tauschobjekt der Frauen. "Ihr Vater, der Troerkönig Priamos, habe sie (Kassandra, Hj.H.) gegen Ende des Krieges aus politischen Gründen - nämlich um einen Verbündeten mit einem dringend benötigten Kontingent von Kämpfern zu gewinnen - an einen von ihr abgelehnten Mann verheiratet (...) Annahme: In Kassandra ist eine der ersten Frauengestalten überliefert, deren Schicksal vorformt, was dann, dreitausend Jahre lang, den Frauen geschehen soll: daß sie zum Objekt gemacht werden." (VeE 86)

4. 3. 2. Sprachmanipulation für den inszenierten Krieg

Um das Volk in einen Krieg hineinzutreiben, der nicht direkt dem Interesse des Volkes dient, sondern wirtschaftlich wie bevölkerungsmäßig große Schäden anrichtet, ist die Inszenierung eines ideologischen Motives notwendig. An Stelle eines konkreten Gewinns werden bestimmte Ideale, die es zu verteidigen gilt, als Gründe des Krieges wichtiger als seine ökonomischen Anlässe oder Nutzanwendung, angeboten. Bei einem solchen Ideal muß eine glaubhafte Komponente als Identifikationspunkt existieren, mächtig genug, um das ganze Volk ergreifen und motivieren zu können.

Die politisch gezielt eingesetzte Scheinwahrheit kann freilich, wenn sie erst einmal Fuß gefaßt hat, auch von sich aus eine authentische Form annehmen, so daß sie die Inszenierung eines Glaubens im Volk begünstigt. Sehr oft dient das als Grund zur Kriegsführung von den Herrschenden genannte Ideal lediglich zur Verschleierung der wahren Interessen, die die Herrschenden haben. Die Verbreitung der aus dem politischen Kalkül entstandenen Unwahrheiten geht mit einer bewußt betriebenen Emotionalisierung einher, deren Funktion hauptsächlich darin besteht, das Volk von der Notwendigkeit eines Krieges zu überzeugen beziehungsweise Emotionen in ihm hervorzurufen, die sein Denken und Handeln in die von den Herrschenden gewünschte Richtung lenken sollen.

Anhand des Frauenraubmotives macht Christa Wolf deutlich, wie die Politik der Herrschenden, die einen Krieg um der Macht willen führen, inszeniert wird und wie die Psychologie des Volkes von einer Ideologie im Sinne von falschem Bewußtsein in ein Mittel zur Herrschaft verwandelt wird. Das Phantombild der schönen Helena wird als kollektives Klischee errichtet, das die Phantasie jedes einzelnen weiter beflügelt.

> In jedem einzelnen erschien das Bild der schönsten Frau, so strahlend, daß sie ihn, wenn er sie sehen könnte, blenden würde. (K 77)

Zunächst schüchtern, dann begeistert feiern die Sprechchöre "He-le-na" (K 77) und fordern ihren Anblick. Der Name der Helena, der für das Ideal der Schönheit steht, wird benutzt, um gegen das Schwanken der öffentlichen Meinung eine übersteigerte Identifikation des Volkes mit dem Staat zu erreichen. Solange der Krieg um ein Phantom mit dem Namen Helena geführt wird, bleibt der ökonomisch-politische Grund für die Kriegsführung hinter diesem Ideal verborgen.

> Wir haben ja dann alle den Anlaß für den Krieg vergessen. (...) Mehr Ausdauer, als ein Mensch aufbringen kann, hätte es gebraucht, immer weiter einen Namen im Munde zu führen, der immer mehr nach Asche schmeckt, nach Brand und Verwesung. Sie ließen von Helena ab und wehrten sich ihrer Haut. Um aber dem Krieg zujubeln zu können, hatten sie diesen Namen gebraucht. Er erhob sie über sich hinaus. (K 78)

Die schönste Frau Griechenlands, Helena, ist ein zur Steigerung der Kampfeslust geschaffener Mythos. Wie Priamos einmal Kassandra von den Motiven der Griechen und damit auch von den Ursachen der Reaktion Trojas in Kenntnis setzt, ist der eigentliche Kriegsgrund Gold und der Zugang zu den Dardanellen, der in ständiger Konkurrenz mit den Feinden, den Griechen, militärisch gesichert werden muß.

> Red kein Unsinn, sagte Priamos. Die wollen unser Gold. Und freien Zugang zu den Dardanellen. - So verhandle drum! schlug ich ihm vor. - Das hätte noch gefehlt. Verhandeln um unser unveräußerliches Eigentum und Recht! - Ich fing an zu spüren, daß der König gegen alle Gründe, die dem Krieg entgegenstanden, schon erblindet war, und was ihn blind und taub gemacht, das war der Satz der Truppenführer: Wir gewinnen. (K 81)

Im folgenden sollen in einer vertieften Analyse sowohl die ideologiestiftende Macht der Sprache wie die kettenreaktive Wirkung der Sprache auf die Realität im politischen- und gesellschaftlichen Feld des Kriegsgeschehens untersucht werden.[266]

Wie bekannt ist, stellt der Begriff 'Sprachmanipulation' einen wichtigen Bestandteil politischer Reden dar, und politische Rhetorik zielt hauptsächlich darauf, Menschen zu überzeugen oder sogar zu manipulieren. Häufig wird Sprache in diesem Zusammenhang von bestimmten Intressengruppen bewußt so instrumentell eingesetzt, daß sie einem gewissen Zweck dient. Doch hier ist es gerade die Leistung von Christa Wolf, schleichende Machtergreifung durch verfälschte Sprache darzustellen und die politische Relevanz mißbrauchter, instrumentalisierter Worte zu analysieren.

Im Grunde begleitet der Mechanismus der sprachlich verdunkelnden Manipulation nicht nur das Kriegsmotiv, sondern auch die Kriegsvorbereitung. Mit dem Krieg beginnt in Troia eine sprachlich neue Zeit, deren Motor Eumelos ist: " Bei uns trug sie (die neue Zeit, Hj.H.) den

[266] Zum Thema der Sprachmanipulation vgl. Stefanie Risse: *Wahrnehmen und Erkennen in Christa Wolfs Erzählung 'Kassandra'*, a.a.O., S.28-33 und Christine Maisch: *Ein schmaler Streifen Zukunft*, a.a.O., S. 75f

Namen Eumelos." (K 88) Gemäß der Erkenntnis, daß die Verfügung über die Sprache das Medium der Wirklichkeitskonstitution mit sich bringt, sorgen der junge ehrgeizige Offizier Eumelos und seine Männer für die Verbreitung der inszenierten Wahrheiten und die Einführung neuer Worte: "Was öffentlich geworden ist, ist auch real." (K 97) Mit der Übernahme der neuen Worte durch die Bevölkerung wird dann eine der Grundvoraussetzungen zur Durchführung ihrer politischen Interessen erfüllt. Bezogen auf diesen Zusammenhang beschreibt Christa Wolf in ihren Frankfurter Vorlesungen, wie der Mensch zum "Objekt der Statistik, der Publizistik, der Agitation, der Werbung, der politischen Propaganda." (VeE 114) gemacht wird.

> Das Objektmachen: Ist es nicht die Hauptquelle von Gewalt? die Fetischisierung lebendig-widerspüchlicher Menschen und Prozesse in den öffentlichen Verlautbarungen, bis sie zu Fertigteilen und Kulissen erstarrt sind: selbst tot, andre erschlagend. (VeE 114)

Wie neue Worte die Wirklichkeit verstellen, läßt sich am Aufbau eines Feindbildes beobachten, das als erster Schritt zur geistigen Aufrüstung in der Bevölkerung die Angst vor dem imaginären Gegner hervorruft und der Bereitschaft zur von den Herrschenden angestrebten Kriegsführung förderlich ist.

> Die Leute des Eumelos waren an der Arbeit. Sie hatten Anhänger unter Palastschreibern und Tempeldienern gewonnen. Auch geistige Rüstung bestand in der Schmähung des Feindes (von »Feind« war schon die Rede, eh noch ein einziger Grieche ein Schiff bestiegen hatte) und im Argwohn gegen die, welche verdächtig waren, dem Feind in die Hände zu arbeiten (...) (K 73)

Bereits beim Besuch des Spartaner Menelaos wird die Schaffung eines Feindbildes von der Instanz des kalkulierenden Denkens auf sprachlicher Ebene akribisch betrieben. Der königliche Gast darf nicht mehr als "Gastfreund" bezeichnet werden, da das Wort in den von Eumelos eingeführten Sprachregelungen eliminiert ist. Stattdessen wird der ahnungslose Menelaos, der keineswegs Kriegsabsichten hegt, von der "Königspartei" des Eumelos, die ein "Sicherheitsnetz" schaffen zu müssen glaubt, als "Kundschafter", "Provokateur" und "zukünftiger Feind" (K 64) gesehen.

Indem Paris beleidigend Menelaos laut auf seine schöne Frau Helena anspricht, beginnt die Paris-Helena-Geschichte, die den Anstoß zum Krieg gibt. Ungeachtet des Eingreifens der

Mutter Hekabe, die "ihren ungezogenen Sohn den Mund verbietet", verlangt Paris weiter lautstark die ihm versprochene Helena.

> Paris sprang auf, schrie: Wie! Schweigen solle er? Schon wieder? Immer noch? Sich klein machen? Unsichtbar womöglich? O nein. die Zeiten sind vorbei. Ich, Paris, bin nicht zurückgekommen, um zu schweigen. Ich, Paris, bin es, der des Königs Schwester von den Feinden wiederholt. Wenn sie mir aber verweigert wird, findet sich eine andre, schöner als sie. Jünger. Edler. Reicher. Es ist mir versprochen worden, daß ihr's wißt. (K 68)

Unter dem Vorwand, die ehemals entführte Königsschwester heimzuholen und das gekränkte Selbstgefühl des eigenen Volkes wiederherzustellen[267], verbirgt sich das wahre Motiv dieser Aktion. Paris, der von seinen Geschwistern wegen seines Namens "Tasche" (K 65) verlacht wird, will das Gefühl der Minderwertigkeit überwinden und sich beweisen, daß er durch den Besitz von Helena der erste aller Männer ist. (K 67) Er möchte unbedingt Helenas Entführung legitimieren und geht dabei in seiner eingeredeten Auserwähltheit so weit, daß er sich zur Behauptung verleiten läßt, daß Helena ihm von Aphrodite versprochen sei. (K 67f)
Aus dem Gerede über Helena werden plötzlich Fakten geschaffen, die einen Krieg auslösen könnten. Während Kassandra mit großem Schrecken den unweigerlichen Untergang voraussieht und daraufhin einen Anfall hat, begleitet der Jubel des Volkes am nächsten Morgen die als feierliches Spektakel veranstaltete Ausfahrt des dritten Schiffes.
Nach der Rückkehr des Paris wird die Wahrheit über den Mißerfolg dem Volk vorenthalten. Stattdessen wird durch die gezielte Verbreitung einer Lüge um die angebliche Eroberung der schönen Helena die Kriegsbereitschaft der Troer zu wecken versucht. Paris bringt "eine tief verschleierte Person" (K 77) von Bord und läßt sie beim Volk als Helena gelten, das ihren Anblick fordert. Die Verschleierte, die "das objektive Korrelativ der sprachlichen Verschleierung"[268] darstellt, bekommt aber niemand zu Gesicht. Dieser in der Hand der Machthaber entstandene Helena-Mythos wird taktisch so eingesetzt, daß er das Volk im Glauben läßt, nicht für die handelspolitischen Interessen der Herrschenden zu kämpfen, sondern für die Schönheit.

---

[267] "Ein König, der seine entführte Schwester nicht zurückzugewinnen suche, verliere sein Gesicht." (K 42)
[268] Anna K. Kuhn: *Christa Wolfs 'Kassandra'. Kanon, Umdeutung, Utopie,* a.a.O., S. 154

> Ruhm und Reichtum hätte auch ein Mannsbild hergegeben. Aber Schönheit? Ein Volk, das um die Schönheit kämpft! (K 79)

Nach Jahren fordert das Volk nicht mehr den Anblick der Frau, für deren Schönheit es angeblich kämpft, weil es zu sehr mit dem Krieg beschäftigt ist. Die Herrscher bedienen sich zur Aufrechterhaltung ihrer Legitimitätsansprüche einer falschen Geschichte. Auf diese Weise wird das Volk in Unwissenheit gehalten über die wahren machtpolitschen Hintergründe und die wirtschaftlichen Interessen, die zum Ausbruch des Krieges führen. Durch "die Verkennung der Tatsachen"[269] kann das Volk für das politische Machtstreben leichter verfügbar gemacht werden.

> Die aufgeklärte Vernunft, die zur Gewalt drängt, bedient sich der Mythen, um eine falsche Sicht der Wirklichkeit zu befestigen, die ihren Zwecken dient.[270]

In dem Maß, wie sich die Machtpolitik ausbreitet und die öffentliche Meinung für ihre Zwecke zurichtet, beginnt die gezielte Instrumentalisierung der Sprache. Die Sprache dient als Mittel zur Legitimation von Macht und Krieg. Damit ist die Sprache "nicht ein dem Menschen generell verhängtes Fatum (auch wenn es so scheint), sondern in vielschichtiger Weise die Sprache der Herrschenden."[271]

Die Nachrichten, die wie eine Waffe entworfen sind, werden als Wahrheit benutzt, um einen der Kampfmoral förderlichen Glauben unter der Bevölkerung auszulösen und etwaige Kritik an der Staatsführung schon im Vorfeld zu verhindern.

> (...) wie im Hin und Her zwischen dem Palast und den Tempelpriestern, in Tag- und Nachtsitzungen des Rats eine Nachricht hergestellt wurde, hart, gehämmert, glatt wie eine Lanze: Paris der Troerheld habe auf Geheiß unsrer lieben Göttin Aphrodite Helena, die schönste Frau Griechenlands, den großmäuligen Griechen entführt und so die Demütigung gelöscht, die unserm mächtigen König Priamos einst durch den Raub seiner Schwester angetan worden war. (K 74f)

---

[269] Rolf Günter Renner: *Mythische Psychologie und psychologischer Mythos. Zu Christa Wolfs 'Kassandra'.* In: Wolfram Mauser: *Erinnerte Zukunft*, a.a.O., (S. 265-290) S. 268

[270] Ebda.

[271] Irmgard Roebling: *Zum Ort der Sprachreflexion in Christa Wolfs 'Kassadra'*, a.a.O., S. 209

Hier macht sich ein Gesetz geltend, das für die Inszenierung eines Glaubens im Volk wirksam ist. Es werden Vorurteile von sich und anderen ausgebildet, die auf einer antagonistischen Gegenüberstellung basieren: Sind die Troer moralisch und mutig, sind die Griechen unmoralisch und böse. Während die Troer mit lauter positiven Begriffen - die Göttin, der Held, die Schönheit - in Verbindung gebracht werden, werden die Griechen dagegen als Angeber und Diebe herabgesetzt, um die Troer von der trojanischen Überlegenheit zu überzeugen und eine übersteigerte Identifikation der Troer mit ihrem Staat zu erreichen. Daß Paris zur Entführung der Helena von den Göttern autorisiert worden sei, kommt eigentlich einer Rechtfertigung des Gottwidrigen gleich. Durch diese Behauptung wird jedoch der Tat, die für eigene Machtinteressen geschieht, der neue Glanz der Heldentat im göttlichen Auftrag suggeriert, so daß die positive Bewertung der Geschehnisse verstärkt und die einhellige Zustimmung der Troer zum Krieg erzeugt wird.

All diese sprachlich geregelten Maßnahmen haben lediglich die Funktion, dem Volk eine eigene Realitätswahrnehmung und ein eigenes Urteil zu verweigern und abweichende Meinungen schon im Keim zu ersticken. Damit kommt der Sprache nicht mehr ihre eigentliche Bedeutung als Mittel zur Vermittelung tatsächlicher Sachverhalte und Wahrheit zu, sondern sie degeneriert zum Machtinstrument. Christa Wolf stellt in Ihrem Essay *Deutsch sprechen* kritisch dar, wie solche Sprache von Politikern für sich in Anspruch genommen wird und in inhaltlose Worte verwandelt wird.

> Das frißt um sich, das wird Denkmethode, das zwingt zu abenteuerlichen Sprachkonstruktionen: Wenn ihre Worte Brücken wären, darüber möchte kein Menschen gehen. Da wächst dann die Menge der Tatsachen, über die man nicht spricht. Es steigt die Zahl der Tabus. Eine Eingeweihtensprache wird nötig, Augurensprache, Komplicensprache. Und für die Öffentlichkeit: mit möglichst vielen verschwommenen, vagen Formulierungen möglichst wenig sagen. Sich nicht beim Wort nehmen lassen. [272]

Je aussichtsloser sich die Lage Trojas entwickelt, desto konsequenter wird die Wirklichkeitsverfälschung durch Worte vorangetrieben. Mittels der nur nach ihrer Wirksamkeit berechneten Sprache können die zur Wahrheit erhobenen Lügen aufrechterhalten werden. Um den Mißerfolg des dritten Schiffes nicht preiszugeben, bedient sich auch Priamos dieser Art der Sprache. Damit die Wahrheiten und die drohende

---

[272] Christa Wolf: *Deutsch sprechen.* In: Dies.: *Die Dimension des Autors*, a.a.O., (S. 412-421) S. 417

Kriegsgefahr nicht ans Licht kommen, wird alles, woraus eventuell Panik erwachsen könnte, mundtot gemacht. Ein Beispiel dafür läßt sich am Verbot des Wortes 'Krieg' sehen.

> Sprach in Troia irdendein Mensch von Krieg? Nein. Er wäre bestraft worden. In aller Unschuld und besten Gewissens bereiteten wir ihn vor. (K 74)

Der gezielte Mißbrauch der Sprache geht schleichend vor sich, bis sie jeder Willkür der trojanischen Machthaber preisgegeben ist. Es ist dabei besonders auffällig, daß einer bestimmten Situation entsprechend solche Methoden von Wirklichkeitsverfälschung durch Worte wie "das Okkupieren positiver Werte, Euphemismen, Abstraktionen, das Unterdrücken von Wörtern und das Einführen neuer Worte"[273] angewendet werden, wenn es darum geht, den Krieg gerechtfertigt erscheinen zu lassen.
Der neue Ausdruck für Krieg heißt 'Überfall', da zufolge der verordnenten selbstbetrügerischen Sprachregelung das Wort 'Krieg' nicht ausgesprochen werden darf.

> Krieg durfte er nicht heißen. Die Sprachregelung lautete, zutreffend: Überfall. (K 82)

Der euphemistische Ausdruck 'Überfall' wirkt wirklichkeitsverzerrend, indem er einen ungerechten Angriff der eindringenden Griechen suggeriert, der die troianische Verteidung als unausweichliche Gegenwehr erforderlich macht. Der euphemistische Sprachgebrauch dient der Täuschungsabsicht, die zu der notwendigen Herrschaftsregelung im Palast gehört, ist ein Vorwand, um einen gerechten Krieg zu führen.
Im Zusammenhang mit dem atomaren Wettrüsten der Weltmachtblöcke in den achtziger Jahren beschreibt Christa Wolf in ihren *Voraussetzungen einer Erzählung* direkte Parallelen zu der als Vorkrieg erlebten politischen Situation im Jahr der Raketenstationierung in Westeuropa, welche die Existenz Europas bedroht.

> Die Nachrichten beider Seiten bombardieren uns mit der Notwendigkeit von Kriegsvorbereitungen, die auf beiden Seiten Verteidigungsvorbereitungen heißen. Sich den wirklichen Zustand der Welt vor Augen zu halten, ist psychisch unerträglich. (VeE 97)

---

[273] Stefanie Christmann: *Auf der Suche nach dem verhinderten Subjekt*, a.a.O., S. 166

Die Euphemismen werden zunehmend der unerläßliche Pfeiler des bewußten Eingriffs in die Sprache. Ihnen kommt die Funktion zu, "das ethisch-moralische Bewußtsein der Gesellschaft (zu) verschieben, die Realität in verfälschend manipulativer Weise (zu) bewerten, das Selbstbewußtsein des einzelnen als Teil einer Gemeinschaft (zu) steigern."[274]
Nach Priamos' väterlicher Ermahnung ist Kassandra verpflichtet, seine Spitzel nicht als "Bewacher", sondern als "Beschützer" zu betrachten: "Bewacher? Wie ich darauf komme. Beschützer seien die jungen Burschen." (K 56) Als es schlechter um Troia steht, kommen Priamos selber immer neue Bezeichnungen zu, mit denen ihm eine absolute Machtstellung stärker zugesprochen wird.

> Und Priamos hatte einen neuen Titel: Unser mächtiger König. Später, je aussichtsloser der Krieg wurde, mußte man ihn unser allermächtigster König nennen. Zweckmäßige Neuerungen (...) Was man lange genug gesagt hat, glaubt man am Ende. (K 75)

Um zu erkennen, wann der Vorkrieg beginnt, ist es notwendig, ein kritisches Augenmerk auf all das zu richten, was zur Sprachmanipulation und der damit verbundenen ideologischen Legitimation nun schleichend Form und Festigkeit annimmt.

> Wann Krieg beginnt, das kann man wissen, aber wann beginnt der Vorkrieg. Falls es da Regeln gäbe, müßte man sie weitersagen. In Ton, in Stein eingraben, überliefern. Was stünde da. Da stünde, unter andern Sätze: Laßt euch nicht von den Eignen täuschen. (K 76f)

4. 4. Der Prozeß der weiblichen Subjektwerdung

4. 4. 1. "Warum wollte ich die Sehergabe unbedingt?"

Im Rückblick auf das eigene Leben stellt sich die kurz vor der Hinrichtung stehende Kassandra die Frage: "Warum wollte ich die Sehergabe unbedingt?" (K 6, 11) Im Verlauf des erinnernd-reflektierenden Monologs über die vorangegangenen Ereignisse, der zur intensiven Bewußtwerdung von Eindrücken eines bereits Geschehenen beiträgt, verschärft sich ihr

[274] Ebda., S. 167

Wissen um den Grundwiderspruch, der durch ihren Wunsch nach unbedingter Sehergabe zustandekommt und ihr Leben durchzieht. Dabei entwickelt sich die Fähigkeit zur kritischen Hinterfragung der Gründe für ihr Begehren. Mit "einem sich selbst entlarvenden Blick"[275] vollzieht sich der Prozeß der Bewußtwerdung auf das Ziel hin, die Ursprünge der Haltung aufzudecken, die Einsicht in eigene Verstrickung erschwert und somit die Kritik an der Verantwortung für das Geschehen ausschließt.

Diese Reflexion führt Kassandra zur Erkenntnis, daß sie Priesterin werden wollte und Sehertum anstrebte, weil dies ihr als alternatives Schutzschild gegen die Wirklichkeit diente, um sich der traditionellen Rolle der Frau in Troia zu entziehen. Gleichzeitig kommt sie zur Einsicht in andere, weitere Gründe. Als Lieblingstochter des Königs ist sie gewohnt, "die Ausnahme zu sein", sie will sich "unter kein gemeinsames Dach mit allen zerren lassen". (K 18) Für ihren Wunsch, aus der Menge herauszuragen, stellt das Priesteramt eine Möglichkeit dar, aufgrund der herausgehobenen Position in der Gesellschaft geachtet zu werden. Sie strebt das Priesteramt an, da es ihr "Würde, Abstand und Ersatz für Freuden" (K 30) verleiht. Das ist der Wunsch, Macht über die Menschen zu gewinnen und Einfluß zu nehmen.

Um nach den Ursachen der intensivierten Wünsche, die ihrem Streben nach der Sehergabe zugrunde liegen, zu suchen, ist es notwendig, mehrere einschneidende Erlebnisse näher zu betrachten, die auf tiefgehende Verletzungen zurückgehen und in ihr den Willen zur Macht erzeugen. Im folgenden soll der Zusammenhang zwischen zwiespältigen Erfahrungen und dem Seherwunsch herausgearbeitet werden.

Zutiefst demütigend erfährt Kassandra die Unterdrückung der Frauen im Initiationritus, der ihr als eine Unterwerfung unter die Strukturen der herrschenden männlichen Ordung erscheint. Ihr unbedingter Wunsch nach dem Priesteramt wird aktiviert, als sie mit den anderen im Tempelbezirk der Athene auf ihre Defloration wartet, die ihr die weibliche Rolle des Sexualobjekts bewußt macht; die Aufnahme in die Welt der Erwachsenen ist an die erniedrigende Erfahrung gebunden, zum Objekt gemacht zu werden.

> (...) die Männer hatten uns auszusuchen und zu entjungfern. Ich hörte lange, eh ich einschlief, das Fingerschnipsen und, in wieviel verschiedenen Betonungen, das eine Wort: Komm: Um mich wurde es leer, nach und nach waren die andern Mädchen abgeholt worden. (...) Ich erfuhr zwei Arten von Scham: die, gewählt zu werden, und die, sitzenzubleiben. Ja, ich würde Priesterin werden, um jeden Preis. (K 20)

---

[275] Helmtrud Mauser: *Zwischen Träumen und Wurfspeeren. 'Kassandra' und die Suche nach einem neuen Selbstbild.* In: Wolfram Mauser: *Erinnerte Zukunft*, a.a.O., (S. 291-315) S. 299

Beim Eintritt ins Erwachsenenleben werden Frauen zum Objekt im Rang einer Ware gemacht, die "die Signatur für Frauenleben in Troia"[276] darstellt. Daß Kassandra vor der rituellen Entjungferung ein Gefühl der Scham empfindet aus Angst, sich wählen zu lassen, deutet auf die Widersprüchlichkeit hin, daß sie einerseits männliche Normen ablehnt und andererseits diese bereits verinnerlicht hat.

Das Seheramt scheint ihr die einzige Möglichkeit, den Weg der Selbstbestimmung einzuschlagen. Sie versucht, sich der "Erniedrigung und Ohnmacht des Objekt-Seins" [277] durch ihre Berufswahl zu entziehen. Sie glaubt, der Gefahr der weiteren demütigenden Instrumentalisierung durch die exponierte und zugleich geachtete Stellung ausweichen zu können, die ihr das Priesteramt ermöglicht. Es ist jedoch nur eine Scheinalternative, denn der Versuch der Selbstbestimmung steht unter einem paradoxen Anspruch: Zugehörigkeit und Anerkennung, die sie durch das Priesteramt zu erlangen meint, steht nämlich die Eingliederung in die herrschende Ordung gegenüber, indem sie die priesterliche Pflicht zu erfüllen hat.

Der Traum kurz vor ihrer Weihe zur Priesterin weist schon darauf hin, daß die Teilhabe an der männlichen Macht keine Vorausetzung der Selbstbestimmung sein wird, sondern sie wird durch die Anerkennung des patriarchalischen Gesetzes erkauft, das ausschließlich auf der Grundlage von Unterordnung und Herrschaft basiert[278]; denn die Gabe des Sehertums, die als ein Geschenk des Gottes Apoll erscheint, ist Kassandra unter der Bedingung verliehen worden, die Wünsche des Gottes zu erfüllen.

> Der Traum die Nacht zuvor kam ungerufen, und er hat mich sehr verstört. Daß es Apollon war, der zu mir kam (...) Apollon im Strahlenglanz, (...) Der Sonnengott mit der Leier, blau, wenn auch grausam, die Augen, bronzefarben die Haut. Apollon, der Gott der Seher. Der wußte, was ich heiß begehrte: die Sehergabe, die er mir durch eine eigentlich beiläufige, ich wagte nicht zu fühlen: enttäuschende Geste verlieh, nur um sich mir dann als Mann zu nähern, wobei er sich (...) in einen Wolf verwandelte, der von Mäusen

[276] Ebda., S. 296 Die öffentlich-politische Verfügbarkeit der Frauen erreicht den Höhepunkt im Kriegszustand. Durch die zunehmende Mißachtung und Verdinglichung der Frauen werden Frauen zum austauschbaren Objekt im Warenstatus degradiert. "Die Pest hatte das Griechenlager heimgesucht, (...) Man müsse eine kleine Sklavin, die der große Agamemnon als sein Eigentum betrachtete, ihrem Vater wiedergeben, (...) Dafür mußte dem Agamemnon Ersatz geleistet werden: (...) wurde Briseis, unsre Briseis, dem Achill entrissen, dem man sie solange zu beliebigem Gebrauch belassen hatte, und dem großen Flottenführer Agamemnon zugeteilt. Der hielt sie, (...) in einem besondern Zelt." (K 125)

[277] Sonja Hilzinger: *Christa Wolf*, a.a.O., S. 137

[278] Zum Kennzeichen patriarchalischer Gesellschaft vgl. Rainer Gerdzen u. Klaus Wöhler: *Matriarchat und Patriarchat in Christa Wolfs 'Kassandra'*. Würzburg 1991, S. 20-25

umgeben war und der mir wütend in den Mund spuckte, als er mich nicht überwältigen konnte. (K 18f)

Die Antwort auf die Verweigerung, sich mit dem Gott zu vereinigen, ist der Fluch, den Apollon beim Spucken gegen Kassandra ausgestoßen hat und der in ihrer Erfolglosigkeit als Seherin besteht.

Wenn Apollon dir in den Mund spuckt, sagte sie mir feierlich, bedeutet das: Du hast die Gabe, die Zukunft vorauszusagen. Doch niemand wird dir glauben. (K 28)

In der Zwiespältigkeit des Gottes, der als erhabener Lichtgott Kassandra die Sehergabe verleiht und anschließend in Gestalt des Wolfgottes als Mann auf der bedingungslosen Erfüllung seiner Wünsche besteht, spiegelt sich der Widerspruch von Kassandras Wunsch, zumal dieser Apoll "ein Bild der Verdinglichung und Fremdbestimmumg" darstellt.[279] Sie will sich mit dem Priesteramt der fremdbestimmten weiblichen Rolle des Sexualobjekts entziehen, in die sie sich als Frau zu fügen hat. Die Tatsache, daß die Sehergabe mit dem Erdulden der männlichen Gewalt gekoppelt ist, verweist jedoch darauf, daß sie mit dem Eintritt in die patriarchalische Institution des Priesteramtes negativ auf die männliche Ordnung fixiert bleibt.

4. 4. 2. Die Körpersprache als Form des Wahrnehmens

Die Wahnsinnsanfälle und die Kopfschmerzen Kassandras sind die Verkörperung ihres inneren Leidens am Gespaltensein, das dadurch entsteht, daß ihre "Gier nach Erkenntnis" ihrem "Hang zum Übereinstimmung mit den Herrschenden" (K 72f) entgegensteht. Bei solcher "unzensierten Sprache des Körpers"[280], die nicht unterdrückt werden kann, kommt die Wahrheit, gegen die sich bewußte Wahrnehmumg aufgrund der Loyalität zum Königshaus noch heftig wehrt, zum Ausdruck.[281]

---

[279] Lothar Köhn: *Wiederholte Aufklärung*, a.a.O., S. 567

[280] Sabine Wilke: *Ausgraben und Erinnern*, a.a.O., S. 158

[281] Auch Henk Habers spricht von solchen Körpersignalen, die kritisch gegen die Gegensätze der Gesellschaft und die Gesetze des trojanischen Palastes auflehnen. Vgl. Henk Habers: "*Widersprüche hervortreiben". Eros, Rationalität und Selbsterkenntnis in Christa Wolfs Erzählung 'Kassandra'*. In: *Neophilologus*. 71/1987, (S. 266-284) S. 274

Um diese Ambivalenz zu belegen, ist eine genauere Analyse der Motive notwendig, die im Zusammenhang mit Kassandras Anfällen stehen. Diese Anfälle werden nun daraufhin untersucht, wie zentral Kassandras Wunsch nach einer eigenen Stimme für den langen und beschwerlichen Weg ihrer eigenen Entwicklung und Wandlung ist und wieweit sich Parallelen zwischen dem Zwiespalt, in dem sich Kassandra befindet, und den Körpersignalen ziehen lassen. Die Wahrheiten, die im vollkommenen Widerstreit zu ihrem Vertrauen in die Macht und das Recht des Königshauses liegen und ihre Loyalitätsgefühle gefährden könnten, werden verdrängt. Das verdrängte Wissen um die Wahrheiten manifestiert sich dann im Körper. Er wird zum Ort der unterdrückten Stimme des Widerstands.

Der Ausgangspunkt für den ersten Anfall macht sich an der Expedition des "zweiten Schiffes" fest, dessen Fehlschlag Kassandra bereits voraussieht. Der Beginn des Zwiespaltes, den Kassandra wahrnimmt und der ihr jedoch aufgrund der Loyalität zum Könighaus nicht offen begegnen darf, liegt in den Unwahrheiten um das "zweite Schiff": Priamos' Begründung, seine vor langer Zeit entführte Schwester Hesione zurückholen zu wollen, erweist sich bald durch die ironische Frage der Mutter als ein Vorwand, dessen Funktion lediglich darin besteht, von den wahren Motiven dieser Aktion abzulenken und die Wahrheit um die Eitelkeit des schwächlichen Königs zu verschleiern. Als Legitimation für das geplante Unternehmen spricht Priamos von Ehre und Gesichtsverlust: "Ein König, der seine entführte Schwester nicht zurückzugewinnen suche, verliere sein Gesicht." (K 42)

Hekabe erkennt ein kompaktes Lügengebilde um die angebliche Rettungsaktion der Hesione, da die geraubte Schwester in Wahrheit freiwillig in Sparta lebt. Unter dem Vorwand, eine alte Schmach aufzuheben, geschieht die Tat zur Durchsetzung persönlicher Machtinteressen des Priamos, nämlich von den Griechen Achtung für seine Schutzgebührforderung zu ernten. Hekabe entlarvt öffentlich den Wahnsinn der Aktion, die Priamos mit einer Lüge rechtfertigt. Die Heimholung der Königsschwester erweist sich als Farce. Hesione hat dabei eine Funktion als Kriegsprovokation. Hekabe formuliert im Rat offen ihren Spott und darauf wird ihr die Teilnahme an den Sitzungen des Rates verwehrt. Mit der schleichenden Entmachtung Hekabes geht das Ende einer Zeit einher, in der Vater und Mutter noch jede politische Entscheidung gemeinsam besprachen und Kassandra bei den Gesprächen des Königspaares anwesend sein durfte.

> Dies ist mein frühestes Bild, denn ich, Liebling des Vaters und an Politik interessiert wie keines meiner zahlreichen Geschwister, ich durfte bei ihnen sitzen und hören, was sie redeten. (K 17)

Kassandra reagiert auf die elterliche Auseinandersetzung und auf die Einschränkung des Mitspracherechts Hekabes in der Öffentlichkeit mit einer körperlichen Empfindung.

> (...) Empfindung, die ihren Sitz in der Magengrube zu haben schien, eine vibrierende Spannung, die ich durch Parthena die Amme »Angst« nennen lernte. (K 42)

Kassandra spürt bereits das geplante Unrecht des zweiten Schiffes und verweigert doch die Einsicht in die Gründe ihrer zwiespältigen Gefühle, die als bedrohlich erahnt werden, da sie an das Fundament ihrer vaterorientierten Identifikation rühren könnten. Erst nach der Ausfahrt des zweiten Schiffes, als Aineias Schlachtruf "Hesione oder den Tod!" in ihr ein Grauen hervorruft, das sie unterdrückt, wird sie von masochistischen Träumen und Schuldgefühlen geplagt.

> Die Königsschwester oder den Tod! riefen, die zurückblieben. Neben mir stand Aineias und rief zu seinem Vater hinauf: Hesione oder den Tod! Ich erschrak und wußte, daß ich nicht erschrecken dürfte: Aineias handelte im Sinn des Königshauses, dem ich angehörte, wenn er um einer fremden Frau willen, die zufällig des Königs Schwester war, seinem Vater den Tod wünschte. Ich unterdrückte mein Grauen (...) (K 42f)

Je mehr Kassandra Anstrengungen unternimmt, das Wissen um die Wahrheiten zu unterdrücken, die sie in die Angst treiben, desto deutlicher wird ihr die Problematik des übergeordneten Ziels, das im Interesse der Herrschaft steht. Auch wenn sie weder ihr intuitives Wissen noch ihre Angst einsehen will und sich dagegen wehrt, bleiben doch die unterschwellige Angst und das unterdrückte Grauen nicht ohne Folgen. Unterdrückte Angst meldet sich in Extremsituationen wieder zu Wort und verursacht immer wieder ihre Anfälle.
Als Kassandra durch Marpessa erfährt, daß der Seher Kalchas freiwillig zu den Griechen übergelaufen ist, wendet sie sich in ihrem Zorn und Schrecken an Hekabe, um sich dieses unglaubliche Gerücht widerlegen zu lassen. Kassandras Erwartung wird jedoch rücksichtslos abgewiesen und Marpessa wird von der Mutter hart bestraft. Damit Kassandra vor Nachrichten geschützt wird, die mit ihrem Loyalitätsgefühl kollidieren könnten, wird Marpessa geopfert. Für das Insistieren auf ihr Recht, die Wahrheit über das Verschwinden des Kalchas zu wissen, wird Kassandra mit der Isolation bestraft.

> Ein Ring des Schweigens legte sich um mich. Der Palast, der heimatlichste Ort, zog sich von mir zurück, die geliebten Innenhöfe verstummten mir. Ich war mit meinem Recht allein. (K 45)

Darüber hinaus erfährt Kassandra über Kalchas, was sie kaum glauben kann: "Das Königshaus hat ihm die günstigen Prophezeiungen abgezwungen. Seherlos." (K 45) Aineias bestätigt ihr die Wahrheit der verschwiegenen Vorgänge, die zu ihrem Verständnis der gesellschaftlich anerkannten Seherrolle in Widerspruch stehen. Auf diese Instrumentalisierung des Sehertums, die sie in ihrem Glauben an Troia tief erschüttert, reagiert ihr Körper mit der ersten massiven Gegenwehr. Durch das Erkennen der Lügen und des verordneten Schweigens um die vom Palast bestellten Prophezeihungen wird der Keim zur ersten inneren Trennung von den Eltern gelegt, was zuletzt dazu führt, daß die Loyalität zum Königshaus unsicher wird. Als Höhepunkt der inneren Spaltung kommt es zur Befreiung der zugunsten der Autoritätszuordnung lange unterdrückten Stimme, damit sie Kassandra nicht ganz zu zerreißen droht.

> Und ich, hörte ich mich zu Aineias sagen, ich habe es von Anfang an gewußt. Die Stimme, die das sagte, war mir fremd, und natürlich weiß ich heute, weiß ich seit langem, es war kein Zufall, daß diese fremde Stimme, die mir oft schon in der Kehle gesteckt hatte, in seiner Gegenwart zum erstenmal aus mir sprach. Willentlich ließ ich sie frei, damit sie mich nicht zerreiße; was dann kam, hatte ich nicht in der Hand. (...) Schlotternd, gliederschütttelnd hing ich an ihm, jeder meiner Finger tat, was er wollte, klammerte sich in seine Kleider, riß an ihnen; mein Mund, außer daß er den Schrei hervorstieß, erzeugte diese Art von Schaum, der sich auf Lippen und Kinn absetzte, und meine Beine, die ich so wenig in der Gewalt hatte wie irgendein andres Glied, zuckten und tanzten in einer anrüchigen unpassenden Lust, die ich gar nicht empfand, unbeherrscht waren sie, war alles an mir, unbeherrschbar ich. Vier Männer konnten mich kaum halten. (K 45f)

Als problematisch erweist sich jedoch das Loslassen der Stimme, da die Stimme, die als "Kassandras Emanzipation von den Normen des Palastes"[282] anzusehen ist, von ihr noch immer als fremd bezeichnet wird. Nur die ihre Identität konstituierende Vaterautorität

---

[282] Manon Delisle: *Weltuntergang ohne Ende. Ikonographie und Inszenierung der Katastrophe bei Christa Wolf, Peter Weiss und Hans Magnus Enzensberger.* Würzburg 2001, S. 37

erklärt die anhaltende innere Weigerung, "die Stimme der aufgeklärten Wahrheit"[283] als ihre eigene anzuerkennen. Die Prägung durch diese Grundmuster geht so weit, daß Kassandra selbst im epileptischen Anfall alles, was ihrer Einheit mit dem Vater und dem Palast widerstreiten könnte, als fremd begreift. Zwei unterschiedliche Wertesysteme von Eigenständigkeit und Autoritätszwängen prallen aufeinander, die sie nicht miteinander in Einklang zu bringen weiß. Es geht um die beiden Pole ihrer Existenz, "den Hang zur Übereinstimmung mit den Herrschenden" und die "Gier nach Erkenntnis" (K 72f), zwischen denen sie hin- und hergerissen wird und die sie zunehmend in einen Zustand von Zwiespalt und Selbstzweifel bringt. Als Rettung vor dem Konflikt stellt sich der Anfall von Wahnsinn ein.

Beim zweiten Anfall bestätigt sich noch deutlicher, daß Kassandras Anfälle alle als Reaktion auf Spaltungs- und Trennungserlebnisse erfolgen.[284] Der Anfall wird ausgelöst, nachdem der eitle Paris, der vom königlichen Gast Menelaos dessen Frau Helena für sich fordert, die grobe Verletzung des Gastrechts wagt und die Entführung Helenas verkündet. Als Kassandra an Oinones Äußerungen erkennt, wie sehr Paris von Eumelos' zweckrationalem Kalkül beherrscht und zur willenlosen Marionette deformiert wird, spürt sie schon an ihrem Körper die unübersehbaren Zeichen, die später dann durch ein Beben des Körpers in den Anfall übergehen.

> Ganz deutlich hörte ich hinter der zitternden Stimme der Oinone die heisere durchdringende Stimme des Eumelos, und mein inneres Beben wurde stärker. Wie jedem Menschen gab mir der Körper Zeichen; anders als andre war ich nicht imstande, die Zeichen zu übergehen. (K 67)

Das Erkennen, das sich zur Erfahrung der nicht länger zu übersehenden Familienkrise und der schleichenden Entmachtung des Königshauses verdichtet, geht durch den Körper. Es ist der Körper, der durch sein Beben spricht und Kassandra in Erregung versetzt, die dann als etwas Unkontrolliertes im Anfall zum Ausbruch kommt. Somit ist der Körper auch im zweiten Anfall der Ort des Wissens. Mit dem Zusammenhang von Körper und dessen Rolle als Ort der inneren Stimme beschäftigt sich auch Sigrid Weigel. Sie stellt fest, daß in Christa Wolfs

---

[283] Lothar Köhn: *Wiederholte Aufklärung,* a.a.O., S. 567

[284] Vgl. Manon Delisle: *Weltuntergang ohne Ende,* a.a.O., S. 36f Manon Delisle interpretiert Kassandras epileptische Anfälle als die Umfunktionierung des Mythos. Sie hebt vor, daß epileptische Anfälle, unter denen Kassandra nach der mythologischen Überlieferung litt, von Christa Wolf in "einen Ausdruck des inneren Kampfes zwischen der offiziellen Priesterin, die im Dienst des Palastes steht, und der neuen Seherin, die gerade selbständig wird," umfunktioniert sind.

Kassandra der Körper als "Mitteilungsorgan" zu verstehen sei, dem "sprachliche Funktionen" zukommen. Weigel führt beispielsweise den Begriff der "Umschrift bzw. Übersetzung von der Körperartikulation in die Sprache" ein und fügt hinzu, daß "mithilfe des Körpers etwas zur Sprache kommt, das im Medium gerade nicht artikuliert ist."[285]

Durch Erkennen der verdrängten Wahrheiten, die sich im Körper in Form von Krankheit zeigen, gelingt Kassandra zum ersten Mal die Verwirklichung des angestrebten Ziels, die Sehergabe zu besitzen, um mit ihrer Stimme das Äußerste auszusprechen. Hier sieht sie nun den kommenden Untergang plastisch voraus

> Ich allein sah. Oder »sah« ich denn? Wie war das doch. Ich fühlte. Erfuhr - ja, das ist das Wort; denn eine Erfahrung war es, ist es, wenn ich »sehe«, »sah«: Was in dieser Stunde seinen Ausgang nahm, war unser Untergang. (K 68)

Indem sie auf ihre primäre, körperliche, sinnliche Wahrnehmung hört, die sich von der rationalen Form der Erkenntnis unterscheidet,[286] lernt sie eine andere Art zu sehen und die Zukunft zu erkennen. Was sie sieht, fühlt und erfährt, erscheint ihr jedoch als Entfremdungszustand. Die Botschaft des Erkennens, daß der Ausbruch des Krieges nicht mehr zu verhindern sei, ist so schmerzhaft, daß die aus ihr sprechende Stimme mit einer entsetzlichen Qual gleichgesetzt wird. Während die Stimme "das Blut aus den Adern treibt und die Haare zu Berge stehn läßt" (K 68), stürzt sie sich in eine "Dunkelheit" (K 69), die die anderen und sie selber Wahnsinn nennen. Da das, was durch die Stimme ausgesprochen wird, sie zu zerreißen droht, nennt Kassandra diese Stimme "Todesstimme".

> Ich wollte diesen Leib nicht füttern, Ich wollte diesen verbrecherischen Körper, in dem die Todesstimme ihren Sitz hatte, aushungern, ausdörren. Wahn-Sinn als Ende der Verstellungsqual. (K 69)

Die Spaltung, die durch die Familie und die Gesellschaft geht, erlebt Kassandra in ihrem Inneren als ihre eigene Identität spaltenden Kampf und flieht in den Wahnsinn. Der Wahnsinn, der sich aus dem Wissen der Wahrheit über gesellschaftliche Widersprüche ergibt, dient als Rettung vor dem übergroßen Schmerz der schrecklichen Erkenntnis.

---

[285] Sigrid Weigel: *"Blut im Schuh". Körper-Gedächtnis und Körper-Sprache in Christa Wolfs Prosa.* In: Dies.: *Bilder des kulturellen Gedächtnisses. Beiträge zur Gegenwartsliteratur.* Dülmen-Hiddingsel 1994, S. 59

[286] Zur Sprache des Körpers vgl. Stefanie Risse: *Wahrnehmen und Erkennen in Christa Wolfs Erzählung 'Kassandra'*, a.a.O., S. 87f

> Zwei Gegener auf Leben und Tod hatten sich die erstorbne Landschaft meiner Seele zum Kampfplatz gewählt. Nur der Wahnsinn schützte mich vor dem unerträglichen Schmerz, den die beiden mir sonst zugefügt hätten. (K 70)

Selbst im Zustand des Wahnsinns kann es kein vollständiges Erlöschen der vernünftigen Überlegungen geben. Auch hier bleibt ein rationaler Rest übrig, der darauf zielt, die Notwendigkeit und den Sinn des Anfalls zu verstehen: "In meinem tiefsten Innern, dort, wohin er nicht vordrang, hielt sich ein Wissen von den Zügen und Gegenzügen." (K 70) Dieses Wissen um die Zusammengehörigkeit von Erkenntnisgewinn und Erkenntnisflucht gilt es als Mittel zur Überwindung der inneren Spaltung einzusetzen und produktiv zu machen: "Der hat gewonnen, der ihn zu erkennen und zu nutzen weiß." (K 70)
Mit Arisbes Hilfe gelingt es Kassandra, langsam wieder zu Bewußtsein zu kommen. Arisbe durchschaut Kassandra in ihren zwiespältigen Gefühlen und versucht die Panzerung zu durchbrechen, indem sie Kassandra mit wenigen Sätzen vor Augen führt, daß es an ihr selbst liege, sich vom Wahnsinn zu befreien: "So strafst du diese nicht. (...) Schluß mit dem Selbstmitleid. (...) Tauch auf, Kassandra, (...) Öffne dein inneres Auge. Schau dich an." (K 70) Arisbes Einblicke in Kassandras Innenleben, das ihr selbst zumeist verborgen bleibt, wirken auf Kassandra entlarvend und machen sie auf ihr Inneres aufmerksam.
Mit der kritisch bohrenden Frage, warum Kassandra die Autorität habe so stark werden lassen, verdeutlicht ihr Arisbe ihren inneren Konflikt, der aus der Unvereinbarkeit ihrer Liebe zum Königshaus und ihrem wachsenden Wahrheitsdrang resultiert.

> Schön, sagte Arisbe, die schon wieder da saß. Und wie steht es mit dir?
> Wieso mit mir. An wem ich mich vergangen habe? Ich, die Schwache? An all diesen Stärkeren?
> Wieso hast du sie stark werden lassen. (K 72)

Arisbe konfrontiert Kassandra mit den unbeschönigten Wahrheiten und legt ihr nahe, der eigenen Täterrolle ins Auge zu sehen. Somit gelingt Kassandra teilweise der Desillusionierungsprozeß, unterdrücktes Wissen über sich selbst zu erkennen und ihre eigene Verstrickung in die politische Entwicklung zu durchschauen. Mit dem zweiten Anfall hat Kassandra noch einen weiteren Schritt der Entwicklung zur Seherin getan, indem sie sich selbst zu sehen nicht mehr abwehrt. Arisbe ist die erste Hilfe von außen, die Kassandra auf ihrem Weg zur Selbstfindung unterstützt.

Der dritte und letzte Anfall crfolgt, als Paris sich offen zu der Helena-Lüge bekennt, daß Helena überhaupt nie in Troia gewesen sei und daß von daher der Krieg "um ein Phantom" (K 80) mit dem Namen der schönen Helena geführt würde. Kassandra hatte schon die Gefahr durchschaut, die von dem karriereträchtigen Offizier Eumelos ausgeht. Kassandra hatte kritisch betrachtet, wie er mittels des gezielten Eingriffs in die Sprache die "geistige Rüstung" (K 73) vorbereitet. Von daher ist das Zugeständnis von Paris nichts anderes als die Bestätigung dessen, was sie längst wußte, aber nicht wahrhaben wollte. Hier zeigt sich wieder Kassandras Unfähigkeit zur produktiven Auseinandersetzung mit Tatsachen, die ihr Loyalitätsbedürfnis gefährden könnten. Kassandra bleibt beharrlich bei ihrer Blindheit, obwohl jeder im Palast längst weiß, daß die vermeintliche Anwesenheit von Helena nur als ein plumpes Täuschungsmanöver zur Ablenkung von den eigentlichen Kriegsmotiven dient: "Komm zu dir, Schwester. Mensch: Es gibt sie nicht." (K 79)

Als sich der Glaube an den Besitz der Schönen Helena als höhnische Lüge erweist, überkommt Kassandra die erschreckende Erkenntnis des unweigerlichen Untergangs und sie reagiert darauf mit einem Anfall.

> Da riß es mir die Arme hoch, noch eh ich wußte: Ja, ich glaubte ihm. Seit langem war mir so zumute, angstverzehrt. Ein Anfall, dachte ich noch nüchtern, hörte aber diese Stimme schon, wehe wehe wehe. (...) Wir sind verloren. Weh, wir sind verloren. (K 79)

Sie versucht, den Zustand des unbeherrschten Anfalls auszuhalten, sich selbst zu durchschauen und nach und nach die unheimlichen Täuschungsstrukturen in der Palastwelt zu erkennen. Die so bewirkte Erkenntnis führt Kassandra aus ihrem illusionären Selbstverständnis als Opfer heraus, und sie entflieht der Frage nach ihrer Mitschuld an der von Troia genommenen Entwicklung nicht länger. In ihrem Hang nach Übereinstimmung mit den Mächtigen sperrte sie sich bislang blind gegenüber den Tatsachen, die für sie ebenso längst auf der Hand liegen wie für alle anderen Palastbewohner. Ihr Nicht-Wissen-Wollen dessen, was in Troia wirklich geschieht, hinderte sie bislang daran, die gefährlichen Veränderungen öffentlich zu kritisieren und sie machte sich dadurch der Komplizenschaft bei der Kriegsvorbereitung schuldig.

Kassandra erkennt nun ihre Mitschuld und versucht sich der weiteren Beteiligung am Fortgang der Kriegsvorbereitung zu entziehen. Sie warnt zwar vor dem nahenden Untergang, aber sie spricht nicht konkret das Problem aus. Es ist vor allem ihr "Hang zur Übereinstimmung mit den Herrschenden" (K 72), der es ihr unmöglich macht, die

Täuschungsabsicht des Palastes beim Namen zu nennen. Statt ihr Wissen über die Lüge um Helena ins Volk zu tragen und zu schreien, "Troer, es gibt keine Helena!" (K 79) wimmert sie allgemeine Sätze, die den Herrschenden nicht gefährlich werden. Eumelos, der unbemerkt ins Bewußtsein der Troer dringt und mit der Taktik der Inszenierung der öffentlichen Meinung operiert, ist der Spiegel für Kassandras Kollaboration mit dem Palast. Sie klammert sich noch eine Zeit lang an die vaterorientierte Identifikation und ihre Veränderungsbemühungen fallen halbherzig aus. Um das ihre Identität konstituierende 'Wir', das sie mit dem Palast verbindet, nicht zu verlieren, verrät sie dem Volk das Staatsgeheimnis (K 80) der Helena-Lüge nicht. Die unterlassene Aufklärung des Volkes ist eines der Elemente, mit denen sie sich am Untergang Troias insofern mitschuldig macht, als sie in den nun nicht mehr aufzuhaltenden Krieg einwilligt.
Das sie blind machende Bedürfnis der Zugehörigkeit zur Palastwelt versteht der Vater äußerst geschickt für sich zu nutzen. Er appelliert bewußt als der Vater, den Kassandra noch aus ihren Kindertagen in Erinnerung hat, nicht als der König des kriegsführenden Troias an ihre Emotion.

> Kind, sagte er, zog mich zu sich heran, ich atmete den Duft, den ich so liebte. Kind. Wer jetzt nicht zu uns hält, arbeitet gegen uns. (K 81)

Indem er sie zweimal 'Kind' nennt, verweist er auf ihre Liebe zu ihren Vater, die sie sich nicht entziehen kann. Sie kann gar nicht anders, als auf die Forderung des Vaters einzugehen und sich zur Geheimhaltung zu verpflichten, weil sich der Appell des Vaters genau auf das Gefühl der Zusammengehörigkeit richtet. Die Verweigerung der Unterstützung und Zustimmumg, die der Vater von ihr verlangt, droht ihr mit dem Bruch mit den Ihren. Im Irrglauben, das Band zwischen sich und den Ihren zu erhalten, erweist sie sich als unfähig, sich dem vom Vater bewußt produzierten Gefühl sowie der Inanspruchnahme für die bestimmten Interessen der Vaterwelt zu entziehen.

> Vernagelt war ich. Dachte, sie und ich, wir wollten doch dasselbe." (K 81)

4. 4. 3. Liebe als Potential zur Selbstfindung

Der Ausgangspunkt von Christa Wolfs Überlegungen zum weiblichen Schreiben ist die Erkenntnis, daß die abendländische Kultur eine männliche Kultur ist. Durch ihre

Beschäftigung mit den literarischen, mythologischen und geschichtlichen Quellen der Kassandra-Überlieferung kommt Wolf zu dem Schluß, daß das Schicksal, das seit den Anfängen des Patriarcharts dem weiblichen Geschlecht zuteilgeworden ist, das Objektsein und der Ausschluß der Frau von der Teilnahme an der weiteren Entwicklung der Menschheit ist: "Die Frau, einst Ausführende, ist entweder ausgeschlossen oder zum Objekt geworden." (VeE 144)

Die hierarchische Geschlechtsordnung, nach der die Frau mit Bezug auf den Mann bestimmt und unterschieden wurde und die die Frau zum Objekt gemacht hat, verfolgend, faßt Wolf zusammen, daß das abendländische Denken von der Tendenz zur Objektivierung geprägt sei.

> Aber eben diesen Weg ist doch, vereinfacht gesagt, das abendländische Denken gegangen, den Weg der Sonderung, der Analyse, des Verzichts auf Mannigfaltigkeit der Erscheinungen zugunsten des Dualismus, des Monismus, zugunsten der Geschlossenheit von Weltbildern und Systemen; des Verzichts auf Subjektivität zugunsten gesicherter »Objektivität«. (VeE 139)

Von der Grundannahme ausgehend, daß die großen kulturellen, wissenschaftlichen und technischen Errungenschaften der abendländischen Zivilisation mit dem Ausschluß des weiblichen Geschlechts durch das männliche Geschlecht erreicht worden seien, sieht Wolf gerade die Liebe als eine Möglichkeit, die Herrschaft des Subjekts Mann über das Objekt Frau aufzuheben, eine Herrschaft, in der Wolf die "Hauptquelle von Gewalt" (VeE 114) erkennt. Wolfs Hoffnung konzentriert sich auf eine Liebe, die "auf der Basis von Ebenbürtigkeit, von Anerkennung des Anderen als anders und Bewahrung eigener Autonomie"[287] beruht. Die echte Liebe, die das ebenbürtige Verhältnis zweier autonomer Subjekte voraussetzt, soll zur Korrektur der Ohnmacht des Objektseins beitragen.

Zu genauerem Verständnis ist zunächst wichtig, Wolfs wachsendes Bewußtsein von dem Kontrast von Patriarchalisierung der Geschlechterbeziehung und Liebesfähigkeit nachzuzeichnen. Die Bedeutung der Liebe für Selbstwerdung und Einheit mit sich wird in Wolfs Prosa und Essayistik häufig thematisiert. Die Liebe gilt als "das Signum einer erfüllten Existenz, des Zu-sich-selber-Kommens des einzelnen Menschen, das Gegenteil von Entfremdung."[288]

---

[287] Sonja Hilzinger: *Christa Wolf*, a.a.O., S. 138

[288] Sonja Hilzinger: *Weibliches Schreiben als eine Ästhetik des Widerstands*, a.a.O., S. 218

Die Liebesfähigkeit in dieser Bedeutung ist Wolf zufolge der Frau zuzuschreiben, weil sie am herrschenden System keinen Anteil hat, das sich mit dem "blanke(n) Nützlichkeitswahn"[289] identifizieren läßt. Die Gleichung von der einfühlsamen, gefühlvollen Frau und dem unempfindlichen und unempfindsamen Mann ist natürlich zu einfach. Gleichwohl ist unbestreitbar, daß Frauen und Männer aufgrund ihrer unterschiedlichen Sozialisation die Beziehungen zwischen Menschen wesentlich anders erleben. Die Dominanz der männlichen Werte - Rationalität, Herrschaftsdenken, Leistungsbetonung - begünstigen in unserer patriarchalischen Gesellschaft den Mann in vielerlei Hinsicht und führen zugleich zur Entfremdung des Mannes.

Wolf beschäftigt sich seit langem mit dieser Problematik. In ihrer aus der damaligen Sicht als futuristisch empfundenen Erzählung[290] *Selbstversuch* (1972) setzt sich Wolf bereits mit der Liebesfähigkeit der Geschlechter auseinander und polemisiert gegen die mit dem Leistungsdenken einhergehende Stagnation in den Beziehungen zwischen den Menschen.[291] Die Ich-Erzählerin, eine dreiunddreißigjährige Wissenschaftlerin, "Doktor der Physiopsychologie und Leiterin der Arbeitsgruppe GU (Geschlechtsumwandlung) im Institut für Humanhormonetik" (Ge 194), unterzieht sich freiwillig einer Geschlechtsumwandlung durch eine Injektion eines Hormonpräparats. Nach außen stellt sie sich aus wissenschaftlicher Neugier für das Experiment zur Verfügung. In Wahrheit besteht jedoch ihre persönliche Motivation darin, die wahre Gefühls- und Denkwelt des von der blinden Sachlichkeit und Emotionslosigkeit geschlagenen Professors zu erkunden und dadurch herauszufinden, ob der von ihr heimlich geliebte Professor überhaupt liebesfähig ist.

Nach dem gelungenen Experiment verwandelt sie sich zunächst biologisch in einen Mann. Bald merkt sie jedoch zudem den Verlust der Fähigkeit, ihre Empfindungen und Gefühle sprachlich auszudrücken. Allerdings bleiben ihr die Erinnerungen an ihre weibliche Vergangenheit, was sie letztlich dazu bringt, das Experiment abzubrechen und zu ihrer früheren Rolle zurückzukehren. Sie verarbeitet ihre eigenen Erfahrungen während der Zeit als Mann zu einer Kritik an der Tendenz zu Genauigkeit, Korrektheit und Eindimensionalität

[289] Christa Wolf: *Von Büchner sprechen*, a.a.O., S. 612

[290] Vgl. Therese Hörnigk: *Christa Wolf*, a.a.O., S. 162

[291] In einem Brief an Brigitte Reimann vom 31. 05. 1972 weist Christa Wolf auf ihr Schreibmotiv dieser Erzählung hin: "Ich will wahrscheinlich wieder mal zu viele Fliegen mit der Klappe dieser Geschichte schlagen, nicht nur den falschen Emanzipationsbegriff, der bei uns grassiert, sondern auch gleich noch den falschen Wissenschaftsbegriff - rein empirisch, positivistisch und daher antirevolutionär, konservativ, inhuman -, und noch, zum Teil daher stammend, die Liebesfähigkeit so vieler Männer, die natürlich, angesichts dieser Partnerbeziehungen, auch auf viele Frauen übergreift. Wenn sie es nicht vorziehen, unglücklich zu werden." In: Brigitte Reimann/Christa Wolf: *Sei gegrüßt und lebe*, a.a.O., S. 141

zuungunsten von Phantasie und Emotionalität. Dem Professor teilt sie mit, daß sie hinter sein Geheimnis gekommen sei, das in der Unfähigkeit zu lieben verborgen ist.

> Daß Sie nicht lieben können und es wissen. (...) Ihre kunstvoll aufgebauten Regelsysteme, Ihre heillose Arbeitswut, all ihre Manöver, sich zu entziehen, waren nichts anderes als der Versuch, sich vor der Entdeckung abzusichern: Daß Sie nicht lieben können, und es wissen. (...) Jetzt steht uns mein Experiment bevor: der Versuch zu lieben. Der übrigens auch zu phantastischen Erfindungen führt: zur Erfindung dessen, den man liebt. (Ge 224f)

Die in *Selbstversuch* bereits aufgegriffene Fragestellung, wohin der erreichte Stand wissenschaftlich-technischen Fortschritts führen kann, wenn die Männer durch die Einseitigkeit des instrumentalen, sachbezogenen Denkens die Liebesfähigkeit verlieren, erhebt Christa Wolf mit dem *Kassandra*-Projekt zum Prinzip. Dabei bedient sie sich nie einer einfachen Schwarz-Weiß-Zuordnung von der anpassungsfähigen, friedfertigen Frau und dem bösen, eroberungssüchtigen Mann, sondern leitet die männlichen Deformationen aus den gesellschaftlichen Umständen ab und sieht sie als historisch entstanden. Während der im traditionellen Rollenzwang gefangene Mann die Frau als Objekt setzt und die mit dem Nützlichkeitsdenken unvereinbarten Gefühle verleugnet, ist gerade die Frau als Außenseiterin eher in der Lage, die herrschenden Fehlkonstruktionen, die falschen Vorstellungen und Werte in den Gesellschaftsstrukturen zu erkennen und dem Prinzip der Zweckmäßigkeit ein anderes Prinzip entgegenzusetzen.

> Ich behaupte nicht, Frauen seien von Natur aus mehr als Männer vor politischem Wahndenken, vor Wirklichkeitsflucht gefeit. Nur: Eine bestimmte geschichtliche Phase hat ihnen Voraussetzungen gegeben, einen Lebensanspruch für Männer mit auszudrücken. (...) Vernunft, Sinnlichkeit, Glückssehnsucht setzen sie dem bloßen Nützlichkeitsdenken und Pragmatismus entgegen - jener 'Ratio', die sich selbst betrügt: Als könne eine Menschheit zugleich wachsende Anteile ihres Reichtums für Massenvernichtungsmittel ausgeben und "glücklich" sein; als könne es "normale" Beziehungen unter Menschen irgendwo auf der Welt geben, solange eine Hälfte der Menschheit unterernährt ist oder Hungers stirbt. Das sind Wahnideen. Es kommt mir vor, daß Frauen, denen ihr neu und mühsam erworbener Realitätsbezug kostbar ist, gegen solchen Wahn eher immun sind als Männer. Und daß die produktive Energie dieser Frauen eine Hoffnung ist.[292]

[292] Christa Wolf: *Berührung*, a.a.O., S. 208

Weiterhin ist in dem Essay über Günderrode von "eine(r) kühne(n) Idee" die Rede, die in der gegenseitigen Anerkennung des anderen als autonomens Subjekt zu realisieren ist.

> Eine kühne Idee, zwischen Mann und Frau könnten andre Beziehungen walten als die von Herrschaft, Unterordnung, Eifersucht, Besitz: gleichberechtigte, freundschaftliche, hilfreiche.[293]

Diese andere Art Beziehung von Mann und Frau ist gekennzeichnet durch Vertrauen, Sinnlichkeit, Phantasie, Anteilnahme und Freundlichkeit. Es sind die Eigenschaften, die sich Wolfs Ansicht nach die Frau durch ihren Ausschluß aus den Herrschaftsstrukturen der Männerwelt bewahrt hat und die beim Mann weitgehend zerstört sind zugunsten "jene(s) Unterordnungs- und Leistungszwang(s), der (ihm), historisch bedingt, zur zweiten Natur geworden ist." [294] Es sind gleichzeitig die Merkmale, die Wolf dem Begriff der Schwesterlichkeit zuordnet. Neben der Liebe ohne Besitznahme und Unterordnung ist die Schwesterlichkeit für Wolf das Modell eines friedlichen, idealen zwischenmenschlichen Verhältnisses.

In ihrem Essay *Berührung*, der als Vorwort zu Maxie Wanders Protokollsammlung *Guten Morgen, du Schöne* verfaßt ist, setzt sich Wolf mit dem Thema der Schwesterlichkeit auseinander und spricht von einem "Vorgefühl von einer Gemeinschaft, deren Gesetze Anteilnahme, Selbstachtung, Vertrauen und Freundlichkeit wären."[295] Die Schwesterlichkeit, die in diesen Protokollen festzustellen sei, drücke sich unter anderem in der Offenheit zwischen Frauen aus, die denkerisches Kalkül ausschließt und infolgedessen dazu führt, sich selbst und die andere besser kennenzulernen: "Hier wurde niemand 'ausgefragt', kein wohlkalkuliertes Unternehmen unter Dach und Fach gebracht; es sprechen Frauen miteinander, die einander brauchen, die sich selbst und die andere entdecken."[296]

Auf der Suche nach einem authentischen Muster entdeckt Wolf bei den Romantikerinnen, die fern von männlicher Vorherrschaft und unflexiblen gesellschaftlichen Strukturen die Werte der Schwesterlichkeit praktizierten, eine neue Ebene der Solidarität. In ihrem Essay über Günderrode, *Der Schatten eines Traumes,* beschreibt Wolf die Frauen, die einander mehr geben und von einander lernen können als sie es von den Männern kennen; sie üben aufeinander Anziehungskraft aus und entfalten die Fähigkeit zur Kooperation.

---

293 Christa Wolf: *Der Schatten eines Traumes,* a.a.O., S. 531
294 Christa Wolf: *Berührung,* a.a.O., S. 205
295 Ebda., S. 197
296 Ebda.

Frauen fühlen sich heftig zueinander hingezogen und widersetzen sich der Anziehung nicht, die keine Vermittlung und Sanktionierung durch Männer braucht (...) Diese jungen Frauen haben einander etwas zu geben, was ein Mann ihnen nicht geben könnte, eine andre Art Verbundenheit, eine andre Art Liebe. Als könnten sie, allein miteinander, mehr sie selbst sein; sich ungestörter finden, freier ihr Leben entwerfen - Entwürfe, die denen der Männer nicht gleichen werden.[297]

Indem die Frauen einander ergänzen und sich gegenseitig unterstützen, entwickeln sie die neue Möglichkeit des Zusammenlebens, das durch Gleichberechtigung und Freundschaft gekennzeichnet ist. In einem anderen Gespräch äußert sich Wolf ähnlich zu diesem Thema: Frauen, die von der Teilnahme am gesellschaftlichen Leben und von der Arbeitswelt ausgeschlossen waren, kommt Wolf zufolge ein Vorteil gegenüber den Männern zu, sie sind weniger vom Gesellschaftssystem vereinnahmt und können deshalb leichter neue Werte und produktive Umgangsweisen miteinander finden als Männer, die in die Gesellschaft stärker integriert sind.

Frauen, die weniger durch den generationslangen Leistungs- und Konkurrenzdruck in der Industriegesellschaft deformiert wurden als viele Männer, drängen stärker auf neue Lebensformen, auf Freundlichkeit, auf ein ganzes, erfülltes Leben.[298]

Wolf geht es hier offensichtlich darum, die Strukturen der Schwesterlichkeit unter historischen Aspekten zu analysieren, nicht die biologischen Ursachen stehen für Wolf im Vordergrund. Vielmehr sucht sie in der langen Geschichte der Unterdrückung der Frauen die Ursachen des Drangs nach neuen Lebensformen zu erkennen, die aber letzten Endes nicht nur auf die Frauen beschränkt bleiben, sondern auch den Männern gelten. Im Zusammenhang mit dem Kassandra-Projekt verweist Wolf ausdrücklich darauf, daß der Biologismus keine Grundlage für ein differenziertes Verständnis der Frauenfrage bietet, die Wolf als Gesellschaftsfrage begreift. Vielmehr bemüht sich Wolf aus der Sicht der Tradition der Unterdrückten[299] um eine authentische weibliche Identität, in die sich alle kulturellen, historischen und gesellschaftlichen Differenzierungen einschreiben.

---

[297] Christa Wolf: *Der Schatten eines Traumes*, a.a.O., S. 540

[298] Christa Wolf: *Arbeitsbedingungen. Interview mit Richard A. Zipser.* In: Dies.: *Dimension des Autors*, a.a.O., (S. 857-864) S. 859

[299] Es ist ein Geschichtsbegriff, der Bezüge zu Walter Benjamin aufweist. "Die Tradition der Unterdrückten belehrt uns daüber, daß der 'Ausnahmezustand', in dem wir leben, die Regel ist. Wir müssen zu einem Begriff der Geschichte kommen, der dem entspricht." Walter Benjamin: *Über den Begriff der Geschichte*, a.a.O., S. 694

Vom Biologismus bin ich weit entfernt. Ich habe mich bemüht, innerhalb der Frühgeschichte über die man recht wenig gesichertes Wissen hat, ***historisch*** vorzugehen; ich bin sehr weit von einer Idealisierung "der Frauen" oder "des Weiblichen" entfernt ... Aber abgesehen davon, daß ich selber eine Frau bin, stelle ich mich als Marxistin schlicht auf die Seite der Unterdrückten, und ich lasse mir auch nicht einreden, daß Unterdrückung gut ist oder nützlich sein kann - auch nicht die Unterdrückung der Frauen durch die Männer.[300]

In *Kassandra* wird das Moment der Schwesterlichkeit am Verhältnis zwischen Kassandra und Klytaimnestra veranschaulicht. Der Haß und die Eifersucht der beiden Frauen gegeneinander, wie sie bei Aischylos geschildert werden, sind für Wolf gleichbedeutend mit einer durch die Inanspruchnahme des Vaterrechts ausgelösten Voreingenommenheit des Dichters. Installiert "als Legitimierender des griechischen Patriarchats"[301] Aischylos "in aller Öffentlichkeit eine neue Moral, die des Vaterrechts" (VeE 41), lehnt Wolf das verzerrte Bild der Frauenfeindlichkeit ab und unternimmt bewußt eine Umwertung mit folgendem Kommentar:

Die Voreingenommenheit des Aischylos, sage ich, sähe ich im Abscheu der beiden Frauen, Kassandra und Klytaimnestra, gegeneinander.

Kassandra:

... doch welches Tier kann ihr den Namen leihen?
Drache, Skylla, Unhold?

Klytaimnestra:

Da liegt er tot, der mein, des Weibes, Recht zertrat, (...)
Und hier die Sklavin, bei ihm liegt sie, wahrzuschaun,
Die treu Buhle, die bei Ruderbank und Mast
Mit ihm umherlag; haben's dessen würdig jetzt.

So will der männliche Dichter diese Frauen sehen: haßvoll, eifersüchtig, kleinlich gegeneinander - wie Frauen werden können, wenn sie aus der Öffentlichkeit vertrieben, an Haus und Herd zurückgejagt werden; genau dies geschah in den Jahrhunderten, deren Summe des Aischylos großes Drama zieht. (VeE 41)

---

300 Christa Wolf: *Ursprünge des Erzählens,* a.a.O., S. 925
301 Sabine Georg: *Modell und Zitat,* a.a.O., S. 129

Dem aus männlichem Interesse propagierten Mythos der erbitterten Rivalinnen setzt Wolf das auf einer schwesterlichen Zuwendung beruhende Verhältnis entgegen. Klytaimnestra und Kassandra empfinden für einander fast Sympathie. Als Klytaimnestra erkennt, daß Kassandra den gleichen Halsschmuck trägt, den Klytaimnestra von Agamemnon bekam, entsteht das gegenseitige Einvernehmen der beiden Frauen, die unter demselben Mann leiden und ein unausgesprochenes Verständnis für ihr gemeinsames Ressentiment gegen Agamemnon teilen.

> Mit der gleichen Geste griffen wir danach, blickten uns an, verstanden uns, wie nur Frauen sich verstehn. (K 118)

Während Klytaimnestra bei Aischylos vorwiegend mit den negativen Zügen der treulosen Gattin und heimtückischen Mörderin versehen wird und die Rache an Agamemnon, abgesehen von der Opferung der Iphigenie, noch von Eifersucht motiviert wird, bewertet Wolf den Mord an Agamemnon als notwendig für Klytaimnestra, damit sie sich nicht wieder in die alte Frauenrolle schicken muß. Die Rückkehr Agamemnons bedeutet die Gefährdung der Herrrschaft Klytaimnestras, die während seiner Abwesenheit ihn vertrat.
Indem Kassandra in Klytaimnestra eine Frau mit persönlichem und politischem Ehrgeiz sieht, die ihr Selbstverständnis über ihren gesellschaftlichen Status definiert, empfindet Kassandra für ihre Mörderin ein Gefühl der Verwandtschaft, die sich in der Verbindung von Macht und Blindheit offenbart. Klytaimnestra wird auch wie Kassandra "von jener Blindheit befallen, die an Macht gekoppelt ist. Auch sie wird die Zeichen übersehen. Auch ihr Haus wird untergehn." (K 49) Der Mord an Agamemnon ist nicht nur die Konsequenz des vorausgegangen Unrechts, der Opferung der Iphigenie.[302] Vielmehr liegt die wahre Mordabsicht Klytaimnestras in ihrer Machtgebundenheit, die auch zu ihrem eigenen Untergang führt.

> Ich habe ihr dann bloß in die Augen sehn müssen: Die tat, was sie mußte. Sie hat die Dinge nicht gemacht. Sie stellt sich auf den Stand der Dinge ein. Entweder sie entledigt sich des Mannes, dieses Hohlkopfs, gründlich, oder sie gibt sich auf: ihr Leben, ihre Regentschaft, den Geliebten (...). (K 49)

---

[302] Dazu kommentiert Christa Wolf in den Frankfurter Poetitik-Vorlesungen wie folgt. "Klytaimnestra, gut: Sie heuchelt anfangs, heuchelt Freude über die Rückkehr des Gatten, doch nicht im Dienste einer doppelten Moral (...): Sie will tun können, was sie für recht hält. Agamemnon hat das noch nicht so alte Gebot: Du sollst keine Menschenopfer bringen, verletzt, indem er ihre und seine Tochter tötete. Wenn sie ihn umbringt, stellt sie das Recht, wie sie es empfindet, wieder her: (...)" (VeE 41)

Agamemnon muß sterben, weil er Klytaimnestras Streben nach Macht und Herrschaft, die sonst ihrem Mann vorbehalten sind, im Wege steht. Die Ermordung auch Kassandras ist eine Konsequenz dieser Zielsetzung. Eine persönliche Antipathie empfindet Klytaimnestra gegen Kassandra jedoch nicht. Eifersucht und Haß als Motiv für den Mord entbehren jeglicher Grundlage, weil Kassandra für Klytaimnestra nicht wie bei Aischylos die verachtenswerte Geliebte ihres Mannes ist. Ihre Gegnerschaft ist lediglich die Folge der herrschenden politischen Umständen, für die sie nicht verantwortlich gemacht werden kann.

> Durch ein Schulterzucken gab sie (Klytaimnestra, Hj.H.) mir zu verstehn, daß, was geschah, nicht mir persönlich galt. Nichts hätte zu andern Zeiten uns hindern können, uns Schwester[303] zu nennen, das las ich der Gegnerin vom Gesicht ab, (...) und in den Mundwinkeln der Klytaimnestra erschien das gleiche Lächeln wie in den meinen. Nicht grausam. Schmerzlich. Daß das Schicksal uns nicht auf die gleiche Seite gestellt hat. (K 49)

Die Momente der schwesterlichen Beziehungsaufnahme kennt Kassandra auch aus ihrer Beziehung mit Myrine. Myrine, die als kämpferische Amazone an der Seite Penthesileas nach Troia kommt, ist die erste Frau, zu der sich Kassandra hingezogen fühlt.

> Myrine ist mir ins Blut gegangen, im gleichen Augenblick, da ich sie sah, hell und kühn und in Leidenschaft brennend neben der dunklen sich selbst verzehrenden Penthesilea. (K 10)

In Myrine findet Kassandra eine kluge Kämpferin, die mit ihrem unbedingten Willen zum Kampf gegen die Verbreitung des griechischen Patriarchats eine Autonomie behauptet, ohne dafür ihre weibliche Sensibilität und Wärme aufzugeben. Die schwesterlich geprägte Zuneigung zu der Amazone, die eine zugleich zarte und mutige Frau verkörpert, entwickelt sich zu einem leidenschaftlichen Begehren nach einem geliebten anderen Menschen. Die Umarmung mit Myrine erweckt in Kassandra Glücksgefühle und körperliche Lust.

> Endlich nach so langer Zeit wieder mein Körper. Wieder der heiße Stich durch mein Inneres. Wieder die Schwäche für einen Menschen, ganz. (K 9)

303 Hervorhebung: Hj.H.

Das Moment dieser ganz persönlichen, sinnlichen Annäherung über die Körpererfahrung kennt Kassandra auch aus ihrer Beziehung mit Aineias. Diese Art doppelter Liebe, die Kassandra sowohl für die Frau Myrine als auch für den Mann Aineias empfindet, ist zu verstehen als Christa Wolfs Ausdruck einer Suche nach einer unkonventionellen weiblichen Fähigkeit, die Trennung zwischen Geschlechern aufzuheben. Wolf knüpft damit an die Positionen der französischen Strukturalistin Hélène Cixous an, die mit dem Begriff der weiblichen Bisexualität diese Fähigkeit belegt.

Hélène Cixous, die selbst Schriftstellerin und Psychoanalytikerin ist und deren 'Weiblichkeit in der Schrift' Wolf in ihrem Bücherberg (VeE 127) erwähnt, vertritt die These, daß das gesamte abendländische Denken dual organisiert ist, indem es binäre, hierarchisch geordnete Oppositionen aufstellt: In diesem hierarchischen Modell definiert sich ein Teil als dem anderen überlegen und vergewissert sich seiner Identität durch die Abgrenzung von dem anderen, der als untergeordnet bestimmt wird. Cixous spricht von Oppositionen wie männlich/weiblich, Verstand/Gefühl, Subjekt/Objekt, aktiv/passiv und geht davon aus, daß diesen Oppositionen letztlich die patriarchalische Hierarchisierung zugrundeliegt. Die kulturellen Oppositionen setzen letztlich in immer neuen Verschiebungen die Reproduktion der Opposition Mann/Frau fort.

Die gesamte abendländische Kultur dient damit der Legitimation eines männlichen Herrschaftsanspruchs, in dem Begehren und Beharren auf Aneignung, Besitz und Verfügbarmachen des Anderen gleichgesetzt werden. Dagegen setzt Hélène Cixous nun ihrerseits mit dem Begriff der weiblichen Bisexualität eine andere Form von Begehren, indem sie die Möglichkeit aufgreift, "sich um ein anderes Subjekt zu erweitern, mit ihm in Beziehung, in Austausch zu stehen, ohne es unterzuordnen" [304] . Eine solche Beziehungsstruktur, die eine 'unendliche Zirkulation des Begehrens' darstellt, ermöglicht, sich quasi um das Andere zu verdoppeln, ohne es zu vereinnahmen.

> Die Bisexualität auf dem Niveau des Unbewußten ist die Möglichkeit, sich um das Andere zu verlängern, in Beziehung zu sein mit dem Anderen und zwar in der Weise, daß ich Andere übergehe, ohne das Andere zu zerstören, daß ich das Andere da suchen gehe, wo er/ sie/ es ist, ohne zu versuchen, alles wieder auf mich zurückzuführen.[305]

[304] Sonja Hilzinger: *Weibliches Schreiben als eine Ästhetik des Widerstandes*, a.a.O., S. 230
[305] Hélène Cixous: *Die unendliche Zirkulation des Begehrens. Weiblichkeit in der Schrift*. Berlin 1977, S. 44f

Von dieser Art der Liebe auf der Basis einer wechselseitigen Anerkennung zweier ebenbürtiger Subjekte ist auch die Liebesbeziehung, die Kassandra zu Aineias unterhält. Christa Wolf greift zwar die mythologische Überlieferung auf, wonach Aineias der Sohn des Anchises und Anführer der Dardaner ist. Indem Wolf neben Anchises Aineias als den einzigen Mann darstellt, der auf jegliche Aggressivität verzichtet und sich weitgehend dem Kriegsgeschehen entzieht, erfährt das Bild des Aineias jedoch eine grundsätzliche Umwertung. Angesichts der Rezensionen,[306] die Wolf die übertriebene Makellosigkeit des Aineias nachsagen, ist zu fragen, warum Aineias so völlig anders als alle anderen männlichen Figuren gezeichnet wird, die dem herrschenden Zerstörungswahn unterworfen sind. Eine mögliche Antwort läßt sich in der Frankfurter Poetik-Vorlesung finden, wo Wolf eine Gestaltung des Aineias erwägt, die einem Wunschbild entgegenkommt.

> Fix und fertig erstand Aineias vor meinem inneren Auge, und Kassandra hatte ihn gekannt. Nur gekannt? Was an ihm mochte sie tiefer berührt haben? Zartsinn, gepaart mit Kraft? Also Übertragung eines gegenwärtigen Wunschbildes auf eine mythologische Figur, die so nicht gewesen sein *kann*? Gewiß. Was denn sonst. (VeE 46)

Daß Wolf ihre Kritik an dem zerstörerischen männlichen Herrschaftsprinzip der Aggression, die den Männern innewohnt und sie antreibt, auf das Wunschbild des Aineias überträgt, zeigt sich darin, daß sich die charakteristischen Merkmale seines Wesens von denen seiner Geschlechtsgenossen unterscheiden, die "den Bewährungszwängen einer heldischen Männlichkeit" verhaftet bleiben.[307]

Aineias ist neben Anchises der einzige, den Kassandra als einen nicht durch typisch männliches Verhalten determinierten Mann betrachtet. Somit wird Aineias von ihrem verallgemeinernden Vorwurf des männlichen Narzißmus, alle Männer seien ichbezogene Kinder, ausgenommen; "(Aineias? Unsinn. Aineias ist ein erwachsener Mensch.)" (K 12)

---

[306] "In einer Erzählung, die das Patriarchat als das Tödliche beschreibt, die deren Exponenten Achill durchgängig 'das Vieh' nennt, die die Mythen dahingehend umformt, daß Frauen generell besser und Männer schlechter als in der männlichen Überlieferung erscheinen, braucht eine Autorin, die sich nicht dem radikalen separatistischen Flügel der Frauenbewegung zurechnet, natürlich positive männliche Figuren, um nicht den Anschein von Einseitigkeit und Männerfeindlichkeit zu geben. Doch mussten die positiven Männergestalten (...) so gut gemacht werden, weil alle anderen so schlecht sind. (...) Anchises und Aineias erscheinen als vom Patriarchat völlig unberührte Verkörperungen des idealen Mannes: stark, zartfühlig, klug, weise, heiter." In: Ricarda Schmidt: *Über gesellschaftliche Ohnmacht und Utopie in Christa Wolfs 'Kassandra'.* In: *Oxford German Studies.* 16/1985, (S. 109-121) S. 120 Wolf geht es darum, zu zeigen, daß sich die männliche Unfähigkeit zur Liebe in blinder Aggression ausdrückt. Insofern verfehlt R. Schmidt das Wesen der negativ gezeichneten Männer, wenn sie ihre Kritik nur auf die Verschwörung der Männerfeindlichkeit reduziert.

[307] Rainer Gerdzen/Klaus Wöhler: *Matriarchat und Patriarchat in Christa Wolfs 'Kassandra'*, a.a.O., S. 74

Während die anderen Frauen nur noch Angst vor ihren durch den lang anhaltenden Krieg verwilderten, liebesunfähigen Männern haben, begegnet Aineias, dem die übliche männliche Aggressivität fremd ist, Kassandra mit Liebe, Zärtlichkeit und Einfühlungsvermögen.

> Das war die Zeit, da durfte mich nur eine Frau berühren. Aineias kam, er saß bei mir, er streichelte die Luft über meinem Kopf. (K 149)

Zu Aineias, der Kassandra nie bedrängt und nichts an ihr "biegen oder ändern" (K 156) will, entwickelt sie vorbehaltloses Vertrauen. Für sie ist Aineias nicht nur die männliche Identifikationsfigur, deren Feingefühl und Liebesfähigkeit sie bewundert, in ihm verkörpert sich auch die Liebe als Lebensfreude. Immer wenn Aineias in Kassandras Nähe ist, erwachen ihr Körper und ihre Seele zur intensiven Wahrnehmung der Außenwelt.

> Immer war es so, wenn wir die gleiche Luft atmeten, strömte in die Hülle, die mein Körper war, das Leben wieder ein. Ich sah die Sonne wieder, Mond und Sterne, das Silberblitzen der Olivenbäume[308] im Wind, den metallischen Purpurglanz des Meeres, wenn die Sonne untergeht, die in allen Braun- und Blautönen wechselnden Farben der Ebene, (...) Der Duft der Thymianfelder kam herüber, ich spürte, wie weich die Luft war. (K 98f)

Indem Aineias über die Belebung ihrer Sinne Kassandra erneut mit Lebendigkeit und Kraft erfüllt und ihren Lebenswillen steigert, bedeutet ihr die Liebe zu ihm vor allem "das lächelnde Lebendige" (K 121), den neuen Lebensmut.

> Mich fror. Bis in die letzte Faser meines Körpers war mir kalt. Anchises schien zu wissen, wie mir zumute war. Aineias kommt, sagte er leise. Weißt du es schon? Da schlug mir warmes Blut bis ins Gesicht. Aineias kam. (...) Ich lebte. (K 125)

Der Begriff 'Liebe' ist in den früheren Werken Wolfs als "Metapher für menschliche Nähe, Toleranz und Verständnis"[309] zu deuten, die Körperlichkeit spielt dabei kaum eine Rolle.

---

[308] Sich auf griechisch-antike Symboldeutung berufend, deutet Christine Maisch Olivenbaum als Symbol von Glück und Geborgenheit, die Kassandra in der Gegenwart von Aineias empfindet. Vgl. Christine Maisch: *Ein schmaler Streifen Zukunft*, a.a.O., S. 12

[309] Therese Hörnigk: *Christa Wolf*, a.a.O., S. 162

Liebe verkörpert "eine moralische, keine körperliche Kategorie."[310] Dagegen kommt in *Kassandra* die Liebe über eine leidenschaftliche und sinnliche Körpererfahrung zum Ausdruck. Keineswegs beschränkt sich das vertraute Verhältnis zwischen Kassandra und Aineias auf die geistig-seelische Liebe, sondern es weist Momente einer erotischen Beziehungsaufnahme auf. Hatte Kassandra bisher ein sehr gespaltenes Verhältnis zu ihrem Körper und ihren Lustempfindungen und negierte den Körper "überwiegend als Leidtragende(n), als Schmerzensleib"[311], so erlebte sie bei der Umarmung mit Aineias ihren Körper zum erstenmal im Einklang mit sich und empfindet körperliche Lust.
Die Unfähigkeit zur körperlichen Empfindung ist Folge und Ausdruck von Kassandras absolutem Willen zur Selbstkontrolle, die sie aufgrund ihrer Position als Königstochter in extremem Maß verinnerlicht hat, um sich der weiblichen Rolle des Sexualobjekts zu entziehen. Kassandra nimmt sich, so Hilzinger, "merkwürdig körperlos, beinahe entsinnlicht"[312] aus. Auf Erlebnisse wie etwa den ekstatischen Tanz der Frauen in den Wohnhöhlen am Skamander,[313] die bei ihr die Angst vor dem Verlust der Selbstkontrolle auslösen, reagiert Kassandra daher mit Ablehnung. Im Konflikt zwischen Angst-Schwäche und Willensstärke entwickeln sich Kassandras Gespaltenheit und Ambivalenz ihrem Körper und ihren Lustempfindungen gegenüber, die in der Forschungsliteratur auch als eine sadomasochistische Erlebnisstruktur bezeichnet werden.[314] Diese Erlebnisstruktur führt dazu, wie Wolfram Mauser analysiert, daß Kassandra "Sexualität entweder ablehnt oder auf sehr zwiespältige Weise zuläßt".[315] Erst in der erotischen Berührung der beiden Liebenden kommt es zu Hingabe, zu Leidenschaft und Sinnlichkeit.

> Unser Erkennungszeichen war und blieb seine Hand an meiner Wange, meine Wange in seiner Hand. Wir sagten uns kaum mehr als unsre Namen, ein schöneres Liebesgedicht hatte ich nie gehört. Aineias Kassandra. Kassandra Aineias. Als meine Keuschheit seiner Scheu begegnete, wurden unsre Körper toll. Was meinen Gliedern einfiel auf die Fragen

[310] Jörg Magenau: *Eine Biographie. Christa Wolf,* a.a.O., S. 261
[311] Sigrid Weigel: *"Blut im Schuh". Körper-Gedächtnis und Körper-Sprache in Christa Wolfs Prosa,* a.a.O., S. 63
[312] Sonja Hilzinger: *Weibliches Schreiben als eine Ästhetik des Widerstandes,* a.a.O., S. 229
[313] "Marpessa glitt in den Kreis, der meine Ankunft nicht einmal bemerkte - eine neue, eigentlich verletzende Erfahrung für mich -, der sein Tempo allmählich steigerte, seinen Rhythmus verstärkte, schneller, fordernder, ungestümer wurde, einzelne Tänzerinnen aus dem Kreis schleuderte, auch Marpessa, meine beherrschte Marpessa! - sie zu Gesten trieb, die mein Schamgefühl verletzten, bis sie außer sich gerieten, sich schüttelten, sich heulend verrenkten, in eine Ekstase verfielen, in der sie uns anderen unsichtbare Dinge sahen, und schließlich, eine nach der anderen, als eine der letzten Marpessa, in sich zusammensackten und erschöpft niedersanken. Von Furcht und Schrecken erfüllt floh ich, irrte lange umher, (...)" (K 24)
[314] Wolfram Mauser: *Das 'dunkle Tier' und die Seherin,* a.a.O., S. 151
[315] Ebda., S. 141

> seiner Lippen, welch unbekannte Sinne sein Geruch mir schenken würde, hatte ich nicht ahnen können. Und welcher Stimme meine Kehle fähig war. (K 101)

In Übereinstimmung mit Helmtrud Mauser ließe sich zusammenfassen, "Im Dialog mit einem anderen Körper ist ihr (Kassandra Hj.H.) nun Ekstase ohne Scham möglich, wird sie sich ihrer Sinne bewußt."[316] Die Liebesbeziehung mit Aineias ermöglicht Kassandra das Umdenken, wobei sie beschließt, von nun an sich nicht mehr der Selbstkontrolle zu unterziehen, sondern mehr auf ihren Körper, ihre Sinne zu achten und sie in einem höchsten Maß an Intensität zu erleben. Durch die Erfahrung des Zusammenspiels von körperlicher Wahrnehmung mit der geistigen gelingt Kassandra, sich von der alten widersprüchlichen Erlebnisstruktur zu befreien und sich nicht ihren Sinnen, ihrem Körper zu verschließen.
Aineias ist oft fern von ihr, weil er seiner Verpflichtung als Soldat nachgeht. Die bloße Existenz des Geliebten gibt ihr jedoch "Rückhalt" (K 80) und der Gedanke an ihn führt jeder Zeit zur Regung der Sinne.

> Aineias, das blieb ein glühender Punkt in meinem Innern, sein Name ein scharfer Stich, den brachte ich mir bei, sooft ich konnte. (K 22)

Auf Aineias' Ausbleiben Bezug nehmend, meldet Mireille Tabah ihre Skepsis an gegenüber dem Anschein des rücksichtsvollen Liebhabers.[317] Der Vorwurf erweist sich jedoch bei näherem Hinsehen als gegenstandlos. Tabah sieht Kassandra in ihrem Liebesverhältnis zu Aineias sowohl körperlich als auch geistig frustriert, weil er nur selten erreichbar ist, während sie meist auf ihn wartet. Wenn Tabah aufgrund seiner häufigen Abwesenheit die Liebesbeziehung als die Wiederholung des traditionellen Schemas kritisiert, scheinen ihr solche Stellen wie die oben zitierten entgangen zu sein. Außerdem zieht Aineias sich nach Kassandras Anfällen (K 76, 82) zurück, nicht weil ihn "die uralte Angst der Männer vor der Entfesselung der unterdrückten Leidenschaften in hysterischen, unkontrollierbaren Frauen"[318] überkommt. Er fühlt sich selber überfordert, rasche Veränderungen schrecken ihn ab. Daß er der Verdrängung ihres Wissens und dem Beharren auf ihrer Blindheit nicht immer Verständnis entgegenbringen kann, läßt auf Wolfs Darstellungsweise der Aineias-Figur

---

[316] Helmtrud Mauser: *Zwischen Träume und Wurfspeeren*, a.a.O., S. 305
[317] Mireille Tabah: *Kassandras Liebesleben: ein paradoxes Modell weiblicher Utopie.* In: Michel Vanhelleputte (Hrsg.): *Christa Wolf in feministischer Sicht,* a.a.O., (S. 81-90) S. 88f
[318] Ebda., S. 89

schließen, an die Stelle der mythologischen Heldenideale das humane und lebendige "Wunschbild" (VeE 46) zu setzen.

Als der Untergang Troias durch den Sieg der Griechen unabwendbar ist, will Aineas mit einem "Trupp von Troern" (K 156) fliehen, um wenigstens ein paar Menschen zu retten und "ein neues Troia" (K 156) aufzubauen. Aineias bittet Kassandra, ihm zu folgen, denn es sei unsinnig, "sich in den Untergang hineinzuwerfen, der nicht aufzuhalten sei." (K 156) Ausdrücklich lehnt Kassandra das Angebot zur Flucht und Neuanfang ab, weil sie eine Wiederholung von Unterordnung, Gewalt nicht erleben will.

> Es war ja klar: Allen, die überlebten, würden die neuen Herren ihr Gesetz diktieren. Die Erde war nicht groß genug, ihnen zu entgehen. (K 156)

Der legitime Grund ihrer Weigerung liegt in Kassandras Streben nach Autonomie und Selbsterkenntnis. Sie erkennt, daß Aineias als "Anführer" keine andere Wahl hat, als "ein paar Hundert Leute dem Tod (zu) entreißen" (K 156) und die Rolle des Helden zu übernehmen, die ihm die Geschichte aufzwingt. Eine gemeinsame Zukunft mit Aineias ist für Kassandra unlebbar: "Einen Helden kann ich nicht lieben. Deine Verwandlung in ein Standbild will ich nicht erleben." (K 156) Die von vornherein determinierte Existenz an der Seite eines Helden würde unausweichlich auf die Unterordnung zusteuern und mit ihrem schmerzhaften Kampf um die Selbstbestimmung durch eigenes Denken und die Ablösung von den Zwängen der patriarchalisch strukturierten Gesellschaft im Widerspruch stehen.

> Vielleicht wird er auch ohne mich begreifen, was ich, um den Preis des Todes, ablehnen mußte: die Unterordnung unter eine Rolle, die mir zuwiderlief. (K 109)

Statt die Autonomie zu verlieren, um die sie sich auf ihrem beschwerlichen, von Zweifeln und Rückschlägen geprägten Prozeß zur Identitätsfindung bemüht hat, trifft Kassandra lieber die entgültige Entscheidung zu bleiben und zu sterben. Auch um den Preis der Trennung von dem Geliebten und des eigenen Todes hält sie fest an den Werten und Selbstansprüchen, die sie mit durchlittenem Leid, Angst und Schmerz verfolgt hat. Eine heroische Entwicklung ihres Geliebten, die für sie die Ausweglosigkeit der patriarchalischen Struktur darstellt, will Kassandra nicht mit ansehen. Denn sie weiß aufgrund ihrer Vorstellung von Geschichte als einer Abfolge von Wiederholungen, daß der Gründung einer neuen Kultur die Gefahr der Wiederholung droht.

> Siehst du, Aineias, das hab ich gemeint: die Wiederholung. Die ich nicht mehr will. Der du dich ausgeliefert hast. (K 132)

Ein selbstbestimmtes Leben nach eigenem Maßstab ist in ihrer Zeit nicht möglich, und Kassandra nimmt somit die Gefangenschaft und den Tod auf sich an Stelle eines bloß angepaßten Überlebens. Ihr Interesse ist nicht auf die Teilnahme an einer Geschichte der Wiederholung ausgerichtet. Vielmehr besteht die Absicht ihrer Weigerung, mit Aineias aus Troia zu fliehen, darin, sich gegen den deterministischen Kreislauf von Herrschaft und Gewalt zu widersetzen und sich von diesem Zwang zur Wiederholung zu befreien.

> Gegen eine Zeit, die Helden braucht, richten wir nichts aus, das wußtest du so gut wie ich. Du hast den Schlangenring ins Meer geworfen. Du würdest weit, sehr weit gehen müssen, und was vorn ist, würdest du nicht wissen.
> Ich bleibe zurück. (K 156)

Schon lange vor Kriegsausbruch, "mitten im Frieden" (K 22), träumt Kassandra, daß Aineias als einer der wenigen Überlebenden das brennende Troia unversehrt verläßt.

> "(...) ich träumte von einem Schiff , das den Aineias über glattes Wasser von unserer Küste wegführte, und von einem ungeheuren Feuer, das sich, als das Schiff sich gegen den Horizont hin entfernte, zwischen die Wegfahrenden und uns, die Daheimgebliebenen, legte." (K 21f)

Mittels der Symbolhaftigkeit des Schiffes[319] stellt dieser apokalyptisch anmutende Traum die Verbindung her zwischen dem drohenden Untergang Troias und dem unausweichlichen Ende der Liebesbeziehung von Kassandra und Aineias. Gegen die unverändert immer wiederkehrende Geschichte der Sieger kann ihre Liebe nicht bestehen. Dennoch verdankt die

[319] Das Motiv Schiff ist als zentrales Kriegssymbol schon in *Kindheitsmuster* aufgegriffen. Das Schiff in Kassandras Traum übernimmt nicht nur eine Kassandra persönlich betreffende Aussage, den Abschied von ihrem Geliebten, sondern signalisiert auch die Kriegsahnung. Ähnlich hat das Weiße Schiff im 7. Kapitel von *Kindheitsmuster* die Verbindung von privater und politischer Funktion. Das weiße Schiff "Nellys Assoziation zu dem Stichwort 'Vorkrieg'" (KM 135) ist einerseits der Ausdruck des Heimwehs fern von der Mutter und andererseits Erahnung der Kriegsvorbereitung. "Das weiße Schiff ist ein unheimliches und beängstigendes Motiv, zugleich aber ist es ein leuchtendes sommerliches Bild (...) Es fuhr unter wolkenlos blauem Himmel in einem leicht bewegten, ebenfalls blauen Wasser mit weiß schäumender Bugwelle, und es war sehr schön und bedeutete Krieg." (KM 135) Zu dem Motiv Schiff und seinem Entstehungsprozeß vgl. Anke Bennholdt-Thomsen: *Die Schiffe in Christa Wolfs 'Kassandra' und die Verfahrensweise des poetischen Geistes*. In: *Literatur für Leser*. 1/1986, S. 53-60

Liebesbeziehung der beiden ihre Bedeutung einem anzustrebenden Idealzustand, um den Vernichtungswahn der patriarchalischen Gesellschaft aufzuheben, der sich in Macht, Gewalt, Krieg und Tod manifestiert, wie Wolf in einem Interview ausführt.

> Diese furchtbare Kälte, diese Unfähigkeit zu fühlen und zu lieben, die unsere Kultur erzeugt und die nicht nur Männer betrifft, verlangt unbedingt nach Ersatz, weil man sonst zugrunde geht. Ersatzleben. Ersatzliebe. Man müßte erkennen, daß man sich das nicht länger leisten kann. Man müßte die Möglichkeit entwickeln, zu empfinden, zu lieben und geliebt zu werden, nicht abgelehnt zu werden und nicht ablehnen zu müssen - ein utopischer Weg.[320]

4. 5. Die Gegenwelt als Zukunftsvision

Während die griechische Gesellschaft bereits eine patriarchalische Kultur ist, befindet sich die trojanische Gesellschaft in der Umbruchssituation vom Matriarchat zum Patriarchat. Im Laufe des Krieges erleidet Troia jedoch nicht nur eine militärische Niederlage, sondern gleicht sich immer mehr den Denkweisen der griechischen Aggressoren an.[321] Somit findet die moralische Vereinnahmung der trojanischen Gesellschaft durch ihren Feind statt, was sich in einer durch den Einfluß des Eumelos begonnenen Verzerrung bisher gültigen Werte und Normen äußert. Die Männer verstricken sich demzufolge in den gewaltsamen Kreislauf des Krieges und können ihre Männlichkeit nur zerstörerisch ausleben. Die zunehmende Dominanz herrschaftlicher und patriarchalischer Strukturen verwandelt Troia in eine von Kampfeswillen und Aggressivität geprägte Welt. Dagegen setzen die Frauen am Skamander eine Alternative, indem sie sich in den Bergen weit außerhalb der Zitadelle zusammenschließen und ein selbstbestimmtes Leben führen.

> Wer würde uns glauben, Marpessa, daß wir mitten im Krieg regelmäßig zusammenkamen, außerhalb der Festung, auf Wegen, die außer uns Eingeweihten niemand kannte; daß wir, weit besser unterrichtet als irgendeine andre Gruppe in Troia, die Lage besprachen,

---

[320] Christa Wolf: *Documentation,* a.a.O., S. 107

[321] "Wir mußten uns doch bloß auf unsere troische Tradition besinnen. Wie war die aber? Worin bestand die doch? Bis ich begriff: In Helena, die wir erfanden, verteidigten wir alles, was wir nicht mehr hatten. Was wir aber, je mehr es Schwand, für um so wirklicher erklären mußten." (K 97f)

> Maßnahmen berieten (auch durchfürten), aber auch kochten, aßen, trankten, miteinander lachten, sangen, spielten, lernten. (K 60)

Mit dem Troia, das Christa Wolf "als eine rückgewandte Beschreibung - ein Modell für eine Art Utopie" (VeE 83) "vor Augen steht", könnte die etwa zwei Jahre andauernde Lebensgemeinschaft der Frauen gemeint sein, die das Modell einer friedlichen unhierarchischen Gesellschaft darstellt. Während das offizielle Troia sich durch den Krieg immer mehr zur lebensfeindlichen Totenstadt entwickelt, versuchen die aus der trojanischen Gesellschaft ausgeschlossenen Frauen eine lebensbejahende natürliche Gegenwelt in der lebendigen, fruchtbaren Welt der Natur zu realisieren.

> Wieder im Umkreis der Stadt diese Neben-, ja Gegenwelt, die, anders als die steinerne Palast- und Stadtwelt, pflanzenhaft wuchs und wucherte, üppig, unbekümmert, so als brauchte sie den Palast nicht (...) (K 56)

Im Gegensatz zur trojanischen Gesellschaft, die streng hierarchisch organisiert ist, ist die Gegenwelt frei vom Herrschaftsverhältnis. Die Menschen leben zusammen ohne patriarchalische Zwänge. Die Bewohner der Gegenwelt bestehen sozial und ethnisch aus heterogenen Elementen. Die Frauen des besetzten Troias praktizieren mit Sklavinnen aus dem Griechenlager und einigen wenigen Männern eine neue Form des Zusammenlebens auf der Grundlage des offenen Gesprächs und der gemeinsamen Arbeit. Aus dem Geist der Schwesterlichkeit heraus werden die vom Krieg verletzten Kämpfer von den Frauen aufgenommen und geheilt, so daß sie sich von der strukturellen Gewalt des männlichen Selbstverständnisses lösen und vom Zusammenleben mit den Frauen profitieren.
Anchises ist einer der wenigen männlichen Mitgründer, der sich uneingeschränkt positiv auszeichnet. Er gilt als Identifikationsfigur der Gegenwelt, indem er sich aus der offiziellen Politik zurückgezogen hat und konsequent für Frieden, Lebensfreude und Hoffnung eintritt. Mit seinem unerschütterlichen Glauben an die Menschen [322] und seiner großen Menschenkenntnis verkörpert er die Position des Lehrermeisters. Weil er für jeden Menschen Toleranz aufbringt und die Menschen durchschaut, fungiert seine Hütte als eine Art Anlaufstelle für viele, die Rat und Trost suchen.
Das friedliche gemeinschaftliche Zusammenleben wurde am Ende des Krieges von den Griechen zerstört, so daß das Leben derjenigen, die die Vorstellung einer freien,

[322] "Eh er tot ist, soll man keinen Menschen für verloren geben." (K 107)

selbstbestimmten Lebensform zu realisieren und "mit beiden Beinen auf der Erde" (K 152) konsequent zu träumen versuchten, in Flucht, Versklavung oder Ermordung endet.
Bei ihrem Entwurf einer utopischen Gemeinschaft am Skamander geht es Christa Wolf nicht um den Rückgriff auf "den alten Topos der Gegenüberstellung von Männer- und Frauenwelt" - wie fälschlicherweise behauptet wird[323] -, die zumeist in die Aufforderung zur Rückkehr ins Matriarchat mündet. In *Voraussetzungen einer Erzählung* macht sie deutlich, daß die Kritik an den Verhältnissen, die vom männlichen Selbstverständnis geprägt sind, nicht gleichbedeutend mit dem Abgrenzungsversuch ist.

> Woraus speist sich mein Unbehagen bei der Lektüre so mancher Veröffentlichung- auch aus dem Bereich von Archäologie, Frühgeschichtsschreibung-, die sich selbst unter das Prädikat »Frauenliteratur« begibt? (...) vor allem empfinde ich einen wahren Horror vor jener Rationalismuskritik, die selbst in hemmumgslosem Irrationalismus endet. (...) Jedoch bringt es der Fähigkeit zur Reife nicht näher, wenn an die Stelle des Männlichkeitswahns der Weiblichkeitswahn gesetzt wird und wenn die Errungenschaften vernünftigen Denkens, nur weil Männer sie hervorgebracht haben, von Frauen zugunsten einer Idealisierung vorrationaler Menschheitsetappen über Bord geworfen werden. Die Sippe, der Clan, Blut und Boden: dies sind nicht die Werte, an die Mann und Frau von heute anknüpfen können; daß diese Schlagworte Vorwände für schreckliche Regressionen bieten können, sollten gerade wir wissen. Es gibt keinen Weg vorbei an der Persönlichkeitsbildung, an rationalen Modellen der Konfliktlösung, das heißt auch der Auseinandersetzung und Zusammenarbeit mit Andersdenkenden und, selbstverständlich, Andersgeschlechtlichen. Autonomie ist eine Aufgabe für jedermann (...) (VeE 115f)

Es ist keine Lösung, der männlichen Einseitigkeit die weibliche Einseitigkeit entgegenzustellen, denn "dabei verändern sich zwar die Inhalte, die bekannte Muster, die festen Strukturen wiederholen sich jedoch: wieder wird ausgesondert und gegeneinander gesetzt, was zusammengehört, was zusammengedacht werden muß."[324]

---

[323] Monique Boussart: *Zur Verschränkung von Feminismus und Pazifismus bei Christa Wolf.* In: Michel Vanhelleputte: *Christa Wolf in feministischer Sicht,* a.a.O., (S. 91-102) S. 94
[324] Helmtrud Mauser: *Zwischen Träumen und Wurfspeeren. Kassandra und die Suche nach einem neuen Selbstbild,* a.a.O., S. 310

Christa Wolf plädiert vielmehr dafür, die Alternative in einer Lebensform des Miteinander nicht Gegeneinander zu finden und "anzuerkennen, daß nicht der Mann das Modell für den Menschen ist, sondern Mann und Frau."[325]

Die Gestaltung der Gegenwelt am Skamander bedeutet also keinen Versuch, eine Regression in alte matriarchalische Gemeinschaft zu fördern und gegen den Wandel der Zeit eine rückwärtsgewandte eskapistische Lebensform zu entwerfen, wie einige Forschungsarbeiten zu *Kassandra* fälschlicherweise vermuten.[326] Im Hinblick auf die Verbindung der Weide mit den Höhlen am Skamander[327] äußert sich zum Beispiel R.G. Renner kritisch zur Rückkehr in die archaische Resignation, die für ihn darin besteht, daß die Erdmutter Kybele zwar als Lebensspenderin gilt, zugleich aber die Weide schon bei Homer als unfruchtbar bezeichnet wird.

Demzufolge stehen nach seiner Meinung "die gegenläufigen Bilder von Mutterschoß und Unfruchtbarkeit" im Widerspruch zu der Hoffnung auf Leben.[328]

Im Angesicht des drohenden Untergangs ist den Frauen selbst doch bewußt, daß sich die Lebensgemeinschaft gegen den Krieg nicht behaupten kann, daß sie nur eine begrenzte Zeit lang in einem der "Zeitenlöcher" (K 141) leben. Gerade in einer Situation der bedrohlichen Krise, gerade im Bewußtsein der zeitlichen Begrenztheit wird das Leben der Frauen intensiv, indem sie "etwas aus(zu)probiere(n)", und "in die finstere Gegenwart, die alle Zeit besetzt hält, einen schmalen Streifen Zukunft vorzuschieben" (K 152) lernen.

---

[325] Christa Wolf: *Subjektive Authentizität*, a.a.O., S. 800

[326] Vgl. Mechthild Quernheim: *Das moralische Ich*, a.a.O., S. 266f, Stefanie Christmann: *Auf der Suche nach dem verhinderten Subjekt*, a.a.O., S. 191f, Bernhard Greiner: *'Mit der Erzählung geh ich in den Tod'. Kontinuität und Wandel des Erzählens im Schaffen von Christa Wolf*, a.a.O., S. 114 und Rolf Günter Renner: *Mythische Psychologie und psychologischer Mythos*, a.a.O., S. 266

[327] "Parthena die Amme, die vor dem Eingang der Höhle unter der Weide hockte, deren Wurzeln wie das Schamhaar einer Frau in die Höhlenöffnung hineinfielen (...)" (K 24)

[328] Rolf Günter Renner: *Mythische Psychologie und psychologischer Mythos*, a.a.O., S. 273 Es scheint nicht berechtigt, die Bedeutung der Lebensgemeinschaft der Frauen nur auf den Fruchtbarkeitsaspekt zu reduzieren, da es auch die Symbolforschung gibt, die den Ruf der Unfruchtbarkeit der Weide relativiert. Christine Maisch hebt zum Beispiel die dualistische Auslegung des Weidensymbols hervor. "Das Symbol der Weide ist demzufolde sowohl im Rahmen der antiken Symbolforschung als auch in der *Kassandra* - Erzählung dualistisch angelegt: Es steht für weibliche Fruchtbarkeit ebenso, wie für Keuschheit und Fruchtlosigkeit. Ebenso gegensätzlich verhalten sich die der Weide zukommenden Bedeutungsgehalte des Lebendigen und des Toten." Christine Maisch: *Ein schmaler Streifen Zukunft. Christa Wolfs Erzählung 'Kassandra'*, a.a.O., S. 11 Die Verwendung der Weidenmetapher an anderen Textstellen deutet darauf hin, daß die Weide nicht nur als Sinnbild des Lebendigen gilt, sondern auch mit dem Aspekt des Todes belegt ist: Der Weidekorb, in dem Kassandra als Gefangene des Agamemnon nach Mykene geschleppt wird, ihr "letzter Sitz" (K 89) ist und die tote Penthesilea wird von den Frauen "unter eine Weide" (K 137) gelegt.

> Da unsre Zeit begrenzt war, konnten wir sie nicht vergeuden mit Nebensachen. Also gingen wir, spielerisch, als wär uns alle Zeit der Welt gegeben, auf die Hauptsache zu, auf uns. (K 150)

Unter dem Druck des sicheren Todes wächst die Intensität, die begrenzte Zeit für Experimente zu nutzen, deren Ziel nicht auf das Überleben beschränkt ist. Es geht vielmehr darum, die Vorstellung über die anzustrebende Lebensform auf die kommende Generation zu übertragen. Trotz der Einsicht in die Begrenztheit und Endlichkeit des Zusammenlebens steht in der Gegenwelt der Frauen das Wort 'Leben' als zukunftsweisendes Schlüsselwort im Vordergrund: "Zwischen Töten und Sterben ist ein Drittes: Leben." (K 138) Jenseits der falschen Alternative zwischen Töten und Sterben versuchen die Frauen eine Lebensform, die lebenswert erscheint, zu finden und in eine andere Zeit hinüber zu retten. Die in die Zukunft projizierte Verwirklichungserwartung wird im Verweis auf die Möglichkeiten der kommenden Generation deutlich.

> Das war uns die Welt, schöner kann keine Landschaft sein. (...) Bis hierher reichte die Zitadelle nicht. Sie konnten nicht zugleich den Feind und uns bekämpfen. Sie ließen uns, nahmen uns die Früchte, die wir ernteten, die Stoffe, die wir webten. Wir lebten selber arm. Wir sangen viel, kann ich mich erinnern. (...) wir hörten nicht auf, zu lernen. Jede gab der anderen von ihrem ganz besonderen Wissen ab. (...) Oft aber, eigentlich am meisten, redeten wir über die, die nach uns kämen. Wie sie wären. Ob sie uns noch kennten. Ob sie, was wir versäumt, nachholen würden, was wir falsch gemacht, verbessern. (K 149f)

V. Schlußwort

Wie die vorliegende Arbeit zeigt, ist die als Ausgangspunkt dieser Arbeit dienende Frage, inwieweit Christa Wolfs Texte den realen Bezug zu ihrer Biographie und ihrer Auseinandersetzung mit der DDR aufweisen, zwar in Interpretationen zu einzelnen Werken und besonders zu Wolfs Gesamtwerk nicht neu. Der Versuch, sich dieser Frage wieder neu zuzuwenden und den politisch-gesellschaftlichen Hintergrund miteinzubeziehen, vor dem Wolfs Texte entstanden sind, verschafft sich jedoch als Interpretationsansatz schon allein deswegen Geltung, weil die eigene Biographie und Zeitgenossenschaft überhaupt einen zentralen Stellenwert in ihrer literarischen Produktion einnimmt.

Christa Wolf identifiziert sich von Anfang an in ihrem festen Glauben an die Realisierung der sozialistischen Utopie mit dem Sozialismus und bekennt sich bis zuletzt mit allen ihren Hoffnungen auf die Reformierbarkeit des Systems zur DDR.

Ihr Bekenntnis zum Sozialismus ist dabei im Zusammenhang mit ihrer Biographie zu betrachten. In einem anläßlich ihres 70. Geburtstages geführten Gespräch mit Sigrid Löffler erwähnt Wolf die Erfahrungen ihrer Generation, die durch das Aufwachsen im Nationalsozialismus und den abrupten Übergang von einer Ideologie zur anderen geprägt ist. Zum ausschlaggebenden Beweggrund ihrer Identifikation mit der DDR erklärt Wolf das offizielle Bekenntnis der DDR zum Antifaschismus, die ihr nach dem Schock über die unmenschlichen Greueltaten und den Irrationalismus des Nationalsozialismus als erstrebenswertes Ideal erscheint.

Darüber hinaus trägt die eindrucksvolle Begegnung mit den aus dem Exil zurückgekehrten antifaschistischen Schriftstellern, die sich nun im Nachkriegsdeutschland dem Aufbau des Sozialismus widmen, zur starken Bindung an die DDR bei.[329] In einem schon 1989 geführten Interview mit Aafke Steenhuis äußert sich Wolf stellvertretend für ihre Generation zu diesem Punkt.

> Meine Generation identifizierte sich schon früh mit der entstehenden Gesellschaft, weil wir hier in den vierziger Jahren gezwungen waren, uns intensiv und radikal mit der faschistischen Vergangenheit auseinanderzusetzen. (...) Das hat eine starke Bindung an

---

[329]) Vgl. Sigrid Löffler: *Ich will authentisch erzählen. Ein Zeit-Gespräch zum 70. Geburtstag von Christa Wolf.* In: Die Zeit vom 18. März 1999, (S. 51-52) S. 51

diese Gesellschaft geschaffen, die ja durch Anti-Faschisten aufgebaut wurde.[330]

Mit der nur mangelhaften Verwirklichung einer humanen Gesellschaft, deren Aufbau für Wolf nur im Sozialismus möglich ist, geht der Beginn ihres Desillusionierungsprozesses einher. Darüber hinaus entwickelt Wolf immer stärker ein kritisches Verhältnis zu dem zunehmend totalitär werdenden DDR-Regime. Dennoch bleibt kein Zweifel daran, daß sie, von den Ideen des Sozialismus überzeugt, nicht den Zusammenbruch, sondern die Veränderung der DDR-Gesellschaft anstrebte.
Leiden an den Widersprüchen ihrer Gesellschaft bildet gerade die Grundlage für ihr Schreiben. Wenn die Identitätskonflikte stattdessen eine Schreibblockierung verursacht hätten, wäre das Bleiben in der DDR für sie unmöglich gewesen, wie sie im oben bereits zitierten Gespräch rückblickend ausführt.

> Ich weiß noch genau den Zeitpunkt und den Ort, an dem mir deutlich wurde, daß ich aus der DDR weggehen müßte, wenn es mir nicht gelingen würde, mich innerlich völlig frei zu machen von allen Abhängigkeiten, die mein Fühlen und Denken und Schreiben beschränkten.[331]

Wenn Christa Wolfs Entscheidung, in der DDR zu bleiben, ihr zunächst breite Anerkennung ihres Dissidentenseins einbrachte, reichte es für manche nach dem Mauerfall aus, sie wegen ihres Bekenntnisses zur DDR nun als Staatsdichterin zu bezeichnen.
Im fundamentalen Literaturstreit, dessen unmittelbarer Auslöser die Veröffentlichung von Christa Wolfs *Was bleibt* im Mai 1990 ist, kommt es zu einer kritischen Neubeurteilung der gesellschaftlichen Rolle und moralischer Verantwortung der DDR-Schriftsteller. Diese Erzählung nutzen westdeutsche Literaturkritiker, um stellvertretend für die Gesamtheit der DDR-Literatur die persönliche Glaubwürdigkeit der prominentesten Autorin der DDR in Frage zu stellen und ihr gesamtes Werk abzuwerten. Insbesondere bezüglich des Zeitpunkts der Veröffentlichung von *Was bleibt* wird Wolf nun vehement ein peinlicher Versuch vorgeworfen, sich als Stasi-Opfer darzustellen: „Dieses Buch (...) hätte vor zehn, ja vor fünfzehn Jahren der Staatssicherheit wohl Schaden zufügen können. Jetzt ist es bedeutungslos, anachronistisch und hat Züge des Lächerlichen.“[332]

---

330) Christa Wolf: *Schreiben im Zeitbezug*, a.a.O., S. 135
331) Ebda., S. 148
332) Frank Schirrmacher: *Dem Druck des härteren, strengeren Lebens standhalten.* Auch eine Studie über den autoritären Charakter: Christa Wolfs Aufsätze, Reden und ihre jüngste Erzählung '*Was bleibt*'. In: FAZ vom 2.

Auffallend ist, daß die polemischen Angriffe gegen Christa Wolf und ihre Erzählung sich auf ihre politische Einstellung beziehen. Wolf sieht sich nun wie kein anderer Schriftsteller in der ehemaligen DDR dem Vorwurf ausgesetzt, daß sie nicht in entscheidender Opposition zur Staatsmacht gestanden habe und sich mit der systemimmanenten Kritik zurückgehalten habe. Dadurch habe sie eher ein positives Bild der DDR vermittelt und die Machterhaltung des totalitären Regimes unterstützt. Ihre stillschweigende Loyalität zur DDR habe also zur langen Dauer des SED-Regimes beigetragen.

Ob der Versuch, Wolf als Staatsdichterin zu entlarven, der Tatsache gerecht wird, bleibt allerdings fraglich. Sie hatte nämlich im Westen genau so eine breite Leserschaft wie im Osten. Die Texte einer affirmativen SED-Staatsdichterin, die durch Anpassung und Zurückhaltung das autoritäre Regime unterstützt hätten, hätten sich beim westdeutschen Publikum bestimmt kein Gehör verschafft.

Noch wichtiger zu beachten bleibt, daß sich beim Überblick über ihre Arbeitsbiographie bis zum Mauerfall feststellen läßt, daß Wolf auf die Widersprüche in ihrem Land mit kritischen Büchern reagierte und dessen Wendung zum Restriktiveren schreibend entgegenzuwirken versuchte. Kontroverse Texte wie *Nachdenken über Christa T.*, die Widersprüche in dem sich zunehmend verfestigenden Realsozialismus zur Sprache brachten, stießen stets in der DDR von der offiziellen Seite auf Widerstand und Unverständnis.

Der geteilte Himmel thematisierte das Leben in der DDR unter der Teilung Deutschlands nach dem Mauerbau. Im Osten wurde die Erzählung, die schließlich als "Musterbeispiel der sozialistischen Nationalliteratur"[333] galt, dafür heftig kritisiert, daß Wolf mit ihrem Bedauern des Mauerbaus eine falsche Stellung zur aktuellen politischen Situation einnehme. *Nachdenken über Christa T.* ist als Antwort auf den durch den harschen Umgang mit kritischen Schriftstellern auf dem berüchtigten 11. ZK-Plenum ausgelösten Entfremdungsschock geschrieben. Während das Buch in der Bundesrepublik als ein in der DDR verbotenes Buch rasch zum Bestseller avancierte, wurde die Autorin nun wirklich in Konflikte mit der Zensur verwickelt.

Mit dem autobiographischen Text, *Kindheitsmuster*, der von ihrer Beschäftigung mit den Spuren eigener Fehlentwicklung in ihrer faschistisch bestimmten Kindheit zeugt, unternahm Wolf den Versuch, das Tabu zu durchbrechen, das besagt, daß die DDR-Bürger sich während des Nationalsozialsmus nicht des Mitläufertums schuldig gemacht hätten. In die Isolierung, in

---

Juni 1990. Wiederabgedruckt in Thomas Anz (Hrsg.): *Es geht nicht um Christa Wolf. Der Literaturstreit im vereinten Deutschland.* München 1991, (S. 77-89) S. 87

[333]) Katharina von Ankum: *Die Rezeption von Christa Wolf in Ost und West. Von 'Moskauer Novelle' bis 'Selbstversuch'*, a.a.O., S. 185

die Wolf durch die Vorgänge um die Biermann-Ausweisung geriet, sah sie sich veranlaßt, sich intensiver denn je mit ihrem Selbstverständnis als Autorin in der DDR auseinanderzusetzen. *Kein Ort, Nirgends* ist geschrieben, um das Außenseitertum des an den Rand der Gesellschaft gedrängten Künstlers und das enttäuschte Gefühl des Nicht-mehr-Gebrauchtwerdens literarisch zu verarbeiten. Als in *Kassandra* die Textpassagen über Wolfs provokativen Vorschlag einer einseitigen Abrüstung des Warschauer Pakts gestrichen wurden, bestand sie darauf, daß die fehlenden Zeilen durch Punkte gekennzeichnet werden. Damit wurde der Hinweis auf das Eingreifen der Zensur sichtbar.

Da die DDR, die Gegenstand und Voraussetzung der literarischen Produktion Christa Wolfs darstellt, nun nicht mehr existiert, stellt sich die Frage, ob der Untergang der DDR somit in den Verlust ihrer Schreibthemen mündet. Derartige Vermutungen erweisen sich spätestens dann als unbegründet, wenn der literarische Anspruch Wolfs miteinbezogen wird. Daß Bezugnahme auf die biographischen und historischen Erfahrungen für ihr Schreiben einen zentralen Aspekt darstellt, ist nämlich die Folge ihres literarischen Anspruchs, eigene und im Idealfall auch zeitgenössische Geschichten so authentisch wie möglich zu erzählen.

Es bleibt daher weiterhin eine lohnende Aufgabe, der Frage nachzugehen, inwieweit Wolf ihr Selbstverständnis als Schriftstellerin, die sich die Verknüpfung von Literatur und politischer und gesellschaftlicher Entwicklung zum Ziel setzt und aus den Widersprüchen in ihrer Gesellschaft Antriebe für ihr Schreiben bezieht, unter der veränderten politisch-gesellschaftlichen Konstellation im wiedervereinigten Deutschland aufrechterhält; und es bleibt die Frage, worin sie heute die Aufgabe der Literatur sieht.

LITERATURVERZEICHNIS

PRIMÄRLITERATUR

Wolf, Christa: *Gesammelte Erzählung,* Darmstadt und Neuwied: Luchterhand, 3. Aufl., 1980.

Dies., *Kindheitsmuster*, Darmstadt und Neuwied: Luchterhand, 16. Aufl., 1987.

Dies., *Kein Ort. Nirgends,* Darmstadt und Neuwied: Luchterhand, 13. Aufl., 1988.

Dies., *Voraussetzungen einer Erzählung: Kassandra. Frankfurter Poetik-Vorlesungen,* Darmstadt und Neuwied: Luchterhand, 11. Aufl., 1987.

Dies., *Kassandra. Erzählung*, Darmstadt und Neuwied: Luchterhand, 14. Aufl., 1985.

Dies., *Die Dimension des Autors. Essays und Aufsätze, Reden und Gespräche 1959 -1985.* Darmstadt und Neuwied: Luchterhand, 2. Aufl., 1987.

Dies., *Documentation: Christa Wolf.* In: *German Quarterly* 57, 1/1984, S. 91-115

Dies., *Im Dialog*. Frankfurt am Main: Luchterhand, 1990.

SEKUNDÄRLITERATUR ZU CHRISTA WOLF

Ankum, Katharina von: Die Rezeption von Christa Wolf in Ost und West. Von ‚Moskauer Novelle' bis ‚Selbstversuch'. Amsterdam 1992.

Baumer, Franz: Christa Wolf. Berlin 1988.

Bennholdt-Thomsen, Anke: Die Schiffe in Christa Wolfs ‚Kassandra' und die Verfahrensweise des poetischen Geistes.
In: Literatur für Leser 1 (1986), S. 53-60

Berghahn, Klaus L.: Die real existierende Utopie im Sozialismus. Zu Christa Wolfs Romanen.
In: Klaus L. Berghahn und Hans Ulrich Seeber (Hrsg.): Literarische Utopien von Morus bis zur Gegenwart. 2. Aufl., Königstein/Taunus 1986, S. 275-297

Bock, Sigrid: Kindheitsmuster.
In: Weimarer Beiträge 23 (1977), H. 9, S. 102-130

Boussart, Monique: Zur Verschränkung von Feminismus und Pazifismus bei Christa Wolf.

In: Michel Vanhelleputte (Hrsg.): Christa Wolf in feministischer Sicht. Referate eines am 7. und 8. Dezember 1989 an der „Vrije Universiteit Brussel“ veranstalteten Kolloquiums. Frankfurt am Main 1992, S. 91-102

Braunbeck, Helga G.: Das weibliche Schreibmuster der Doppelbiographie. Bettine von Arnims und Christa Wolfs Günderrode-Biographie.
In: Helga Grubitzsch und Maria Kublitz u.a. (Hrsg.): Frauen-Literatur-Revolution. Pfaffenweiler 1992, S. 231-244

Bruyn, Günter de: Sie, Kleist, nehmen das Leben gefährlich ernst.
In: Klaus Sauer (Hrsg.): Christa Wolf. Materialienbuch. 3. Aufl., Darmstadt 1987, S. 21-23

Christmann, Stefanie: Auf der Suche nach dem verhinderten Subjekt. DDR-Prosa über Faschismus im Licht der Frankfurter Schule. Würzburg 1990.

Delisle, Manon: Weltuntergang ohne Ende. Ikonographie und Inszenierung der Katastrophe bei Christa Wolf, Peter Weiss und Hans Magnus Enzensberger. Würzburg 2001.

Domdey, Horst: Der Anfang vom Ende. 1976, Wolf Biermanns Ausbürgerung.
In: Bernd Wilczek u. Elster Baden-Baden (Hrsg.): Berlin – Hauptstadt der DDR 1949-1989 : Utopie und Realität. Berlin 1995, S. 175-191

Domdey, Horst: Kritik und Loyalität. Aspekte einer Typologie der Kritik von DDR-Autoren.
In: Michael Böhler (Hrsg.) u.a.: Trilateraler Forschungsschwerpunkt „Differenzierung und Integration“. Zürich 1996, S. 167-168

Emmerich, Wolfgang: Der ganz gewöhnliche Faschismus. Die Auseinandersetzung mit der nationalsozialistischen Vergangenheit.
In: Ders.: Die andere deutsche Literatur. Aufsätze aus der DDR. Opladen 1994, S. 38-45

Emmerich, Wolfgang: Kleine Literaturgeschichte der DDR. Erweiterte Neuausgabe. Leipzig 1996.

Firsching, Annette: Kontinuität und Wandel im Werk von Christa Wolf. Würzburg 1996.

Frieden, Sandra: „Falls es strafbar ist, die Grenzen zu verwischen“. Autobiographie, Biographie und Christa Wolf.
In: Angela Drescher (Hrsg.): Christa Wolf. Ein Arbeitsbuch. Studien-Dokumente-Bibliographie. Berlin und Weimar 1989, S. 121-139

Gentikow, Barbara und Soholm, Kirsten: Christa Wolfs ‚Kein Ort. Nirgends’, und ‚Kassandra’ oder Lebensbedingungen des Utopischen in der Literatur und ästhetischen Theorie der DDR.
In: Text und Kontext 12 (1984), S. 387-409

Georg, Sabine: Modell und Zitat. Mythos und Mythisches in der deutschsprachigen Literatur der 80er Jahre. Aachen 1996.

Gerdzen, Rainer und Wöhler, Klaus: Matriarchat und Patriarchat in Christa Wolfs ‚Kassandra’. Würzburg 1991.

Girnus, Wilhelm: Wer baut das siebentorige Theben?
In: Sinn und Form 35 (1983), S. 439-47

Glau, Katherine: Christa Wolfs ‚Kassandra' und Aischylos' ‚Orestie'. Zur Rezeption der griechischen Tragödie in der deutschen Literatur der Gegenwart. Heidelberg 1997.

Greiner, Bernhard: Die Schwierigkeit, ‚ich' zu sagen. Christa Wolfs psychologische Orientierung des Erzählens.
In: Ders.: Literatur der DDR in neuer Sicht. Frankfurt am Main 1986, S. 80-102

Greiner, Bernhard: „Mit der Erzählung geh ich in den Tod". Kontinuität und Wandel des Erzählens im Schaffen von Christa Wolf.
In: Wolfram Mauser (Hrsg.): Erinnerte Zukunft. 11 Studien zum Werk Christa Wolfs. Würzburg 1985, S. 107-140

Greiner, Bernhard: Sentimentalischer Stoff und fantastische Form. Zur Erneuerung frühromantischer Tradition im Roman der DDR (Christa Wolf, Fritz Rudolf Fries, Johannes Bobrowski).
In: Jos Hoogeveen und Gerd Labroisse (Hrsg.): DDR-Roman und Literaturgesellschaft. Amsterdam 1981, S. 249-328

Growe, Ulrike: Erfinden und Erinnern. Typologische Untersuchungen zu Christa Wolfs Romanen ‚Kindheitsmuster', ‚Kein Ort. Nirgends', und ‚Kassandra'. Würzburg 1988.

Habers, Henk: "Widersprüche hervortreiben". Eros, Rationalität und Selbsterkenntnis in Christa Wolfs Erzählung ‚Kassandra'.
In: Neophilologus 71 (1987), S. 266-284

Heidelberger-Leonard, Irene: Literatur über Frauen = Frauenliteratur? Zu Christa Wolfs literarischer Praxis und ästhetischer Theorie.
In: Heinz Ludwig Arnold (Hrsg.): Text+Kritik. H. 46: Christa Wolf. Vierte Aufl.: Neufassung. München 1994, S. 129-139

Herminghouse, Patricia: Vergangenheit als Problem der Gegenwart. Zur Darstellung des Faschismus in der neueren DDR-Literatur.
In: Peter Uwe Hohendahl u. Patricia Herminghouse (Hrsg.): Literatur der DDR in den 70er Jahren. Frankfurt a.M. 1983, S. 259-294

Hilzinger, Sonja: Christa Wolf. Stuttgart 1986.

Hilzinger, Sonja: Weibliches Schreiben als eine Ästhetik des Widerstandes. Über Christa Wolfs 'Kassandra'-Projekt.
In: Angela Drescher (Hrsg.): Christa Wolf. Ein Arbeitsbuch. Studien-Dokumente-Bibliographie. Berlin und Weimar 1989, S. 216-232

Hörnigk, Therese: Christa Wolf. Göttingen 1989.

Hörnigk, Therese: Das Thema Krieg und Faschismus in der Geschichte der DDR-Literatur.
In: Weimarer Beiträge 14 (1978), H. 5, S. 73-105

Huyssen, Andreas: Auf den Spuren Ernst Blochs.
In: Klaus Sauer (Hrsg.): Christa Wolf. Materialienbuch. 3. Aufl., Darmstadt 1987, S. 99-114

Jankowsky, Karen H.: Unsinn /anderer Sinn /neuer Sinn. Zur Bewegung im Denken von Christa Wolfs ‚Kassandra' über den Krieg und die 'Heldengesellschaft'. Hamburg 1989.

Jäger, Manfred: Verzweifelte Utopie, lockere Ironie.
In: Deutsches Allgemeines Sonntagsblatt vom 15. April 1979, S. 21

Ketzer Umbach, Rosani: Schweigen oder Schreiben. Sprachlosigkeit und Schreibzweifel im Werk Christa Wolfs (1960-1990). Berlin 1997. (Diss.)

Köhn, Lothar: Wiederholte Aufklärung. Nochmals zu Christa Wolfs 'Kassandra'-Projekt.
In: Eckehard Czucka (Hrsg.): 'die in dem alten Haus der Sprache wohnen'. Beiträge zum Sprachdenken in der Literaturgeschichte. Helmut Arntzen zum 60. Geburtstag.
Münster 1991, S. 561-572

Kuhn, Anna K.: Christa Wolfs ‚Kassandra' Kanon, Umdeutung, Utopie.
In: Paul Gerhard Klussmann u. Heinrich Mohr (Hrsg.): Jahrbuch zur Literatur in der DDR. Bd. 4 ; Literatur und bildende Kunst. Bonn 1985, S. 135-163

Leonhard, Sigrun D.: Strategie der Annäherung. Zur Erzähltechnik in Christa Wolfs ‚Kein Ort. Nirgends'.
In: The German Review 60 (1985), S. 99-106

Löffler, Sigrid: Ich will authentisch erzählen. Ein Zeit-Gespräch zum 70. Geburtstag von Christa Wolf. In: Die Zeit vom 18. März 1990, S. 51-52

Magenau, Jörg: Eine Biographie. Christa Wolf. Berlin 2002.

Maisch, Christine: Ein schmaler Streifen Zukunft. Christa Wolfs Erzählung ‚Kassandra'. Würzburg 1986.

Mauser, Helmtrud: Zwischen Träumen und Wurfspeeren. ‚Kassandra' und die Suche nach einem neuen Selbstbild.
In: Wolfram Mauser (Hrsg.): Erinnerte Zukunft. 11 Studien zum Werk Christa Wolfs. Würzburg 1985, S. 291-315

Mauser, Wolfram: Das dunkle Tier und die Seherin. Zu Christa Wolfs Kassandra-Phantasie.
In: Johannes Cremerius u.a. (Hrsg.): Freiburger literaturpsychologische Gespräche. Bd. 4, Würzburg 1985, S. 139-157

McPherson, Karin: Ist der Schriftsteller an sein Geschichte gebunden? Zu Christa Wolfs Prosa seit Beginn der 70er Jahre.
In: Die Horen 31 (1982), S. 68-75

Meyer-Gosau, Frauke: Lebensform Prosa. Eine Wegbeschreibung von der ‚Moskauer Novelle' zu ‚was bleibt'.
In: Heinz Ludwig Arnold (Hrsg.): Text+Kritik. H. 46: Christa Wolf. Vierte Aufl.: Neufassung. München 1994, S. 23-34

Michaelis, Rolf: Eine anderer Art von Tod : Christa Wolfs Erzählung ‚Kein Ort. Nirgends'. Wunschtraumgeschichte aus der DDR – die Begegnung zweier Dichter und Außenseiter: Kleist und Günderrode.
In: Die Zeit vom 16. März 1979, S. 16

Osinski, Jutta: Einführung in die feministische Literaturwissenschaft. Berlin 1998.

Pietzcker, Carl: Zum Verhältnis von Traum und literarischem Kunstwerk.
In: Johannes Cremerius (Hrsg.): Psychoanalytische Textinterpretation. Hamburg 1974, S. 57-68

Preußer, Heinz-Peter: Mythos als Sinnkonstruktion. Die Antikenprojekte von Christa Wolf, Heiner Müller, Stefan Schütz und Volker Braun. Köln, Weimar, Wien 2000.

Püschel, Ursula: Zutrauen kein Unding, Liebe kein Phantom.
In: Neue Deutsche Literatur 7 (1979), S. 134-139

Quernheim, Mechthild: Das moralische Ich. Kritische Studien zur Subjektwerdung in der Erzählprosa Christa Wolfs. Würzburg 1990.

Raddatz, Fritz J.: Ein Rückzug auf sich selbst. Christa Wolfs ‚Sommerstück'.
In: Die Zeit vom 24. März 1989, Literaturbeilage, S. 2

Rengen, Wilfrid van: Christa Wolfs feministische Interpretation von Aischylos' ‚Oresteia'.
In: Michel Vanhelleputte (Hrsg.): Christa Wolf in feministischer Sicht. Referate eines am 7. und 8. Dezember 1989 an der „Vrije Universiteit Brussel" veranstalteten Kolloquiums. Frankfurt am Main 1992, S.65-80

Renner, Rolf Günter: Mythische Psychologie und psychologischer Mythos. Zu Christa Wolfs ‚Kassandra'
In: Wolfram Mauser (Hrsg.): Erinnerte Zukunft. 11 Studien zum Werk Christa Wolfs. Würzburg 1985, S. 265-290

Ries, Wolfgang: Bewundert viel und gescholten, Aischylos. Christa Wolf auf der Suche nach der historischen Kassandra.
In: Wirkendes Wort 35 (1985), S. 5-17

Risse, Stefanie: Wahrnehmen und Erkennen in Christa Wolfs Erzählung ‚Kassandra'. Bamberg 1986.

Roebling, Irmgard: "Hier spricht keiner meine Sprache, der nicht mit mir stirbt." Zum Ort der Sprachreflexion in Christa Wolfs ‚Kassandra'.
In: Wolfram Mauser (Hrsg.): Erinnerte Zukunft. 11 Studien zum Werk Christa Wolfs. Würzburg 1985, S. 207-232

Scharper, Christine: Christa Wolf ‚Kindheitsmuster'. Epische Struktur und Gehalt. Halle 1980. (Diss.)

Schirrmacher, Frank: Dem Druck des härteren, strengeren Lebens standhalten. Auch eine Studie über den autoritären Charakter: Christa Wolfs Aufsätze, Reden und ihre jüngste

Erzählung ‚Was Bleibt'. In: FAZ vom 02 Juni 1990. Wiederabgedruckt in Thomas Anz (Hrsg.): Es geht nicht um Christa Wolf. Der Literaturstreit im vereinten Deutschland. München 1991, S. 77-89

Schmidt, Ricarda: Über gesellschaftliche Ohnmacht und Utopie in Christa Wolfs ‚Kassandra'.
In: Oxford German Studies 16 (1985), S.109 - 121

Schmitz-Köster, Dorothee: Trobadora und Kassandra. Weibliches Schreiben in der DDR. Köln 1989.

Schuler, Birgitta: Phantastische Authentizität : Wirklichkeit im Werk Christa Wolfs. Frankfurt am Main 1988.

Schuller, Marianne: Schreiben und Erinnerung. Zu Christa Wolfs ‚Kindheitsmuster' und ‚Kein Ort. Nirgends'.
In: Jutta Kolkenbrock-Netz (Hrsg.) u.a.: Wege der Literaturwissenschaft. Bonn 1985, S. 405-413

Stephan, Alexander: Die ‚subjektive Authentizität' des Autors. Zur ästhetischen Position von Christa Wolf.
In: Heinz Ludwig Arnold (Hrsg.): Text+Kritik. H. 46: Christa Wolf. 3. erw. Aufl., München 1985, S. 16-25

Tabah, Mireille: Kassandras Liebesleben. Ein paradoxes Modell weiblicher Utopie.
In: Michel Vanhelleputte (Hrsg.): Christa Wolf in feministischer Sicht. Referate eines am 7. und 8. Dezember 1989 an der „Vrije Universiteit Brussel" veranstalteten Kolloquiums. Frankfurt am Main 1992, S. 81-90

Teupe, Peter F.: Christa Wolfs ‚Kein Ort. Nirgends' als Paradigma der DDR-Literatur der siebziger Jahre. Frankfurt am Main 1992.

Violett, Catherine: Nachdenken über Pronomina. Zur Entstehung von Christa Wolfs ‚Kindheitsmuster'.
In: Angela Drescher (Hrsg.): Christa Wolf. Ein Arbeitsbuch. Studien-Dokumente-Bibliographie. Berlin und Weimar 1989, S. 101-113

Weber, Heinz-Dieter: „Phantastische Genauigkeit". Der historische Sinn der Schreibart Christa Wolfs.
In: Wolfram Mauser (Hrsg.): Erinnerte Zukunft. 11 Studien zum Werk Christa Wolfs. Würzburg 1985, S. 81-106

Weigel, Sigrid: "Blut im Schuh". Körper-Gedächtnis und Körper-Sprache in Christa Wolfs Prosa.
In: Dies.: Bilder des kulturellen Gedächtnisses. Beiträge zur Gegenwartsliteratur. Dülmen-Hiddingsel 1994, S. 58-80

Weigel, Sigrid: Die Stimme der Medusa. Schreibweisen in der Gegenwartsliteratur von Frauen. Dülmen-Hiddingsel 1987

Weigel, Sigrid: Vom Sehen zur Seherin. Christa Wolfs Umdeutung des Mythos und die Spur der Bachmann-Rezeption in ihrer Literatur
In: Heinz-Ludwig Arnold (Hrsg.): Text+Kritik. H. 46: Christa Wolf. 3. erw. Aufl., München 1994, S. 67-92

Werth, Wolfgang: Für Unlösbares gibt es keine Form.
In: Süddeutsche Zeitung vom 04. April 1979, S. 23

Wilke, Sabine: Ausgraben und Erinnern. Zur Funktion von Geschichte, Subjekt und geschlechtlicher Identität in den Texten Christa Wolfs. Würzburg 1993.

Wohlfahrt, Thomas: Der ungestalte Abgrund. Sprache und Sprachmißtrauen im Werk von Christa Wolf.
In: Heinz-Ludwig Arnold (Hrsg.): Text+Kritik. H. 46: Christa Wolf. Vierte Aufl.: Neufassung. München 1994, S. 100-113

Zahlmann, Christel: Christa Wolfs Reise „ins Tertiär". Eine literaturpsychologische Studie zu ‚Kindheitsmuster'. Würzburg 1986

Zahlmann, Christel: Schreiben an der Grenze des Bewußtseins.
In: Wolfram Mauser (Hrsg.): Erinnerte Zukunft. 11 Studien zum Werk Christa Wolfs. Würzburg 1985, S. 141-160

WEITERFÜHRENDE LITERATUR

Bachmann, Ingeborg: Die Wahrheit ist dem Menschen zumutbar. Rede zur Verleihung des Hörspielpreises der Kriegsblinden.
In: Dies.: Ausgewählte Werke in 3 Bänden. Bd.1, Berlin u.Weimar 1987.

Benjamin, Walter: Über den Begriff der Geschichte.
In: Ders.: Gesammelte Schriften. Bd. 1/2, Frankfurt am Main 1974.

Berbig, Roland (Hrsg.) u.a.: In Sachen Biermann. Protokolle, Berichte und Briefe zu den Folgen einer Ausbürgerung. Berlin 1994.

Braun, Christina von ; Stephan, Inge (Hrsg.): Gender-Studien. Eine Einführung. Stuttgart 2000.

Cixous, Helene: Die unendliche Zirkulation des Begehrens. Weiblichkeit in der Schrift. Berlin 1977.

Drewermann, Eugen: Rapunzel, Rapunzel, laß dein Haar herunter. Grimms Märchen tiefenpsychologisch gedeutet. München 1994.

Freud, Sigmund: Abriß der Psychoanalyse. Das Unbehagen in der Kultur. Frankfurt am Main 1984.

Freud, Sigmund: Das Unbegagen in der Kultur.
In: Ders.: Studienausgabe. Bd. 9, Frankfurt am Main 1982, S. 191-270

Freud, Sigmund: Erinnern, Wiederholen, Durcharbeiten.
In: Ders.: Studienausgabe. Ergänzungsband. Frankfurt am Main 1982, S. 205-215

Freud, Sigmund: Massenpsychologie und Ich-Analyse.
In: Ders.: Studienausgabe Bd. 9, Frankfurt am Main 1982, S. 61-134

Hermand, Jost: Orte. Irgendwo. Königstein/Taunus 1981.

Horkheimer, Max: Autorität und Familie. Paris 1936.

Horkheimer, Max: Lehren aus dem Faschismus.
In: Ders.: Gesellschaft im Übergang. Frankfurt am Main 1972, S. 36-59

Günderrode, Karoline von: Der Schatten eines Traumes. Gedichte, Prosa, Briefe, Zeugnisse von Zeitgenossen, hrsg. von Christa Wolf, Hamburg und Zürich: Luchterhand, 1981.

Krug, Manfred: Abgehauen. Ein Mitschnitt und ein Tagebuch. 12. Aufl., Düsseldorf 1997.

Küntzel, Heinrich: Der Faschismus: seine Theorie, seine Darstellung in der Literatur.
In: Rolf Grimminger (Hrsg.): Hansers Sozialgeschichte der deutschen Literatur. Bd.11: Die Literatur der DDR, hrsg. v. Hans-Jürgen Schmitt, München 1983, S. 435-467

Miller, Alice: Das Drama des begabten Kindes und die Suche nach dem wahren Selbst.
1. Aufl., Frankfurt am Main 1979.

Miller, Alice: Du sollst nicht merken. Variationen über das Paradies-Thema. Frankfurt am Main 1983.

Mitscherlich, Alexander ; Mitscherlich Margarete: Die Unfähigkeit zu trauern.
Grundlagen kollektiven Verhaltens. München 1968.

Reich, Wilhelm: Die Massenpsychologie des Faschismus. Köln 1986.

Reimann, Brigitte/Wolf, Christa: Sei gegrüßt und lebe. Eine Freundschaft in Briefen (1964-1973), hrsg. von Angela Drescher, Berlin und Weimar 1993.

Seghers, Anna: Gesammelte Werke in Einzelausgaben, Bd. XIII: Aufsätze, Ansprachen, Essays 1927-1953. 2. Aufl., Berlin und Weimar 1984.

Sudau, Ralf: Werkbearbeitung, Dichterfiguren. Traditionsaneignung am Beispiel der deutschen Gegenwartsliteratur. Tübingen 1985.

Winnicott, D.W.: Ichverzerrung in Form des wahren und des falschen Selbst.
In: Ders.: Reifungsprozesse und fördernde Umwelt. München 1974, S.182-199

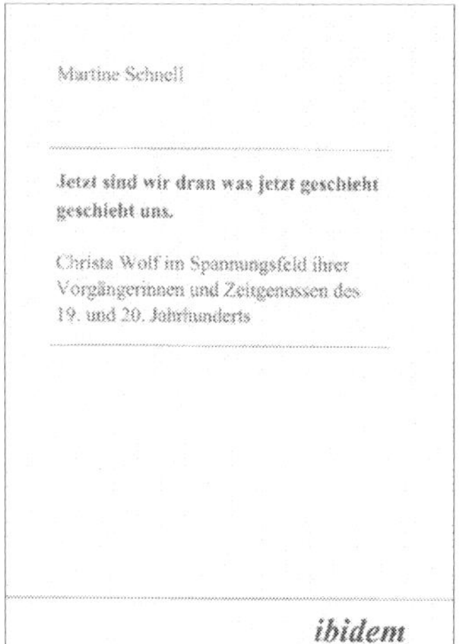

Martine Schnell

Jetzt sind wir dran was jetzt geschieht geschieht uns

Christa Wolf im Spannungsfeld ihrer Vorgängerinnen und Zeitgenossen des 19. und 20. Jahrhunderts

ISBN 3-89821-361-7

414 S., Paperback, € 34,90

Erhältlich in jeder Buchhandlung oder direkt bei

ibidem

In dieser Studie wird der Versuch angestrebt, sich ausgewählter Werke Christa Wolfs anzunähern. Es werden verschiedene Interpretationsmöglichkeiten angeboten im Umkreis der Thematik: Mythos, Utopie, Feminismus.

Das wesentliche Anliegen dieser Untersuchung besteht darin, literarische Einflüsse zu entschlüsseln, die im Schreibprozess der Autorin - und im Hinterland der ostdeutschen Literatur - Spuren hinterlassen haben. Dieses Gewebe entschlüsselt zunächst ihre frühen literaturkritischen Stellungnahmen in Zeitungen und Zeitschriften der DDR-Germanistik. Außerdem wird in der Analyse besonders das Verhältnis Christa Wolfs zu den folgenden Schriftstellerinnen und Schriftstellern betrachtet: Ingeborg Bachmann, Ernst Bloch, Johannes Bobrowski, Max Frisch, Franz Fühmann, Brigitte Reimann, Anna Seghers und Gerhard Wolf.

Die Philosophie Ernst Blochs hat den Schreibprozess der Autorin indirekt beeinflusst. Eine kontrastive Lektüre des Romans *Nachdenken über Christa T.* (1968) und der Erzählung *Sommerstück* (1989) verdeutlicht die Entwicklung ihrer Schreibweise vor und nach 1989. Aspekte wie die Thematik der deutschen Teilung, des Tagebuchs und Briefwechsels, der Mythologie, der Romantik-Rezeption, der Verarbeitung des Undine-Motivs, des Einflusses von Johannes Bobrowski und der Till-Eulenspiegel-Bearbeitung werden behandelt.

ibidem-Verlag • Melchiorstr. 15 • 70439 Stuttgart • Tel.: 0711/9807954 • Fax: 0711/8001889
ibidem@ibidem-verlag.de

***ibidem*-Verlag**
Melchiorstr. 15
D-70439 Stuttgart
info@ibidem-verlag.de
www.ibidem-verlag.de
www.edition-noema.de
www.autorenbetreuung.de

FSC
www.fsc.org
MIX
Papier | Fördert
gute Waldnutzung
FSC® C083411